인문학과 어원으로 알아보는 의학지식

별것 아닌 의학용어

YoungJin.com Y.
영진닷컴

인문학과 어원으로 알아보는 의학지식

별것 아닌 의학용어

ISBN : 978-89-314-6754-3

독자님의 의견을 받습니다.

이 책을 구입한 독자님은 영진닷컴의 가장 중요한 비평가이자 조언가입니다. 저희 책의 장점과 문제점이 무엇인지, 어떤 책이 출판되기를 바라는지, 책을 더욱 알차게 꾸밀 수 있는 아이디어가 있으면 팩스나 이메일, 또는 우편으로 연락주시기 바랍니다. 의견을 주실 때에는 책 제목 및 독자님의 성함과 연락처(전화번호나 이메일)를 꼭 남겨 주시기 바랍니다. 독자님의 의견에 대해 바로 답변을 드리고, 또 독자님의 의견을 다음 책에 충분히 반영하도록 늘 노력하겠습니다.

이메일 : support@youngjin.com
주 소 : (우)08507 서울특별시 금천구 가산디지털1로 128 STX-V타워 4층 401호
등 록 : 2007. 4. 27. 제16-4189호

파본이나 잘못된 도서는 구입하신 곳에서 교환해 드립니다.

STAFF
저자 최형석 | **총괄** 김태경 | **기획 · 진행** 차바울 | **디자인 · 편집** 김소연
영업 박준용, 임용수, 김도현, 이윤철 | **마케팅** 이승희, 김근주, 김도연, 김민지, 김진희, 이현아
제작 황장협 | **인쇄** 예림인쇄

프롤로그

Prologue

의학은 어렵다는 생각과 의사에게 전임하면 된다는 생각에 우리는 우리 몸을 잘 알지 못합니다. 맞습니다. 의학은 전문적 영역이어서 공부하기 힘듭니다. 그러나 그 말들, 의학용어는 별것 아닙니다. 용어를 알면 전문적인 영역도 빼꼼 들여다볼 수 있죠. 우리가 자동차를 고치진 못해도 부품의 이름은 알아야 카센터에서의 수리를 이해할 수 있듯이, 신체도 그렇습니다. 계속해서 발전하는 의학, 옳고 그른 정보가 난무하는 시대에서 이제는 모두가 의학에 관심을 가져야 합니다. 전문가의 영역이라는 생각 탓에 우리 생활에서 멀어지고만 내 몸에 관한 지식, 정해진 패턴이 있는 의학용어를 쉽게 배워 우리의 몸을 이해하는 계기가 되었으면 좋겠습니다.

어떠세요? 저랑 가장 문과적인 의학용어 공부, 시작해 볼까요?

자, 그럼 프롤로그를 시작합니다. 프롤로그라는 단어는 **앞**을 뜻하는 pro와 **기록**, **말**, **언어**, **논리**를 뜻하는 ~log(ue)로 이루어져 있습니다.

- **Pro**: 앞, 미리, 먼저를 뜻하는 접두사
- **Log(ue)**: 언어, 기록을 뜻하는 접미사

앞을 뜻하는 접두사 Pro

Pro라는 접두사는 의학에서 아주 흔하게 사용됩니다. 가령 pro·gnosis라는 단어가 있는데, gnosis는 **안다**는 뜻이어서 **미리**를 뜻하는 pro와 합쳐져 **질병의 경과를 미리 안다**는 뜻이 됩니다. 의학 드라마에서 자주 언급하는 "환자의 예후가 어때?"의 예후가 바로 prognosis입니다. 자주 사용되는 용어인 **진단**은 dia·gnosis인데, dia~가 **둘로 분별한다**는 뜻이어서 **분별하여 아는 것**이라는 뜻을 갖기 때문입니다.

- **Pro·gnosis**: 미리 안다, 예후
- **Dia·gnosis**: 분별하여 안다, 진단

기록을 뜻하는 접미사 ~log

접미사 ~log(ue)는 일상에서도 많이 사용합니다. 예를 들어, 요즘 유튜브를 통해 많이 소개되는 Vlog는 video[영상]와 log[기록]를 합친 말입니다. 여행이나 일상을 일기나 기행문 대신 영상으로 기록한다는 말이지요. 옛날에는 대륙을 넘나들며 오랜 항해를 하던 배에는 모든 중요한 일을 기록하는 logbook이 있었습니다. 기록과 책을 합친 말입니다. 접미사인 ~logue에 둘을 뜻하는 dia를 붙이면 둘이 기록하고 말을 하는 dialogue[대화]가 됩니다. –logue에는 **말**이란 뜻도 있습니다–

“태초에 말씀이 계셨다(ΣTHN αρχή ήταν ο Λόγος).”

신약 성경에 나오는 구절입니다. 여기에서 **말씀**[Λόγος]이, 그리스어 logos의 번역입니다. 그리스어 logos가, 프랑스어에서 logue가 되고, 영어에서 ~log 혹은 ~logue로 쓰였습니다. 로고스[logos]는 말씀이 되고 기록이 되어, 현재 영어와 의학용어에서 사용되고 있습니다.

	~gnosis[앎]	**~logue**[기록]
pro[앞, 미리]	pro·gnosis[미리 앎]	pro·logue[앞서 기록]
dia[둘]	dia·gnosis[분별하여 앎]	dia·logue[둘이 기록,말]

이렇게 pro와 log가 합쳐져서 **앞선 기록**이란 뜻으로 Prolog를 사용합니다. 그럼 Epilog는 무엇일까요? 예상하시듯 책의 맨 끝에서 설명하겠습니다. 너무 쉽다고 생각하시는 분은 epi·graph도 한번 추리해 보세요. graph는 log와 마찬가지로 **기록하다**라는 뜻입니다. 그리고 epi는 **덧붙인다**는 뜻입니다.

말의 뿌리를 찾아가는 공부, Etymology

이렇게 단어의 뿌리를 찾아가는 공부를 어원학[etymology]이라고 합니다. etumo라는 그리스어에, 그 분야의 학문을 뜻하는 접미사인 ~logy를 붙여 만든 단어입니다. –logy도 logos에서 유래했습니다–

그럼 무슨 학문[~logy]인 걸까요? etumo는 **진실**[truth]이라는 뜻입니다. 어원을 찾아가는 과정이 본질·진실에 다다르는 길입니다. 앞에서 살펴봤듯이 어떤 단어의 어원을 알면, 그 단어가 표현하는 본질을 알 수 있습니다. 이런 방식은 과거의 그리스어와 라틴어를 현대의 언어와 연결해주기도 합니다. 그래서 어원을 공부하면 쉽고도 재미있게 의학용어를 이해할 수 있습니다. 반대로 의학용어를 통해서도 그리스어와 라틴어의 어원을 알게 될 테니, 일반 영어단어도 더 쉽고 깊이 이해할 수 있습니다. 지금부터 역사·신화·철학 이야기들을 통해 어려워 보이는 의학용어들의 어원을 하나하나 풀어가겠습니다.

저와 함께 재미있게 어원을 알아보며 의학용어의 진실을 알아가시길 바랍니다.

책의 구성

의학용어는 언어가 아니라 단어입니다. 단어에 얽힌 이야기를 통해 쉽고 재미있게 알아볼 수 있습니다. 패턴을 알아내어 자주 사용되는 단어를 활용하면 꼬리가 꼬리를 물어 저절로 의학용어를 알 수 있습니다. PART 4와 PART 5는 특히 흥미로운 인문학 이야기들을 함께 다루니 거기부터 시작하셔도 좋습니다.

PART 1 의학용어의 쓸모

의학용어를 왜 알아야 하는지와 의학용어를 익히는 기본적 요령과 방법을 설명합니다. 제가 왜 자꾸 의학용어는 쉽다고 말하는 걸까요?

PART 2 의학용어 첫걸음

의학용어를 구성하는 기본 법칙들을 다룹니다. 대부분 의학용어는 라틴어와 그리스어에 어원을 두고 있습니다. 의학에서 자주 사용되는 접미사와 접두사 등을 어원에 얽힌 이야기와 함께 설명했습니다.

PART 3 병원에서 접하는 의학용어

병원에서 마주할 수 있는 의무기록의 약어와 구성을 알아봅니다. 검사결과지, 의무기록, 처방전들의 구조를 소개합니다.

PART 4 우리 주위의 병과 관련된 용어들

주위에서 흔하게 접할 수 있는 질병들을 호흡기·순환기·비뇨기 등으로 나누어 소개합니다.

PART 5 일상생활 속 의학 궁금증

한번쯤 의문을 가졌던 일상생활 속 의학 관련한 이야기를 소개합니다. 단짠단짠의 비밀은 뭘까요? 엉엉 울 때 코에서 흐르는 건 눈물일까요? 콧물일까요?

PART 6 별것 아닌 의학용어

간혹 일상에서 사용하는 단어와 완전히 다른 의미로 쓰이는 의학용어도 있습니다. 이러한 것들과 연구 관련 용어, 의료 부권주의에 대해서도 알아봅니다.

목차

PART 5
일상생활 속
의학 궁금증

PART

의학용어의 쓸모

CHAPTER 1
의학용어의 쓸모

CHAPTER 2
하찮은 의학용어?

CHAPTER 3
쉽고 쉬운 의학용어

1

의학용어를 왜 알아야 하는지, 의학용어는 어떻게 이루어져 있는지, 어렵게만 느껴지는 의학용어를 왜 자꾸 쉽다고 하는지를 알려드립니다.

의학용어만 아니라, 모든 단어에는 뿌리가 있습니다. 무작정 외우지 마세요. 파생 용어들을 저절로 알게 됩니다.

의학용어의 쓸모

사랑하는 가족이 병원에 입원했습니다. 무슨 상황인지도 몰라 발을 동동 구르다, 입원한 지 수 시간이 지나서야 담당 의사를 만났어요. 의사 선생님은 친절하게 어떤 병인지 알려주고, 걱정하지 말라고 이야기하시네요. 큰 병은 아니지만, 위험할 수도 있다는 말이 마음에 걸립니다. 그래서 유튜브를 검색해 봤어요. 대충 어떤 상황인지는 알 것 같아요. 그런데, 보면 볼수록 궁금한 것이 더욱 많아집니다. 어떤 치료를 하는지도 궁금하고, 부작용은 어떤지도 걱정됩니다. 정말 다양한 치료법이 있다는데, 이 병원에 그런 최신기계가 있는지도 알고 싶어요.

그래서 다음날 회진 시간에 선생님을 뵈려고 회사에 늦는다고 이야기하고 병원으로 달려갔습니다. 예상 시간이 한참 지나서야 어제 설명해주던 선생님을 포함해 여러 명의 부하를 거느리는 대장 선생님이 오셨어요. 어제의 선생님은 레지던트인가 봅니다. 저는 용기를 내어 과장님이라 불리는 대장 선생님께 어제 공부한 내용을 물어봤어요.

어떤 치료를 하나요?
왜 그 검사를 하나요?
부작용은 무엇인가요?

뭔가 탐탁지 않은 표정으로 친절하게 설명해주시네요. 도대체 무슨 말인지 모르겠지만요. 어제의 담당 선생님–레지던트–이 왠지 저를 째려보는 것 같습니다. 저녁쯤 다시 만나게 된 담당 선생님이 걱정하지 말라고만 하십니다. 부작용, 의료사고의 가능성, 치료 방법에 관해 물어보니 언짢은 표정이 역력한 채로요. 아무래도 진상 환자로 찍혀버린 것 같습니다. 저도 사람을 상대하는 직업인지라 느낌이 있거든요. 보험 관련한 서류가 필요해 간호사 선생님에게 문의하니, 또 달갑지 않은 표정입니다. 병원에 트집을 잡으려는 사람, 아니면 보험 사기라도 치려는 사람처럼 보이는 걸까요? 왜 아프면 죄인이 된다고들 하는지 알 것 같습니다. 제가 왜 굽신거리며 병원을 돌아다녀야 하는지 모르겠지만, 사랑하는 가족을 위해서 어쩔 수 있나요. 간호사에게 부탁하고, 원무과에 가서 이야기하고, 여러 단계를 거쳐 마침내 소견서를 비롯해 몇 가지 서류를 챙겼습니다.

몸과 마음이 지쳐 의자에 털썩 앉고서, 받은 서류를 펴보았습니다. 대충 사전을 찾아보면서 읽으면 될 거로 생각했는데, 웬걸, 사전에도 나오지 않으니 도대체 뭔 소린지 모르겠습니다. 궁금증이 풀리긴커녕 혼란스럽기만 합니다. 실제 정보는 유튜브의 정보와는 너무 달랐습니다. 다시 한번, 가족이 최고로 좋은 치료를 받아 문제가 없었으면 해서 의사와 간호사에게 질문합니다.

이 주사는 무엇인가요?

이 수액은 꼭 달아야 하나요?

아이가 힘들어하는데, 꼭 맞아야 하는 주사인 거죠?

이 약은 꼭 먹어야 하나요?

부작용은 없는 거죠?

아주 아프진 않죠?

내 질문이 늘어나는 만큼, 병원에서 내 '진상 지수'는 올라갔습니다. 의학지식은 의사들만 알아야 하는 걸까요? 일반인이 의학지식을 알면 더 위험한가요?

엉터리 의학 정보에 노출된 우리들

현대인은 정말 건강에 관심이 많고 의학 정보도 쉽게 접할 수 있습니다. TV뿐만 아니라 블로그, 유튜브 등에서 의사를 비롯한 많은 전문가가 정보를 제공하고 있습니다. 그런데, 이 정보들을 얼마나 신뢰할 수 있을까요? 서울대병원에서 유튜브에 올라온 파킨슨병 관련 영상 138개를 분석해 보았는데, 그중 91개만 올바른 정보를 담고 있었다고 합니다. 3분의 1가량이 잘못된 정보였단 뜻이죠. 더 큰 문제가 있어요. 91개의 올바른 동영상보다 잘못된 47개 영상의 조회수가 훨씬 높았다는 사실이에요. 그래서 "제가 유튜브에서 봤는데..."라는 이야기를 꺼내면 담당 레지던트 선생님이 째려보는 거예요.

참 아이러니한 상황이에요. 의학과 건강에 관심이 많아서 많은 시간을 정보 습득에 소비하는데, 정작 대부분 잘못된 정보를 얻고 있으니까요. 왜 이런 문제가 발생할까요?

첫째로, 콘텐츠 소비자인 우리는 건강에 관심은 있어도 진지하게 공부하려 하진 않습니다. 영어로 된 의학용어라도 나올라치면 바로 눈을 돌리고, 한글로 "당뇨환자라면 이것 하나로 해결"이라 쓰인 섬네일을 클릭합니다. 의학이 마치 엔터테인먼트처럼 소비되죠. 이게 얼마나 비합리적인 상황이냐면요, 자동차에 문제가 있어서 인터넷을 찾아보는데, "엔진 청소는 이거 하나면 카센터 안 가도 됨"이라고 올린 정보를 믿고 따르는 것과 같아요. 우리 몸은 적어도 자동차보단 소중하잖아요? 그런데 그

소중한 몸에 관한 정보에 대해서는 너무 손쉬운 판단을 하고 있어요. 의사들을 불신하면서도 의학지식을 알아보고자 하진 않죠. 너무 어렵다고 느끼기 때문이겠지만, 한번 생각해보세요. 우리가 알아야 할 건, 관심 있는 딱 하나의 질환이에요. 내 병, 가족의 병. 그거 하나는 깊이 파볼 수 있어요.

둘째로, 서비스 제공자인 의사들은 일반인과 지식을 공유하고 싶어 하지 않아요. 계속 번거로워질 뿐이거든요. 엉터리인 이야기들을 꼬치꼬치 캐묻는 환자들을 대하는 건 매우 피곤한 일입니다. 자신을 믿지 못한다고 느껴져서 더 그런지도 모르겠어요. 그냥 딱 믿고 따라오는 환자는 얼마나 이쁜지요. 하나라도 더 신경 써주고 싶습니다. 이런 이유로 의사들은 환자들이 자신의 병을 공부하는 걸 달가워하지 않습니다. 제대로 공부한다면야 환영이지만, 이상한 정보만 보고 이야기할 가능성이 크니까요. 도대체 어디서부터 설명해야 하는지 알 수도 없고… 그렇다고 합니다.

올바른 모습을 위해서는 양쪽 모두에서 노력이 필요합니다. 환자는 정확한 지식을 공부해야 해요. 소중한 우리 몸이잖아요? 사이비 지식에 혹하면 안 되는 거죠. 바쁜데 의학 공부가 말이 되는 소리냐고요? 그러게요, 그럴 거면 의학전문대학원에 진학하고 말지요. 의사도 환자에게 “나만 믿고 따라 와!” 같은 태도가 아니라 충분한 설명과 함께 의논하는 진료가 필요합니다. 바쁜데 가능하냐고요? 그러게요, 그럴 시간에 대기 환자 한 명 더 보는 것이 세상을 위해 좋은 일인데 말입니다.

이처럼 현실적으로는 참 어렵습니다. 하지만 가야 하는 방향이죠. 의사들은 환자들과 지식을 공유하고, 환자는 공부해야 합니다. 지식의 공유는 늘 긍정적인 역사를 가져왔고, 지식의 독점은 권력의 독점과 같았습니다.

의학용어는 의학 정보 습득의 첫걸음

한 언론사에서 15~69세 국민 1,500명을 대상으로 과학·의료 관련 용어에 대한 이해도를 조사했습니다. 매우 많이 사용하는 단어인데, 실제 이해는 잘못하고 있는 경우가 많았습니다. 포털사이트의 지식정보 질의응답 서비스를 살펴보면 '항생제 타이레놀을 먹어야 하나요?', '스테로이드 항생제 먹어도 되나요?' 같은 질문이 종종 올라온다고 합니다. 타이레놀은 항생제가 아닙니다. 질문 자체가 성립하지 않습니다. 용어를 모르니, 정확히 질문할 수도 없고, 답변을 이해하기도 어렵습니다.

일상생활 속에서 우리는 수많은 의학적 결정을 내립니다. 백신은 맞아야 하는지, 어느 병원에 가야 하는지, 혈액검사는 꼭 해야 하는지 등등 우리의 제한된 지식으로 결정을 내려야 합니다. 그런데 카더라나 유튜브에서 본 단편 정보만으로 결정을 내리곤 하죠. 정부와 의사들에 대한 불신은 팽배한 가운데, 사이비 정보는 쉽게 믿습니다. 사이비는 늘 직관적이고 쉬운 설명으로 다가오기 때문입니다.

요즘은 사람들이 자신의 의견에 근거로 사용하기 위해서 연구들을 인용합니다. 스웨덴의 무슨 대학에서 이런 발표를 했다, 미국의 무슨 연구소에선 이런 이야기를 했다고 말이죠. 그런데, 그게 다 같은 연구가 아닙니다. 일반인들도 기본적으로 어떤 연구가 더 중요한 연구이고, 믿을만한지, 통계는 올바로 처리되었는지 현명한 의료 소비자로서 알 필요가 있습니다. 의학용어를 공부하고, 올바른 의학 정보들을 습득하고 나면, 아마 유튜브나 신문을 보고 이런 생각을 할 거예요. "또, 낚였네..."

의학용어는 모든 의학정보 습득의 첫걸음입니다.

하찮은 의학용어?

Non tam praeclarum est scire Latinum quam turpe nescire.
라틴어를 모르는 것이 추하지 않은 만큼 라틴어를 아는 것도 고상하지 않다.

의사들의 악필은 유명하지요. 예전엔 진료기록부를 복사해달라고 말하기도 어려웠고, 복사해도 일반인이 알기는 너무 어려운 내용이었습니다. 악필에다 그들만의 암호로 적혀 있으니까요. 왜 쉬운 말을 놔두고 그러는 걸까요?

직종을 불문하고 실무에 사용하는 용어가 있기 마련입니다. 한국에서는 일본어 용어가 있는 경우가 많습니다. 일반적으로는 사용하지 않는 용어라서 처음 일을 시작하는 사람은 유독 티가 나게 됩니다. 그들만의 용어라는 건, 숙련도의 상징인 것이죠. 진입 장벽을 높이는 효과가 있어서 정보를 쉽게 접할 수도 없으니 숙련자들은 직업적 권위를 갖게 됩니다. 라틴어 기반인 의사들의 용어도 비슷한 경우입니다. 특수한 용어를 통한 정보의 불균형이 숙련자에게 특권을 부여해 직업적 권위를 갖게 만듭니다. 왜, 옛날에는 글을 읽고 쓸 줄 안다는 게 권력이었다고 하잖아요?

자산어보와 산소

정약전이 만든 생물도감인 자산어보에는 그림이 하나도 없어요. 글로만 적은 도감입니다. 정약전이 책을 만들면서, 정약용에게 그림을 넣으면 어떨까? 하고 문의했다고 합니다. 정약용은 '성인의 뜻'을 거론하며 글로써 충분히 할 수 있는 일인데 굳이 그림을 그려 넣을 필요가 있겠느냐고 대답했습니다. 이처럼 당시에는 알기 쉬운 것은 천하고, 알기 어려운 것은 귀하다는 생각이 깔려 있습니다. 당시 실학의 얼리어답터였던 정약용이 이런 생각을 했다는 것이 뜻밖이었습니다.

유럽의 교양 있어 보이는 학자들도 마찬가지였습니다. 1772년 스웨덴의 화학자인 칼 빌헬름 셸레Carl Wilhelm Scheele가 처음으로 산소를 발견해 fire air라고 이름을 붙였지만, 3년 뒤 라보와 지에Lavoisier가 acid former라는 뜻의 그리스어인 oxygen이라고 부르기 시작했습니다. 이미 붙여진 이름도 있었고, 편하게 acid former나 fire gas라고 부르는 대신, 오래된 그리스어를 선택한 이유는 무엇일까요? 이런 걸 허영이라고 해야 할까요? 다소 불순한 의도가 의심되는, 그리고 실용적이지도 않은 방식으로 권위를 지켜나가는 일련의 과정은 현대까지도 이어집니다.

책 제목이 《라틴어 수업》이라고?

얼마 전에 이런저런 책을 둘러보다가 《라틴어 수업》이란 책을 봤어요. 세상에 이런 제목의 책이 베스트셀러라니… 믿을 수 없었습니다. 표지에는 '지적이고 아름다운 삶을 위한, Lectio, 라틴어 수업, Linguae, Latinae'라고 적혀 있습니다. 아마 Lectio는 수업이고, Languae는 언어, Latinae는 라틴어겠죠. 라틴어를 배우면 지적인 삶이고 아름다운 삶이 되리란 걸까요? 정말 엄청난 지적 허영이라는 생각이 스쳤습니다. 하지만 그런 호기심에 책을 읽어보니 내용이 참 좋았습니다. 내용도 알차고, 위로도 되고, 위트도 있고. 매우 재밌게 읽었습니다. 심지어 제 의학용어 수업의 부교재로 사용하고 있죠. 이 책에는 이런 이야기가 나옵니다.

Quidquid Latine dictum sit altum videtur.
라틴어로 말한 것은 무엇이든 고상해 보인다.

이런 문장을 보았을 때 어찌 현대를 사는 지성인의 배알이 꼴리지 않겠습니까? 한 웹사이트에서는 의학용어 사용에 대하여 이렇게 비꼬고 있습니다.

> 이러한 '심오함 흉내 내기'가 의사들과 속물들에게서 아직도 이루어지고 있으며, 라틴어의 쓸모라고는 이런 속물 짓을 하는 사람들을 놀리는 용도밖에는 없다.[1]

의학용어는 권위주의와 허영의 산물입니다. 그냥 단지 그 이유예요. 옛날 책, 그리스어, 로마어라도 몇 자 이야기해야 학식 있는 사람으로 보이기 때문에 그렇게 써왔습니다. 다행인 것은 의학계에서 오래된 라틴어 대신 영어로 된 의학용어를 사용하려는 추세가 일고 있다는 겁니다. 예를 들어 nephrolithiasis라는 라틴어 대신 kidney stone이란 일반영어를 논문 제목에 더 많이 사용하고 있습니다. 출간 기준 최근 1년

1 https://rationalwiki.org/wiki/Quidquid_latine_dictum_sit,_altum_videtur

간 nephrolithiasis 혹은 kidney stone이 제목에 포함된 논문을 검색해 보았습니다. 각각 85개와 92개가 검색됩니다. 최근 5년으로 검색하면 426개와 344개가 검색되고, 최근 10년으로 검색하면 805개와 544개가 검색됩니다. 10년 누적으로는 8:5로 라틴어 사용이 두 배 가까이 많지만, 최근 5년으로 한정하면 4:3으로 차이가 줄어들고, 최근 1년만 보면 일반영어 사용이 라틴어 용어 사용 빈도를 역전합니다. 점차 세계적인 의학 논문에서 일반영어의 사용이 늘어나는 걸 볼 수 있습니다. 아직도 라틴어 용어만을 사용하며 뽐내는 경우가 있습니다. 의학용어가 그들의 유일한 인생의 업적이라도 되는 것처럼 말이죠.

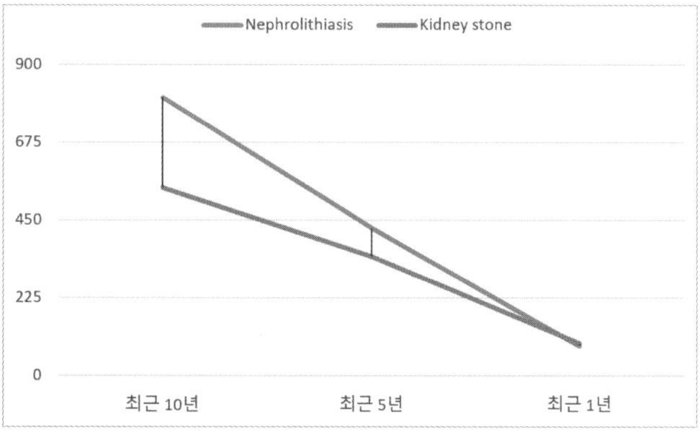

▲ 의학용어: 라틴어와 일반영어 사용 빈도

라틴어는 언어이기 때문에 실제 생각에 영향을 줍니다. 언어 철학을 인용하지 않더라도, 언어는 생각의 도구이며 생각의 주인이기도 합니다. 그래서 문학작품이나 철학을 이해하려면 그 언어로 이해하는 것이 가장 좋습니다. 하지만, 의학용어는 언어가 아니며 사유체계를 결정하지도 않습니다. 단지 몰랐던 어휘들일 뿐입니다.

옛날 유럽에도 권위와 허영만 있던 것은 아니었습니다. 제정신을 가진 사람도 있었죠.

그러나, 보그체를 모르면 품위 있다고 할 수 없죠. 그레이스하고 엘레강트한 라틴어를 바탕으로 한 의학용어, 여러분의 고상한 품격을 볼드하고 서틀하게 표현해보세요.

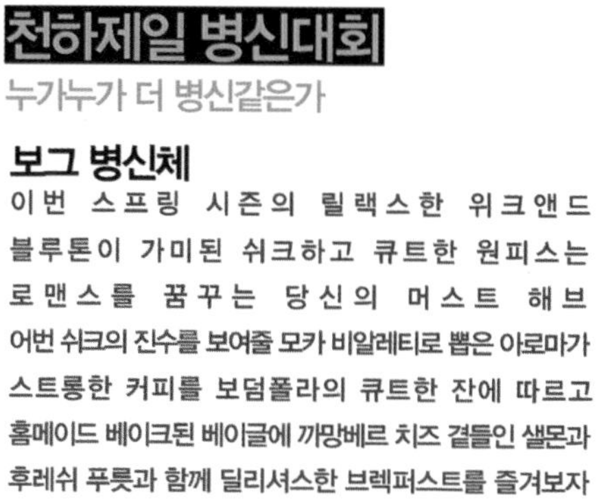
천하제일 병신대회

누가누가 더 병신같은가

보그 병신체

이번 스프링 시즌의 릴랙스한 위크앤드 블루톤이 가미된 쉬크하고 큐트한 원피스는 로맨스를 꿈꾸는 당신의 머스트 해브 어번 쉬크의 진수를 보여줄 모카 비알레티로 뽑은 아로마가 스트롱한 커피를 보덤폴라의 큐트한 잔에 따르고 홈메이드 베이크된 베이글에 까망베르 치즈 곁들인 샐몬과 후레쉬 푸룻과 함께 딜리셔스한 브렉퍼스트를 즐겨보자

▲ 보그 병신체

쉽고 쉬운 의학용어

의학용어는 일단 어려워 보입니다. 미국인들도 제가 의학용어를 사용하면 놀라더라고요. '영어는 잘하지 못하면서, 어떻게 저런 고급 단어들을 알지?'라는 느낌이랄까요? 하지만 의학용어의 특징만 이해하면 일상적인 영어단어보다 더 쉽습니다.

첫째, 의학용어는 언어가 아니에요. 단지 단어일 뿐이죠. 언어를 배우는 것과 단어를 배우는 것은 큰 차이가 있어요. '단어'라고 인식하면 공부가 쉬워집니다.

둘째, 의학용어가 어려운 게 아니에요. 의학이 어려워요. 우리는 의학용어를 알아보는 것이지 의학을 공부하는 게 아닙니다. '내가 의사도 아닌데, 왜 의학용어를 알아야 해?'라고 생각하시나요? 우리가 자동차를 고치지는 못하지만, 부품의 이름을 아는 것과 마찬가지예요. 수리를 익숙하게 하는 것은 어렵지만, 쓰는 용어를 아는 것은 그렇게 어려운 일이 아니에요.

셋째, 의학용어는 정해진 패턴이 있어요. 단어가 굉장히 긴 편인데, 패턴을 따라 구성되기 때문이에요. 일상영어는 긴 단어를 관용적으로 짧게 만들기 때문에 패턴을 파악하기 어렵습니다. 의학용어는 패턴대로 분해만 해보면 의미를 짐작할 수 있습니다.

의학용어는 정해진 패턴이 있다

> I have a pretty bad case of "haven't taken you to dinner-itis". Might be fatal. Hahaha!
>
> "저녁식사 초대를 하지 않는 증후군"이 심하게 걸렸나 봐, 죽을지도 몰라, 하하하.

〈Rick and Morty〉라는 애니메이션의 대사입니다. Dinner에 -itis를 붙여서 새로운 병명 dinner-itis를 만들었어요. itis는 염증에 붙이는 접미사거든요. 의학용어가 이렇게 쉽습니다. 그냥 특정 상황에다가 ~itis, ~asis, ~sys, ~pathy 등등 접미사들을 붙이면 되니까요. 아래는 모두 itis가 붙어서 염증을 뜻하는 단어들이에요.

- **Arthritis**관절염: atrhro관절 + itis
- **Rhinitis**비염: rhino코 + itis
- **Gastritis**위염: gastro위 + itis
- **Dermatitis**피부염: derma피부 + itis
- **Stomatitis**구강염: stoma입 + itis

이렇듯 간단합니다. 불 속성의 포켓몬 이름을 지을 때 fire 대신 파이리pyri:그리스어로 불를 사용하듯, 적당히 라틴어와 그리스어로 바꾸면 의학용어가 됩니다. 제 아들도 포켓몬 덕분에 어린 시절부터 꽤 많은 의학용어를 알고 있습니다. 영어단어를 많이 알고 계신 분들도 이미 의학용어를 많이 알고 계신 것이죠.

anti·pyre·tics

일단 anti·pyre·tics가 어떤 뜻인지 맞추어 보시겠어요? 단어는 문장 속에서 이해되고, 문장은 글 속에서 이해됩니다. 2020년 7월 Contemporary Pediatrics라는 저널에 실린 “Could fever improve COVID-19 outcomes?”라는 기사의 일부입니다.

> To date, there is no published research that shows treating fevers with antipyretics improves outcomes.
>
> 열이 날 때 antipyretics를 사용하는 것이 치료에 도움이 된다는 출간된 연구는 아직까지 없다.

Anti~가 어떤 뜻인지는 이미 알고들 계십니다. **반대하다, 적대하다** 이런 뜻이죠. pyre도 눈치가 빠르신 분이라면 아시겠고, 남은 것은 tics입니다. ~tics는 약에 붙는 접미사예요. 그럼, 어떤 약일까요?

이미 알고 있다, 의학용어!

제가 앞으로 무던히 이야기할 문장입니다. Antipyretics는 짐작하셨듯 해열제입니다. 쉽죠? 자 그럼 다른 단어를 볼까요?

Hyper · ther · mia

Hyper는 제품 이름이나 게임 제목에 참 많이 쓰이죠? 무언가 초월하고, 대단하고, 넘치는 것을 의미합니다. Therm은 무엇일까요? 체온계 thermometer는 이미 아실 거예요. Meter는 측정하는 것이니, therm을 측정하는 기구입니다. 그리고 ~ia는 어떠한 상태, 증이란 말입니다. 한번 추리해 보시죠. 요즘 이상 기온 현상 때문에 이런 환자들이 속출하고 있다고 합니다. 실제 기사 속에서 한번 살펴볼까요? 2021년 뉴스[2]의 일부입니다.

> Prior to June's heat wave, the county had recorded just two deaths due to hyperthermia.
>
> 6월의 이상 고온으로 두 명이 hyperthermia로 사망했다.

어때요? hyper와 thermia가 붙은 이 단어, 문맥 속에서 보니 확실하게 짐작이 가지요? 이미 알고 계셨던 단어입니다. 의학용어들은 이렇게 단어의 조합이라서 대부분 여러분들이 짐작할 수 있어요. 그냥, 우리가 아는 단어들을 약간 예스럽다거나 고리타분해 보이는 그리스어 또는 라틴어로 바꾸면, 짜잔~ Voila! 의학용어가 되어 버립니다. 못 맞추었다고 실망하지 마세요. 이 책이 더 필요해졌다는 거니까요.

2 Jared Cowley, "'We are humbled by the death toll': Multnomah County releases report on heat wave deaths", KGW8, 2021.7.13.

무작정 외우지 마세요

저는 학교 다닐 때 의학용어를 무작정 외웠습니다. 일단 접두사와 접미사를 수십 개 외워요. 그다음에 어근을 수백 개 외워서 시험을 봤죠. 수많은 단어를 실제 의미도 모른 채, 매주 퀴즈와 중간고사와 기말고사를 위해 외웠습니다. 물론 방학이 되면 모두 잊어버렸죠. 영어 공부한다고 강남역에 있는 학원에서 [Vocabulary 1000] 같은 수업을 들으며 한 달 동안 달달 외운 거랑 비슷한 상황이에요. 다 외우면 뿌듯했지만, 시간이 지나면 제대로 기억나지 않죠. 왜 그럴까요? 별 의미 없는 단어를 외웠기 때문이에요. 전화번호부를 외우는 것처럼 말이죠. 자주 쓰는 번호라면 저절로 외워지겠지만, 100개쯤 몰아서 외운 전화번호는 그냥 수일 내로 기억에서 사라지고 맙니다. 그럼 어떻게 배워야 할까요?

제가 이 책의 초안을 썼을 때 반응을 구하고자 영미권 친구에게 보여줬었습니다. 한국말도 하지만 미국에서 태어나 영어가 더 편한 그런 친구였습니다. 책을 읽고는 약간 의아하다며 이렇게 이야기하더군요. 이 내용들은 다 아는 것 아니냐고, 훨씬 깊은 수준의 어휘 리스트가 필요할 것 같다고 말이죠. 반대로 한국인 친구들에게 보여주었더니 전문 영역의 어휘라 읽기 힘들다고 했죠. 왜 이런 차이가 생길까요?

우리는 어원에 관한 지식이 없다

영어 원어민은 영어단어의 어원을 어렴풋이라도 느낄 수 있습니다. 우리도 한자로 된 말이어도 대충 짐작이 되잖아요? 중화루는 중국음식점이 떠오르고, 능이라고 하면 왕릉이 떠오릅니다. 영미권 친구들도 로마어와 그리스어에 그런 느낌이 있는 거죠. 그래서 제가 일상영어와 라틴어 어원을 연결해서 의학용어를 설명하니 과잉됐다고 느꼈던 겁니다.

기존의 영어로 된 교재를 보면 pathy[고통]이라는 접미사를 설명할 뿐, 이게 pathos[짙은 감정 상태]에서 온 말이라든지, sympathy[공감]에서 쓰이는 것과 같다든지, 더 나아가서 passion[열정, 고통]과 같은 뿌리를 가졌다든지 설명하지 않습니다. 원래 아는 이야기니까요. 그런데 우리는 모르죠. 그러니 좀 더 뿌리부터 설명하고 일상용어와 연결해 알아가야 해요. Pathos가 pathology[병리학]의 patho와 같은 단어라는 생각을 안 해 보셨을 거예요. 이걸 연결만 해도 의학용어의 반은 절로 외워집니다.

내용을 모르고 단어를 외울 수 없다

한국의 의학용어 책은 영어 원서에 한글 의학용어를 추가한 형식이 많아요. 아무리 예쁜 그림들과 표로 쉬운 척을 해봐야, 더 어렵습니다. 왜냐면, 기존의 영어용어뿐만 아니라 한글 의학용어도 외워야 하기 때문입니다. 다발성경화증, 수신증, 죽상동맥경화증 등 이런 한글용어를 이미 알고 계신 분이라면 공부하기 쉬울 수도 있습니다. 그냥 알고 있는 단어를 영어로 바꾸는 작업이니까요. 그런데 이런 지식이 전혀 없는 상태라면 어떨까요? 여러분들이라면 다음의 단어들을 외울 수 있으세요?

- **eosinophils**: 호산구
- **jejuna**: 공장
- **schwannoma**: 신경초종

외우는 건 쉬울 수 있겠죠. 그러나 한글로 된 용어의 의미를 모르시니 느낌이 오지 않으실 거예요. 시험이 끝나면 잊게 됩니다. 그리고 나중에야 필요할 때가 오면 의미가 무엇인지 공부를 또 해야 하죠.

의학용어는 아이폰이나 스파게티와 같은 새로운 물건에 대한 외래어를 배우는 것과 같습니다. 제가 스파게티란 단어를 알게 된 것은 그 음식을 처음으로 경험할 때였습니다. 이 신기한 볶음면은 저 먼 유럽의 면요리인 스파게티라는 것을요. 이후 TV에서 짜파게티 광고를 봤을 때는 어떤 제품인지 예측할 수 있었죠. 이미 짜장면도 알고 있고 스파게티도 알았으니까요. 그렇죠? 단어는 단어가 먼저가 아니고 실체가 먼저입니다. 실체를 알아야 단어를 알 수도 있고, 알 이유도 있습니다. 위의 단어를 외워도 호산구가 무엇인지, 공장이 무엇인지, 신경초종이 무엇인지 모른다면 아무런 의미가 없습니다.

그럼 어떻게 할 것인가?

첫째, 이미 알고 있는 일상용어와 어원을 찾아서 의학용어의 느낌을 심어주고자 합니다. 미국인이 의학용어를 공부하기 시작할 때와 같은 시작 상태를 만들어 주고 싶습니다. 이렇게 하면 다음 공부가 쉬워져요. 처음엔 시간이 걸리지만, 뒤에 나오는 단어들은 그 뿌리를 통해서 짐작할 수 있거든요. 이를 위한 방법으로 철학·예술·문화·의학의 이야기들을 버무리며 설명할 것이고, 그 근원과 배경까지 이해하시게 되면 영미권 사람들처럼 단어에 '감'이 생길 거에요.

둘째, 일상영어와 의학용어를 계속 연결해가며 공부하면 좋습니다. 예를 들면 우리는 이미 안드로이드Android라는 단어를 알고 있는데, andro와 oid는 의학용어에서 매우 자주 등장하는 말입니다. 안드로이드가 남자를andro~ 닮은~oid 로봇이라는 뜻인 걸 알면, androgen은 남성andro~을 만드는gen 물질임을, opioid는 아편opium을 닮은~oid 물질임을 유추할 수 있습니다. 일상용어와 의학용어를 한 번에 잡는 방법입니다.

셋째, 관심이 있는 주제에 관한 의학용어만 공부하면 돼요. 이 책에서는 일반인이 알아두면 좋은 의학 정보와 의학용어를 다루고 있습니다. 특히나 PART 4부터는 재미나게 관심이 있는 부분부터 읽어주시면 됩니다. 운동하다가 근육의 생리와 해부를 알고자 하면 그 부분만 공부하면 되고, 당뇨를 앓고 있다면 당뇨와 관련한 부분만 공부하면 돼요. 다만, 의학용어는 쉬워도 의학은 어렵다고 했죠? 당뇨가 diabetes mellitus라고 아는 것이 의학용어의 범위이고, 병리기전과 치료를 아는 것은 의학의 범위입니다. 우선은 기초적인 내용만 알면 됩니다. 이 책에서는 의학용어를 일반인 수준에서 알아둘 의학 정보와 함께 전달하고 있습니다. 의학용어가 어떻게 구성되고 어떤 배경을 갖는지 아는 것으로 시작해야 합니다. 질병이나 생리에 관한 지식이 의학용어에 서사를 부여하고, 용어는 의미를 갖게 되지요. 이순신은 명량해전, 을지문덕은 살수대첩이라고 외우는 것이 아니라, 그 흥미진진한 이야기 속에서 단어나 이름은 자연스럽게 기억나는 거죠. 이러한 배경 지식이 의학용어를 살아 있게 만들 거예요.

의학용어의 기본 구조

접두사+어근+접미사

의학용어는 머리에 해당하는 접두사prefix와 몸통에 해당하는 어근root, 그리고 꼬리에 해당하는 접미사suffix로 이루어져 있습니다. 접두사와 어근, 어근과 접미사, 혹은 어근만으로도 단어가 만들어집니다.

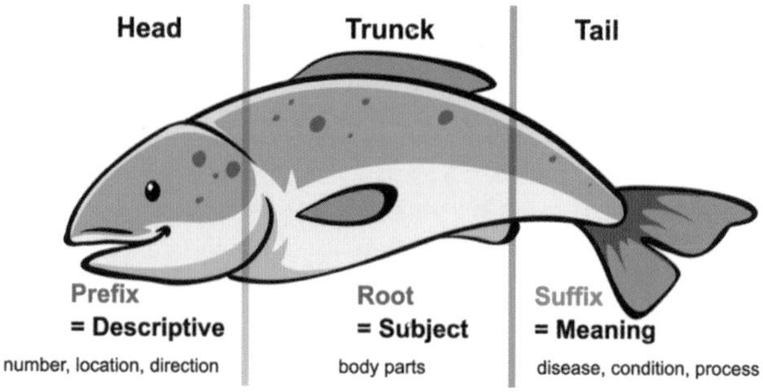

▲ 접두사 어근 접미사

접두사는 주로 방향·숫자·크기 등을 나타내고, 어근은 해당 단어의 주제·신체 부위 등입니다. 접미사는 어근의 상황을 나타냅니다. 일단 많이 쓰이는 접두사와 접미사만 알면, 단어를 나눌 수 있습니다. 처음 보는 단어라도 자꾸 쪼개어 보아야 합니다. Hypothermia라는 단어를 쪼개어 보면 다음과 같습니다.

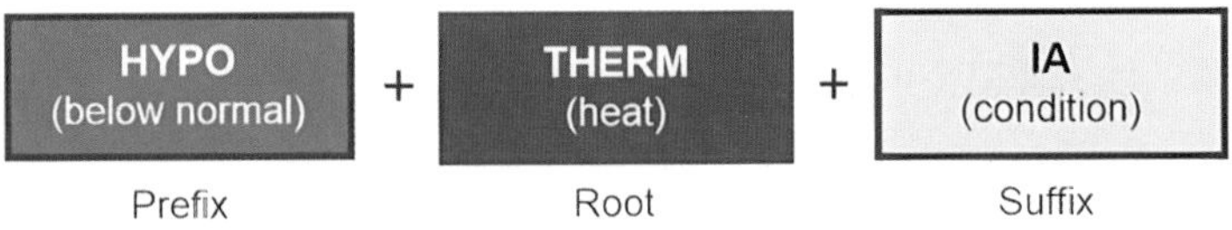

▲ 의학용어의 조합 방식

~보다 낮은, 아래를 뜻하는 hypo~는 접두사이고, ~ia는 상태를 나타내는 접미사입니다. 어근은 **온도, 열기**를 뜻하는 therm이에요. 온도계를 thermometer라고 해요. Therm이 **온도**, meter는 **측정기**란 뜻입니다. Hypo^{아래}+therm^{온도}+ia^{상태}가 모여서, Hypothermia는 **저체온증**이 됩니다. 그럼, **고체온증**은 무엇이라고 할까요? hypo만 hyper로 바꾸어, hyperthermia입니다. Hyper는 above normal이란 뜻의 접두사입니다.

Hyper·tension은 무엇일까요? tension은 **긴장**을 뜻하는 어근입니다. 접두사 hyper~가 붙었으니 고 긴장, 혈압이 긴장된 **고혈압**이 됩니다. **저혈압**은 hypotension이 되지요. 이렇게 의학용어는 레고처럼 조립됩니다.

다낭성난소증후군 Polycystic ovary syndrome

여성들이 이유 없이 살찌고, 수염도 나고, 신경도 예민해지게 만드는 병이 있습니다. Hormone, 즉 내분비계의 질환인데 병명은 좀 뜬금이 없습니다. 다낭성난소증후군이란 병이에요. 쪼갠 단어를 보고 무슨 뜻인지 먼저 짐작해 보세요.

(poly + cystic) + ovary + syndrome

Ovary는 여성의 **난소**를 의미하고, syndrome은 여러 증상이 합쳐서 나타나는 **증후군**을 이야기합니다. 즉, 난소의 증후군인데 어떤 문제이냐 하면, Poly cystic 하다는 거예요. Poly는 **많다**는 뜻이고, cyst는 **주머니**란 뜻이에요. 이게 형용사 형태로 cystic인 겁니다. 그러니까, **주머니가 많은 난소 질환**이란 뜻이 됩니다. 여기서 poly가 숫자를 뜻하는 접두사이고 cystic이 어근입니다. 어떤 장기에 cyst가 있으면, 그 장기에 주머니가 생겼다는 겁니다. 한국에선 주로 물혹이라는 말을 사용합니다. 난소ovary에 물혹cyst이 생기면 ovarian cyst가 되고, 간hepato에 생기면 hepatic cyst가 됩니다. 물혹이 많이 생긴 것을 표현하는 말이 poly cystic인 거죠. 단순합니다. 의학용어 단어는 길지만, 오히려 까다롭지 않습니다. 모든 뜻이 그대로 조합되기 때문입니다.

PART

의학용어 첫걸음

CHAPTER 1
수를 표현하는 단어

CHAPTER 2
질병을 표현하는 접미사

CHAPTER 3
고통을 뜻하는 접미사
pathos

2

여러분은 이미 많은 의학용어를 알고 있습니다. 길고 어려워 보이고 패턴이 익숙하지 않아서 그렇습니다. 우리가 이미 알고 있는 많은 신화 속 단어와 일상생활 속 단어들이 레고블록처럼 조합되어 있습니다. 길어서 쉬운 의학용어, 숨어있는 어원부터 공부하면 저절로 머리에 쏙쏙 들어옵니다.

CHAPTER 4
한국인이 가장 많이 틀리는 영단어

CHAPTER 5
기본적인 내장기관을 표현하는 용어

수를 표현하는 단어

왜 두발자전거bicycle는 혼자 설 수 없는지 아세요?

"Because it is two tired"

자전거는 영어로 bicycle인데, 말 그대로 바퀴가 두 개란 뜻이에요. 제가 의학용어를 공부하는 첫 번째 비결, 어원과 익숙한 일반용어에서 시작한다고 했죠? bicycle은 **두 개**를 뜻하는 접두사 bi와 **원, 바퀴**를 뜻하는 cycle로 이루어져 있습니다. 그럼 세발자전거는? 네, tricycle입니다. Tri가 3을 뜻하기 때문이죠. Tripod는 **다리**를 뜻하는 pod와 합쳐져 다리가 세 개인 삼각대를 의미합니다. 조금만 더 알아볼까요? 외발자전거는 unicycle 또는 monocycle이라고 하는데 uni와 mono가 모두 **하나**를 뜻합니다. 스티브 잡스가 아이폰 행사에서 unibody라고 강조했었는데, 하나의 프레임으로 만들어졌다는 거죠. 별 것 아니죠? 이미 다 사용하던 말들이에요.

- **Uni**: 1
- **Bi**: 2
- **Tri**: 3

위의 접두사가 쓰인 의학용어를 알아보겠습니다. 상완, 즉 팔의 앞부분, 팔꿈치를 구부리는 근육을 이두근[biceps brachii]이라고 합니다. Bi는 **둘**을 의미하고, ceps는 **머리**를 뜻하는 말이에요. Brachii는 upper arm[상완]을 뜻합니다. 그래서 bi·ceps brachii, 즉 **머리가 두 개이며 팔에 달린 근육**[상완이두근]이란 뜻이에요. 이두근의 반대편, 즉 팔 뒤쪽 근육은 **상완 삼두근**[triceps brachii]이라고 부릅니다. Tri? 역시 머리가 세 개 있는 근육이란 뜻이죠.

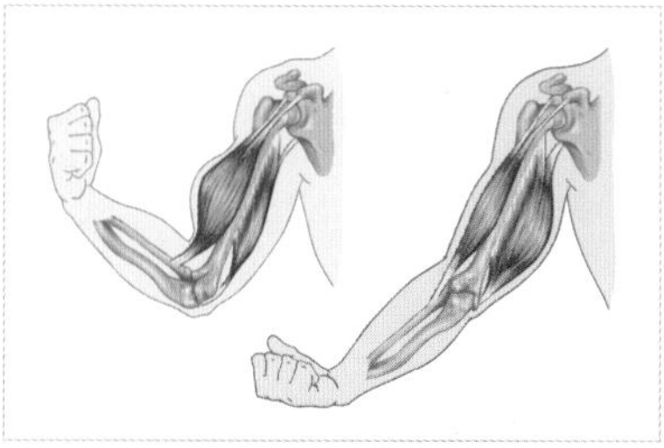

▲ 왼쪽: 이두근, 오른쪽: 삼두근

▲ 머리가 세 개인 케르베로스

이렇게 숫자가 근육 앞에 있는 경우는, 여러 개의 근육이 하나처럼 모여있는 근육을 그 개수에 해당하는 접두사를 붙여 부르는 겁니다. 다음 페이지의 왼쪽 그림은 뒤에서 팔을 본 모습인데, 빨강·초록·노랑이 삼두근의 세 개의 머리[ceps]에 해당합니다. 팔꿈치 쪽의 부착부는 하나인데, 어깨 쪽의 부착부는 세 개가 됩니다. 왜 삼두근이라고 부르는지 보이시죠? 머리가 세 개인 지옥을 지키는 케르베로스 같습니다. 물론 외부에서 보면 근육이 두 개로 보이는데, 저 녹색 부분의 근육이 다른 근육에 가려져서 그렇습니다.

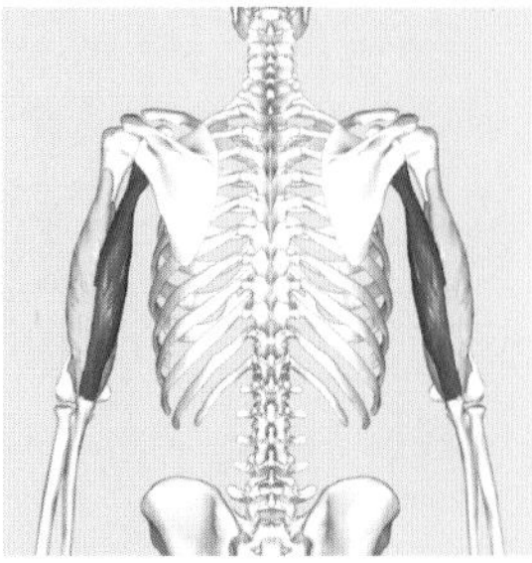

삼두근[3]

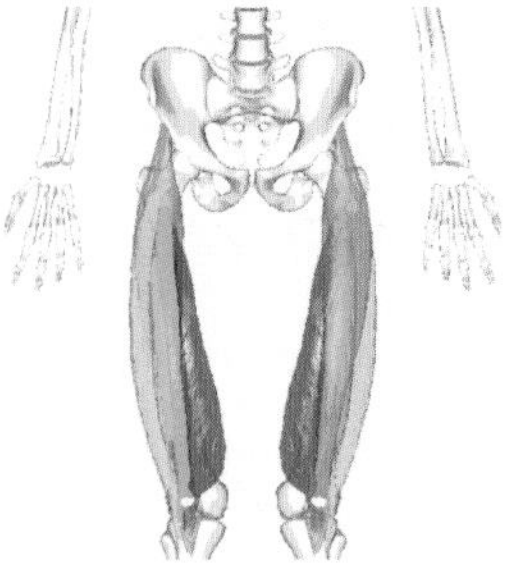

사두근[4]

이두와 삼두가 있으니 사두도 있겠죠? 넓적 다리 앞쪽에 대퇴사두근이 있습니다. 머리가 4개인 근육이고 대퇴골에 있죠. 상완에 있는 삼두근을 상완삼두근이라고 부르는 것처럼요. 사두근도 ~ceps일 텐데, 뭘까요?

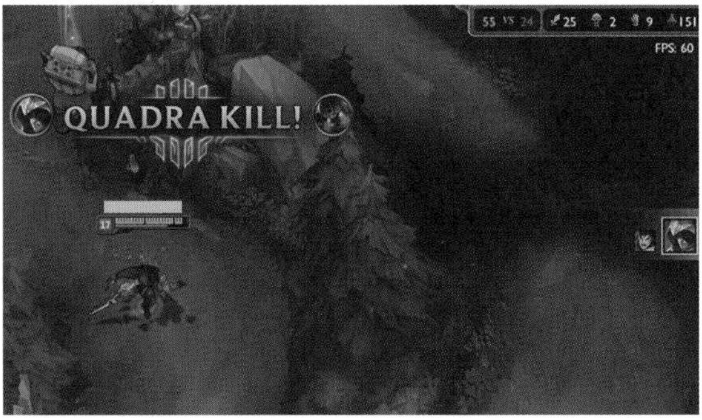

▲ 리그오브레전드에서 적군 네 명을 연속으로 잡았다!

바로 quadr(o)입니다. 게임인 리그 오브 레전드 속에도 사용되죠. 더블 킬, 트리플 킬, 그다음이 쿼드라 킬입니다. 자동차에도 있는데, 아우디 하면 사륜구동 시스템Audi quattro이죠. 이 역시도 4를 뜻하는 quadro

3 위키백과, "Triceps", CC BY-SA 2.1 JP
4 위키백과, "Quadriceps", CC BY-SA 2.1 JP

에서 유래한 말입니다. 그러니 사두근도 quadriceps라고 합니다. 모두 허벅지 앞쪽에 있으니 허벅지 앞 근육을 통째로 quadriceps라고 외워 두세요.

이 외에도 5는 펜타곤pentagon으로 익숙한 penta, 6은 헥사라는 유명한 게임의 이름이기도 한 hexa입니다. 저는 제 아내가 게임하는 모습을 보고 반했는데, 특히 헥사를 잘했다고 합니다. 육각형의 블록을 쌓아서 없애는 게임으로 요즘의 캔디크러쉬 같은 게임인데, 대학 시절 오락기에 1등 이름을 새겨넣던 학생이었다더군요. 오락실 여신이랄까…? 아무튼, 7은 hepta입니다.

8을 의미하는 옥토버가 10월이 되었다?

이제 8의 차례이죠. 바로 문어octopus의 octa입니다. Octopus 단어 자체가 8을 뜻하는 octa와 발을 뜻하는 pus로 이루어져 있어요. 다리가 8개이기 때문인데…, 이탈리아의 가르달란트 수족관 소속 연구팀에서 다른 연구를 내놓았습니다. 2,000마리의 문어를 대상으로 연구했더니, 뒤쪽에 있는 6개의 다리와는 달리 눈과 가까이 있는 2개의 촉수는 팔처럼 정교한 동작을 한다고 밝혔습니다. 게다가 왼손잡이와 오른손잡이도 있다고 하니, 놀라운 일입니다. pus를 비롯해서 pod그리스어 어원, ped라틴어 어원 모두 다리란 뜻입니다.

TIP

요즘 노래 오디션 프로그램이 많습니다. 3단 고음이니 하는 말을 자주 듣게 됩니다. 저는 한 옥타브도 간신히 올라가는데 세 옥타브의 음계를 목소리로 낼 수 있다니 정말 놀랍습니다. 여기서 옥타브도 octa, 즉 8에서 온 말입니다. 도레미파솔라시도, 한 바퀴 돌아오니 8개, 8개의 음계를 모두 돌아온다고 하여 옥타브octave가 되었습니다.

숫자 8은 달력에도 있습니다. 바로 8월인 옥토버October죠. 엥? 옥토버는 10월 아닌가? 맞습… 아니, 아닙니다. 옛날 로마 시대에는 이름 그대로 8월이었습니다. 어찌 된 일일까요? 12월의 디셈버December도 비슷한 경우입니다. 이상하게도 8을 뜻하는 octo는 10이 되고, 10을 뜻하는 deca가 12가 됩니다. 이렇게 두 개월씩 밀리게 된 것에는 어떤 사연이 있을까요?

바로 로마의 황제인 시저 때문인데요, 예전의 10개월을 1년으로 보는 달력이 비효율적이라는 생각에 시저 황제가 새로운 달력 시스템을 만들었습니다. 율리우스 시저의 이름을 딴 율리우스력입니다. 이 과정에서 12개의 월을 만들기 위해서 기존 10개의 월에다가 자신의 이름을 추가하고, 다른 황제였던 아우구스투스의 이름을 추가했습니다. 율리우스의 라틴 발음인 줄리어스Julius를 7월에 넣어 July가 되었고, 아우구스투스Augustus를 8월에 넣어 August가 되었습니다. 그러니 기존의 8월이었던 October는 난데없이 10월이 되었고, 10월이었던 December는 12월이 되어버렸습니다.

여럿few과 많이many

의사들은 다섯 이상을 세면 어려움을 겪습니다. 그래서 그 이상이 되면 대충 **많다**라는 접두사를 붙여버리죠. **조금 있다**란 뜻의 여럿few은 의학에서 oligo라고 합니다. **꽤 많은**의 a few가 아니라, 적은 쪽인 few의 어감connotation입니다. 여러분이 집에서 드시는 올리고당이 바로 이 올리고oligo에요. 당sugar이 여러 개가 있다는 말이죠. 우리 몸은 이렇게 여러 개의 당이 모여있으면 분해하기 어려워해서 단맛은 나는데 살은 안 찌는 결과를 가져옵니다.

여럿보다 더 많을 때는 poly라고 합니다. 앞에서 다낭성난소증후군polycystic ovary syndrome의 접두사인 poly를 기억하시죠? 일부다처제는 영어로 polygamy라고 합니다. 일처제는 mono를 붙여서 monogamy입니다.

그럼 실제 활용을 해볼까요? 의학용어에서 **소변의 상태**를 뜻하는 접미사는 ~uria입니다. 소변urine에서 나온 말이죠. 여기에 적고 많고를 붙여볼까요? 소변이 적게 나오는 oliguria핍뇨, 소변이 너무 나오는 polyuria과뇨가 됩니다. 안 나오는 경우는 뭘까요? 부정을 뜻하는 a(n)를 붙여서 anuria무뇨라고 합니다.

Oligo와 poly를 붙여서 만든 oligopoly라는 단어도 있는데, **여럿이 많이?** 도대체 무슨 뜻일까요? 많지 않은 집단이 수요 대부분을 공급한다는 뜻입니다. 소수의 회사들이 시장의 지배율이 높으면 단합해서 가격을 올리거나 하는 부작용이 생기는데, 이를 과점이라고 하죠. 그럼 독점은 무엇일까요? 일부일처제처럼 mono를 붙이면 됩니다. Monopoly! 혼자서mono 수요의 대부분poly을 공급하니 독점인 겁니다.

- **0**: null, a, nil
- **1**: mono~ / uni ~
- **2**: bi~ / di~
- **4**: Tetra~
- **5**: Penta~
- **6**: Hexa~
- **7**: Hepta~
- **8**: octo~
- **10**: deca~
- **few**: oligo~
- **many**: poly~

질병을 표현하는 접미사

의미 단위로 붙여서 단어를 만드는 의학용어. 오히려 긴 단어일수록 이해하기 쉽습니다. 기본이 되는 단어를 알아두고, 처음 보는 의학용어도 짐작해서 알아봅시다.

- 신체 부위 + 상태 = 의학용어
- gastri^위장^ + itis^염증^ = gastritis^위염^

이런 식으로 장기·근육·관절 등의 부위가 어근이 되고, 상태를 나타내는 접미사가 붙어서 병명이 됩니다. 가장 흔하게 병리적 상태를 표시하는 접미사로는 앞서 배운 ~pathy가 있습니다. 좀 더 구체적으로 상태를 묘사하는 말로는 염증을 나타내는 ~itis가 있죠. 많이 쓰이는 상태에 관한 접미사는 다음과 같습니다.

- **pathy**: 아픈, 정상이 아닌
- **~itis**: 염증
- **~sis**: 그냥 상태
- **~algia**: 통증
- **~megaly**: 커지는

- **~plegia**: 마비된
- **~rrhea**: 흘러나오는
- **~oma**: 종양이 관련된

힘줄tendon 관련한 병들

힘줄은 근육이 뼈에 붙는 부위의 결합 조직입니다. 닭다리 먹을 때 살코기에서 뼈로 이어지는 질기고 흰 부분이에요. 운동하다 자주 다치는 부위입니다. 힘줄을 한자로는 **건**이라고 합니다. 비슷하게 생긴 단어인 tendone야외에 치는 가림막을 주의하세요.

- **Tendinopathy**: 힘줄의 병적 상황; 힘줄병증, 건병증
- **Tendonitis**: 힘줄의 염증; 힘줄염, 건염
- **Tendinosis**: 과사용으로 인한 힘줄의 미세손상; 힘줄증, 건증

Tendinopathy는 일반적인 넓은 의미의 힘줄에 생기는 병, 혹은 병적 상태를 의미합니다. tendonitis는 힘줄에 생기는 염증을 말합니다. tendinosis는 힘줄에 염증이 확실하지 않은데 미세 병변이 있는 상황입니다.

척추spine 관련한 병들

척추를 뜻하는 spine/spondyl~에 접미사를 더해 봅시다.

- **Spondylitis**: 척추의 염증; 척추염
- **Spondylosis**: 척추의 퇴행성변화; 척추증
- **Spondylopathy**: 척추의 병적 상황; 척추병증

Spondylitis는 척추의 염증, spondylosis는 확실한 염증 없이 만성적 변화와 통증, spondylopathy는 다양한 척추의 병변을 뜻합니다.

간hepato 관련한 병들

간을 뜻하는 어근 hepato와 연결하여 단어를 만들어 보겠습니다.

- **Hepatitis**: 간의 염증
- **Hepatopathy**: 간 장애; 간의 병적 상태
- **Hepatosis**: 특별한 구조적 문제 없이 기능적인 간의 병변
- **Hepatomegaly**: 간이 커지는 병변; 간비대
- **Hepatoma**: 간의 종양
- **Hepatic cyst**: 간의 낭종; 낭성간, 물혹간

~oma는 암을 뜻하는 접미사이고, ~megaly는 크기가 비정상적으로 커진 상태를 말합니다.

이제 감을 잡으셨나요? 그럼 다음 신장의 병들을 보고 의미를 짐작해 보시겠어요? 신장은 의학용어로 주로 nephr(o) 혹은 ren(o)라고 합니다. 괄호 안의 o는 두 어근을 붙일 때 주로 사용하는 **결합형 모음**입니다. 사이에 들어가서 발음을 쉽게 해주는 모음이라고 생각하세요. o외에 i나 e가 쓰이기도 합니다.

- Nephritis
- Nephrosis
- Nephropathy
- Nephroma
- Nephromegaly

어때요? 다 맞추셨지요? 상태를 나타내는 접미사는 어근의 상태를 구체적으로 표현합니다. 이렇게 다양한 접미사와 접두사와 어근이 레고처럼 이어져 단어를 만드는 것이 의학용어입니다.

고통을 뜻하는 접미사 pathos

그리스도의 수난과 병리학은 어떤 관계가 있을까요?

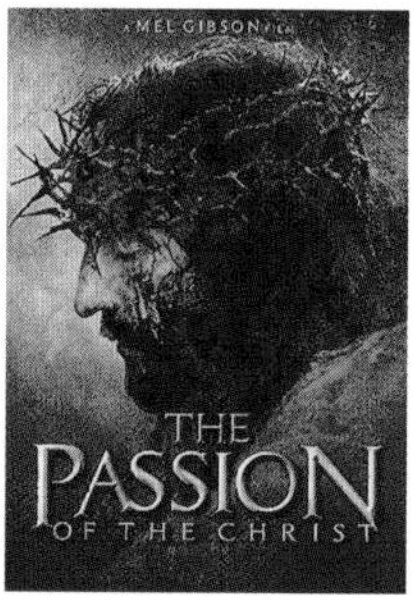

〈Passion of Christ〉라는 영화가 있습니다. 예수님의 열정이라… 무슨 내용일까 싶었는데, 패션이 수난과 고통을 의미하는 것을 나중에 알고 혼자 무안했습니다. 열정 외에도 고난·고통·수난이란 뜻이 있는 겁니다. 어떻게 열정과 수난이 같은 단어일까요? 수난과 병리학이 모두 한 가지 어원에서 나온 말인데, 바로 그리스어 페이소스pathos입니다.

예전에는 페이소스란 말을 자주 썼습니다. 슬픔과 웃음을 동시에 가진 깊은 감정, 이런 복잡 미묘한 감정을 표현할 때 썼죠. 한 배우의 인터뷰처럼요.

"웃고는 있는데 눈에는 눈물이 맺히는 느낌을 표현하고 싶은데,
이제까지 이런 느낌의 드라마가 없었던 것 같다.
시청자들이 진한 페이소스를 느끼게 하고 싶다."[5]

5 강경지, "황정민 '인생은 아름다워'처럼", 뉴시스, 2009.04.13.

쓰임이 전혀 달라 보이는 pathos와 passion에 대해 먼저 이야기해 보겠습니다. Pathos를 알면 왜 passion이 열정도 되고, 고통도 되는지 알게 됩니다. Pathos는 복잡 미묘한 의미를 가졌는데요, 수사학rhetoric에서는 다른 사람의 감정을 움직이는 기술을 의미했습니다. 즉, 감성을 자극하는 기술인 거죠. Pathos라는 단어는 본래 그냥 **감정**emotion을 의미하는데, 여기에 방향성이 더해지는 거예요. 감정에 방향성이 있으면 무언가를 바라는 마음이 생깁니다. 그래서 좋은 맥락으론 열정이 되고, 나쁜 맥락으론 욕심이 됩니다. 방향성이 있으니 고통이나 슬픔도 생기게 마련이죠.

측은한, 가슴 아픈이라는 뜻의 patheticⓒ pathos에서 나왔습니다. **감정을 일으키는**이라는 어원을 갖고 있습니다.

다른 사람의 고통·슬픔을 공감할 때 empathy 혹은 sympathy라는 말을 쓰죠. em은 그리스어에서 **안**in을 뜻하는 접두사이고, sym은 **같이**with를 뜻하는 접두사예요. 그러니 상대방의 감정에 푹 빠져 버리거나, 누군가와 함께하거나 상대의 느낌을 공유받게 되지요. 반대로 부정을 뜻하는 a와 붙어서 apathy라고 하면 **고통·슬픔을 느끼지 못하는 상태**를 말합니다. Compassion도 마찬가지입니다. **같이**를 뜻하는 com과 pathos에서 나온 passion을 붙여서 **같이 느끼다**란 뜻이 되니, 어원상으로는 sympathy와 같은 말입니다.

pathos	pathetic	empathy	sympathy	apathy
	passion	compassion		

- **Pathos**: 감성, 감정
- **Passion**: 감정으로 야기되는 열정, 고통
- **Pathetic**: 감정을 유발하는
- **Empathy**: 감정에 빠진, em[속으로] + pathy
- **Sympathy**: 감정을 동시에 느끼는, sym[동시에] + pathy
- **Apathy**: 감정이 없는, a[부정] + pathy
- **Compassion**: 감정을 같이 느끼는, com[같이] + passion

Emotions are the source of all suffering and passion.
감정은 모든 고통과 열정의 근원입니다.

가장 많이 쓰이는 접미사 ~pathy

뉴스에서 자주 보게 되는 psycho·path란 말의 path 역시 **병들었다는** 의미로 pathos에서 나온 말입니다. 흔히 뒤에 path를 빼고 "사이코"라고 부르는데, 콩글리시는 아닙니다. 유명한 감독인 알프레드 히치콕[Alfred Hitchcock]의 영화 〈사이코〉도 사이코패스를 뜻하는 제목입니다. Psychopath 뒤에 y를 붙이면 psychopathy가 되고, **정신적인 병, 감정이 잘못된 상태**를 말합니다. 정신[psycho]이 잘못되었단 겁니다. 사이코[psycho]는 본래 나쁜 의미가 아니었는데요, 그리스어의 psyche에서 나온 말이고, **나비·정신·영혼**을 뜻하는 말이었어요. psyche가 정신을 뜻하게 된 것은 프로이트 이후이니 매우 근대에 생긴 뜻입니다. 프시케[psyche]는 아주 예쁜 여성으로 에로스가 사랑에 빠졌던 인물의 이름이기도 하죠.

의학용어에서 pathy는 접미사로서 **~의 병변**으로 사용됩니다. Neuropathy는 신경의 병을, myopathy는 근육의 병을, arthropathy는 관절의 병을 의미합니다.

- **Arthropathy**: 관절의 병변
- **Myopathy**: 근육의 병변
- **Neuropathy**: 신경의 병변
- **Osteopathy**: 뼈의 병변
- **Tendinopathy**: 힘줄의 병변
- **Nephropathy**: 신장의 병변
- **Cardiopathy**: 심장의 병변
- **Encephalopathy**: 뇌의 병변

Pathos는 접두사로 쓰이기도 합니다. Pathogen은 patho, 즉 병을 만드는[gen] 물질을 뜻해요. 흔하게 세균이나 바이러스 등이 해당하지요. Gen은 아시다시피 generate, 즉 **만들다**라는 뜻입니다. 성경의 첫 장은 Genesis지요. 모두 gen의 **만들다**라는 의미에서 나온 말입니다. 고통을 뜻하는 pathos는 의학용어에서 많이 보실 거예요.

한국인이 가장 많이 틀리는 영어 단어

한국인이 가장 많이 틀리는 영어 단어가 무엇인지 아세요? 4글자, "Pull" 입니다. 문이 잠겼나 하고 유리문 안쪽의 주인을 바라보면, 저를 한심하다는 듯 쳐다보고 있죠. 오른쪽·왼쪽·위·아래 등, 왜 이렇게 틀릴까요? 바로 기준점이 명확하지 않기 때문입니다. 이렇게 어려운 위치와 방향에 관한 용어들을 살펴보겠습니다.

해부학적 자세 Anatomical position

방향이나 신체 부위를 이야기하다 보면, 뒤쪽·왼쪽·아래쪽 등이 헷갈리기 쉽습니다. 사람의 자세에 따라 앞뒤도 달라지거든요. 차렷 자세를 하면 엄지가 앞쪽입니다. 손바닥을 위로하고 누우면 손바닥이 앞쪽입니다. 엄지가 앞일까요? 손바닥이 앞일까요? 위치에 따라 방향은 상대적으로 변합니다. 그래서 의학에서는 방향·위치의 기준을 명확히 하기 위해 **약속**을 사용합니다. 이 약속이 바로 **해부학적 자세** anatomical position 입니다. 해부학적 자세는 똑바로 누운 자세에서 두 가지를 가정합니다. 첫째, 손바닥을 앞쪽으로 둬야 합니다. 왜냐고요? 이유는 없습니다. 약속입니다. 둘째, 누운 자세가 아니라 서 있는 자세입니다. 아래 그림을 보면 "나에게 오라~"는 듯이 손바닥을 앞으로 향한 채 서있는 자세이죠. 이 자세가 모든 위치와 방향 설명의 기준이 됩니다.

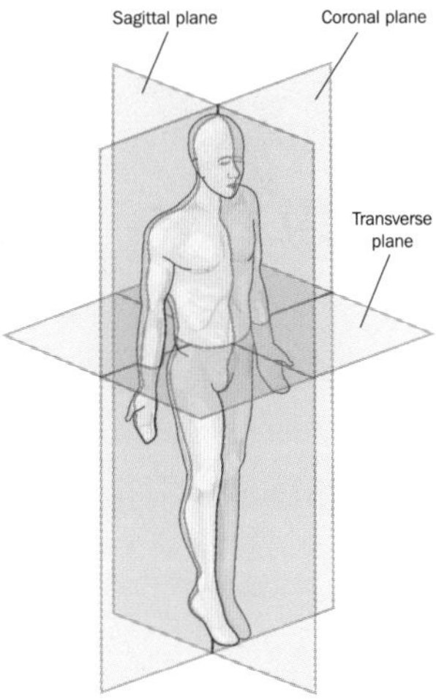

▲ 해부학적 자세

위superior 아래inferior

Above, below, upper, on, beneath, 등등의 차이를 배우시던 기억이 떠오를 거예요. 의학용어는 훨씬 간단해요. 일단 위와 아래를 뜻하는 말로 superior랑 inferior가 있습니다. Superior는 수퍼맨의 그 수퍼입니다. 보통 사람보다 위란 뜻이지요. 우리 아이가 좋아하던 소닉sonic이란 고슴도치 캐릭터가 있습니다. 엄청나게 빠른 고슴도치인데, 1차 변신을 하면 머리가 노래지고 수퍼소닉super-sonic이라고 불려요. Sonic은 소리를 뜻하니, 소리보다 빠르다는 뜻이죠. 여기서 한 단계 더 진화하면 하이퍼소닉hyper-sonic이 되는데, Hyper도 super와 마찬가지로 **정상을 초월한다**는 뜻입니다. 의학에서 super 혹은 superior는 위치position나 질quality에 있어 **높다, 뛰어나다**를 표현할 때 사용합니다. Hyper는 정상이 있고, 그 정상을 넘어설 때 사용합니다. Ultra도 있는데, 이러한 단어들은 모두 제품에도 많이들 사용되고 있습니다.

▲ 소닉, 수퍼소닉, 하이퍼소닉

Hyper·tension은 tension긴장이 정상보다 높으니 hyper를 사용해 **고혈압**이 됩니다. Ultra·sound는 sound소리의 속도를 ultra넘어선, 즉, **초음파장치**를 뜻합니다.

반대로 낮고 열등하다고 표현할 때는, 접두사 inferior 또는 hypo를 사용합니다. 각각 superior와 hyper의 반대말이에요. 강아지 사료 중에 하이포알러지Hypoallergy란 제품이 있어요. 낮은 알러지이니, 알러지를 잘 일으키지 않는 사료란 뜻입니다.

안쪽medial 바깥쪽lateral

안쪽은 medial, 바깥쪽은 lateral이라고 합니다. 여기서 이야기하는 안과 밖은 중앙에 가까우면 안, 멀면 밖입니다. 수학에서 중앙값은 median입니다. Medial은 **가운데의~**란 뜻입니다. 당연하게도 안과 밖은 늘 상대적이죠.

아래의 해부학적 자세 그림을 한번 봐주세요. 엄지발가락은 내측medial side에 있습니다. 새끼발가락과 비교하면 중앙축에 가까우니까요. 엄지손가락은 어느쪽일까요? 엄지발가락과는 반대로 외측lateral side입니다. 손은 새끼손가락이 중앙축에 가까이 있기 때문입니다.

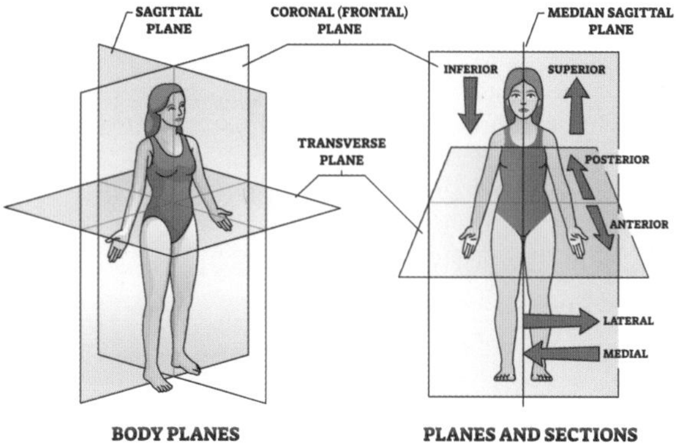

▲ 해부학적 자세

속intra 겉extra

한글로 이야기하면 안과 밖이랑 비슷하니, 이 개념을 이해하기 위해서는 공을 생각해야 합니다. 공 속이 intra이고, 겉이 extra입니다. Lateral과 medial은 가상의 중앙선에서 중앙 쪽이냐 측면 쪽이냐를 표현하는 것이고, intra와 extra는 입체적 공간에서 속이냐 겉이냐를 표현합니다. 예를 들어 세포의 안과 밖을 표현할 때 intra와 extra를 사용합니다. 비슷한 접두사로 endo내부와 exo외부도 있습니다.

- **Extra·cellular water**: 세포 밖의 수분
- **Intra·cellular water**: 세포 안의 수분
- **Extra·articular structure**: 관절 밖의 구조물
- **Intra·articular structure**: 관절 안의 구조물

앞쪽anterior 뒤쪽posterior

흔히 오전과 오후를 AM과 PM으로 표현합니다. Ante Meridiem, Post Meridiem의 약자이죠. 여기서 Ante와 Post가 anterior와 posterior입니다. Meridiem은 날diem:day의 중간merid이란 뜻이니 **정오**이고, AM은 정오의 앞쪽anterior이니 오전, PM은 정오의 뒤쪽posterior이니 오후가 됩니다.

위치를 표현할 때도 마찬가지입니다. 기준인 해부학적 자세를 떠올려 보면, 배꼽은 anterior에 있고, 손등은 posterior에 있습니다. 발가락은 anterior에, 발꿈치는 posterior에 있지요.

가깝고proximal 먼distal

시작 부위에서 가깝다를 뜻하는 근위부proximal, 멀다를 뜻하는 원위부distal라는 용어가 있습니다. 손발가락뼈는 의학용어로 phalanxphalange라고 합니다. 손가락 관절은 세 개의 뼈로 이루어져 있는데, 이 세 개의 phalanx 중 손등쪽의 뼈가 proximal phalanx, 손끝의 뼈가 distal phalanx, 가운데가 middle phalanx입니다. 몸통으로부터 거리에 따라 가까운proximal, 중간middle, 먼distal 손가락으로 부릅니다.

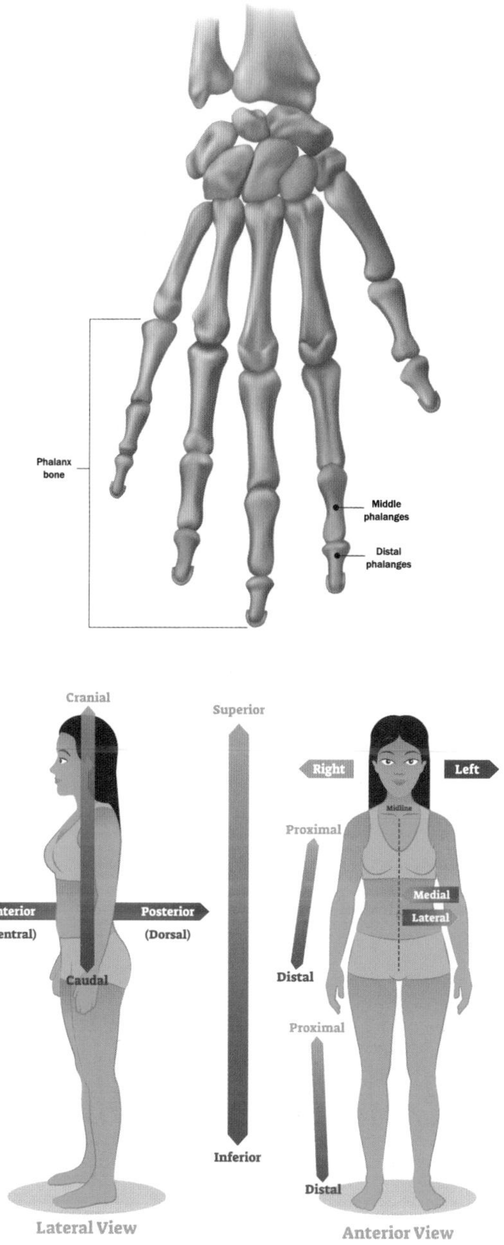
Phalanx bone
Middle phalanges
Distal phalanges
Cranial
Caudal
Anterior
(Ventral)
Posterior
(Dorsal)
Lateral View
Superior
Inferior
Right
Left
Midline
Proximal
Distal
Medial
Lateral
Proximal
Distal
Anterior View

▲ 손가락뼈와 해부학적 자세 그리고 용어들

기본적인 내장기관을 표현하는 용어

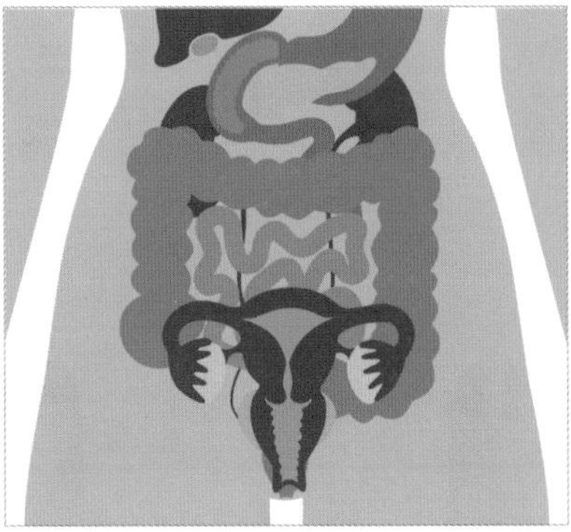

▲ 오장육부

심장cardio과 폐장pulmo

심장을 표현할 때 cardio를 사용합니다. 체육관에서 "오늘은 카디오하는 날이야"에서의 그 카디오죠. 주로 **유산소 운동**을 의미하는데, 실제로는 심폐cardiopulmonary 운동의 줄임말입니다. Cardio-pulmonary는 심장을 뜻하는 cardio와 폐장을 뜻하는 pulmonary로 이루어졌거든요. Pulmo 외에 폐를 뜻하는 다른 용어도 있는데요, pneumo입니다.

Pulmo는 라틴어이고, pneumo는 그리스어예요. 제우스와 주피터처럼 말이죠. 폐렴을 뜻하는 pneumonia에 폐를 뜻하는 pneumo가 쓰였습니다. Pneumo는 원래 그리스어로 **공기·숨결·영혼**을 뜻합니다.

신장reno과 방광urinary bladder

좌우로 두 개가 있는 신장도 그리스어와 라틴어가 모두 사용됩니다. 라틴어로는 reno이고, 그리스어로는 nephro입니다. 신부전은 renal failure라고 하고, 신염은 nephritis라고 합니다. 방광은 urinary bladder인데요, urine은 소변, bladder는 주머니를 뜻해요. 소변을 담은 주머니란 뜻입니다.

위장gastro과 췌장pancreas

염증을 뜻하는 접미사인 ~itis를 위장인 gastro와 붙이면 **위염**인 gastritis가 됩니다. 일상영어에서의 위장은 stomach라고 합니다. 여기서 gastro와 stomach의 어원이 모두 입mouth이라는 게 재밌습니다. 그리스어로 입을 뜻하는 stoma가 나중에 위장을 뜻하게 된 겁니다. 그래서 stomatitis의 뜻이 위염이 아니라 구내염이에요.

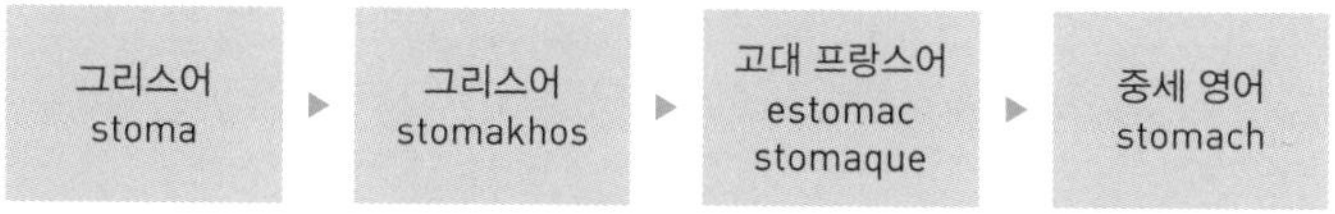

▲ 위장의 변천사

위장 바로 근처에 소화를 도와주는 기관인 췌장pancreas이 있습니다. 한글로는 **이자**라고 하죠. 여기서 췌장액pancreatic juice을 분비합니다. 특히 리파아제lipase를 분비하는데, 지방lipid을 분해~ase하는 효소예요. 그래서 췌장이 제 기능을 하지 못하면 지방을 제대로 소화할 수 없게 됩니다. 췌장은 당대사와 관련된 인슐린insulin을 분비하기도 합니다.

간장hepato과 담gall,chole,bile

위장의 오른쪽에는 간liver이 있습니다. 간장은 hepato라고 합니다. 그래서 간염은 hepatitis가 되지요. 간과 위장관에서 유발되는 소화기 질환을 주로 보는 학문을 hepato-gastrology라고 합니다.

간장 옆에 붙어있는 담즙을 분비하는 담낭은 gall bladder라고 합니다. bladder는 주머니를 뜻하죠. 방광은 소변을 담고 있어서 unrinary bladder라고 했던 것 기억하시나요? 담즙gall,chole,bile을 담고 있는 주머니는 gall bladder가 됩니다. 주머니를 뜻하는 의학용어 cyst를 써서 담낭을 cholecyst라고도 합니다.

소장small intestine과 대장large intestine

좀 더 아래로 내려오면 소장과 대장, 직장이 있습니다. 소장은 영양소를 흡수하고, 대장은 수분을 흡수해서 대변을 만드는 역할을 합니다. 소장과 대장은 의학용어로 entero~라고 합니다. 장염은 entero에 접미사 ~itis를 붙여서 enteritis라고 합니다. 위와 장을 합쳐서 gastro-enterology라고 하면 소화기 내과학이 됩니다. 소화기 전문의는 gastro-enterologist라고 하지요. 따로 대장만 의학용어로 colon이라고도 합니다.

장기	의학용어	병증 예시
lung	pulmo, preumo	pneumonia
heart	cardio, cardial	cardiac arrest
liver	hepato	hepatitis
kidney	renal, reno, nephro	nephrosis
stomach	gastro	gastritis
gut	intestine / entero	gastroenteritis
large intestine	colo	colitis
gall bladder	cholecyst	cholecystitis
brain	cerebral, cerebellar, encephalo	encephalitis
hystero	uterus	hysterectomy

PART

병원에서 접하는 의학용어

3

차트와 소견서, 처방전… 무심코 지나쳐 버리는 용어들. 내용은 궁금하지만, 너무 어려워서 알 수 없다고 생각하시나요? 의학은 어려워도 용어는 어렵지 않습니다. 실제 의료현장에서 자주 보이는 의학용어를 설렁설렁 알아봅시다. 이렇게 첫걸음만 떼어도 조금은 달라질 거예요.

뜻밖의 병원 구경

갑작스러운 친구의 입원 소식에 병문안을 갑니다. 간단한 검사만 하러 입원한 것이란 친구의 말에, 반은 놀러 간다는 생각으로 간식거리를 사서 병원에 들어섰습니다. 친구가 있다는 내과 병동에 도착합니다. 엘리베이터 문이 열리는 순간, 냄새, 흰색 벽, 바쁘게 움직이는 사람들 속에서 어디로 가야 할지 정신이 멍해집니다. 직원들은 한국말을 하는 것 같은데…. 알아듣지는 못할 말들을 하고 있습니다. '드라마랑은 좀 다르네...'라고 생각하며 마치 외국에라도 온 것처럼 움츠러드는 자신을 발견합니다.

병동Ward

방금 들어선 그 공간을 병동 또는 워드ward라고 합니다. 사전적 의미는 같은 진료과의 환자들이 모여있는 공간이란 뜻입니다. 정신과 병동psychiatric ward, 산과 병동maternity ward, 소아과 병동pediatrics ward인 거죠. 지금과 같이 전염병의 유행 속에서는 격리 병동isolation ward을 운영하기도 합니다. 중환자실은 특별히 ICU라고 하는데, Intensive Care Unit의 약자입니다. 직역해서 집중 치료실입니다.

일반적으로 병원은 층마다 다른 워드가 있지만, 경우에 따라 같은 층에 여럿의 워드가 있을 수 있습니다.

간호사 스테이션Nurses station

> 친구가 어디 있는지 몰라 헤매다가, 간호사 선생님들이 모여있는 커다란 데스크를 발견하고는 쭈뼛쭈뼛 다가섭니다. 바빠 보이는 스태프들은 아무도 나에게 눈길을 주지 않네요…. 어떻게 말을 걸어야 할지 모르겠습니다.

아래 사진의 공간을 간호사 스테이션이라고 부릅니다. 새벽녘 간호사 스테이션의 널브러진 차트와 문서들은 그날의 바빴던 흔적을 보여줍니다. 지금은 조용해진 분위기가 무척 쓸쓸해 보이네요. 다인실 환자들의 코 고는 소리가 들리는 듯하죠. 그저 긴박한 콜 없이 날이 밝기를 기대하며, 간호사 선생님들은 야식을 먹습니다.

▲ 2월의 어느 날 새벽 3시, 모 대학병원의 간호사 스테이션
출처: 청년의사 http://www.docdocdoc.co.kr

NPO / ABR

뻘쭘하게 반 강제로 스테이션을 구경하다가, 가장 친절해 보이는 스태프에게 물어 어렵사리 친구의 병실을 알아냈습니다. 병실에 들어가니 환자복을 입은 친구가 몹시 낯설게 보입니다. 평소와 달리 힘이 없어 보이는 친구가 나를 보고 웃습니다. 친구가 좋아하는 간식거리를 친구 앞에 펼쳐 놓습니다. 그런데, 친구는 침대에 걸린 푯말을 가리킵니다. 아크릴판에 마커로 크게 NPO라고 쓰여 있습니다.

PO는 입os으로per라는 뜻입니다. No PO이니 아무것도 못 먹게 하라는 금식이라는 뜻이에요. 사실은 No가 아니라 라틴어 Nil인데 같은 뜻입니다. 내일 검사를 마칠 때까지 아무것도 먹지 못한답니다. 검사 결과에 따라 바로 퇴원discharge할 수도 있다네요.

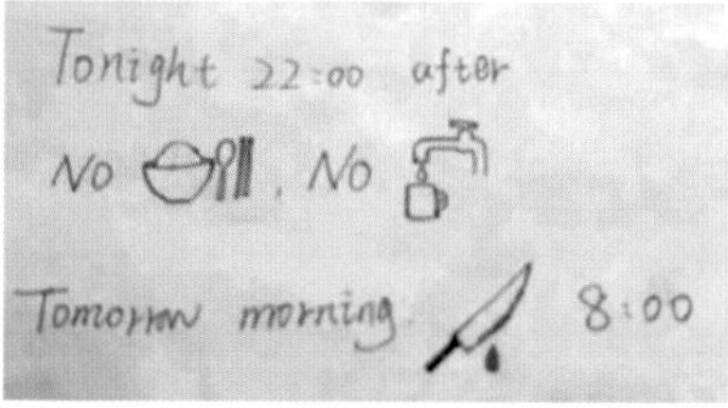

▲ 중국의 한 병원에서 유학생의 침대에 걸린 간호사의 메모

입원admission과 퇴원discharge

아무것도 먹지 못하는 친구 옆에서, 가져간 간식거리를 혼자 맛있게 먹고, 냉장고에 있는 음료수까지 거덜 내었지만, 나를 본 친구는 마냥 좋아합니다. 아프면 사람이 그리워지는 것 같습니다. 엄살 그만 부리고 빨리 퇴원하라고, 친구에게 윽박지르고는 병실을 나섭니다.

병원에서는 입원을 admin이라고 짧게 말하고, 차트에는 보통 adm으로 적어요. 이는 병원 입장에서의 표현이고, 환자 입장에서는 hospitalization이 됩니다. 퇴원은 discharge라고 해요. 역시 병원 입장에서 **퇴소시키다** 정도의 느낌입니다. 군대에서 퇴소할 때도 discharge라고 표현합니다. 일단 admin을 하면, 입원 환자는 inpatient가 됩니다. 외래 환자는 in의 반대가 되니, outpatient라고 해요. 외래는 outpatient department라고 하고, 줄여서 OPD라고 많이들 사용합니다. 이 단어들은 소견서나 진료 의뢰서에서도 자주 볼 수 있습니다.

- **admission, admin, adm**: 입원
- **discharge**: 퇴원
- **inpatient**: 입원 환자
- **outpatient**: 외래 환자
- **outpatient department**[OPD]: 외래

날은 금방 어두워 별이 총총합니다. 택시 정거장에 이미 많은 사람이 줄을 서 있습니다. 아까 친구 병동에서 보았던, 친절한 간호사 선생님도 이제 퇴근을 하는 듯 건물 밖을 나섭니다. 어두워진 병원은 아무리 예쁘게 꾸며 놓아도, 을씨년스럽고 쓸쓸합니다. **이런 곳에 절대 오면 안 되겠다는 생각이 듭니다. 내일부터 운동을 열심히 해야겠다는 각오를 다지며 병원을 나섭니다.**

병원에서 보는 진단 기구들

진단 기구는 크게 둘로 나뉩니다. 보는 기구와 방사선이나 전기적 신호 등을 기록하는 기구예요. 보는 기구에는 흔히 접미사 scope가 붙고, 기록하는 기구에는 접미사 graph가 붙습니다. 그 기구를 이용한 의료행위에는 뒤에 y를 추가해줍니다. ~scopy와 ~graphy가 되죠. 이것 두 개만 알고, 앞에 검사하는 부위만 붙이면 됩니다. 심장[cardio]을 붙여서 cardio·graph, 위장[gastro]을 붙여서 gastro·scope. 간단하죠?

- ~scope, ~scopy
- ~graph, graphy

보다[scope]와 관련된 용어

위장 내시경을 gastro·intestinal endo·scopy라고 합니다. endo·scopy는 안쪽을 뜻하는 endo와 본다라는 뜻의 scopy가 합쳐진 말입니다. 그래서 **안을 보다**, 한자로는 내시경[內視鏡]이 되죠. Scope는 멀리 있는 표적을 보기 위해 총에 끼우는 기구를 말하기도 합니다. 멀리 보는 망원

경은 멀리를 뜻하는 tele와 결합해서 tele·scope가 됩니다. 같은 이치로 멀리 듣는 것은 telephone입니다. 병원에는 ~scope가 들어가는 기구가 매우 많습니다. 아래에서 모두 끝의 e를 빼고 y를 붙이면 해당하는 시술이 됩니다. 예를 들어 endoscopy는 내시경술, fluoroscopy는 형광투시경술 등 scope를 이용한 시술들이죠.

- **Endoscope**: endo안쪽 + scope = 내시경
- **Arthroscope**: arthro관절 + scope = 관절경
- **Fluoroscope**: fluoro형광 + scope = 형광투시기
- **Stethoscope**: sternum가슴 + scope = 청진기
- **Gastroscope**: gastro위장 + scope = 위내시경
- **Rectoscope**: recto직장 + scope = 직장경
- **Colonoscope**: colono대장 + scope = 대장내시경
- **Colposcope**: colpo질 + scope = 질확대경

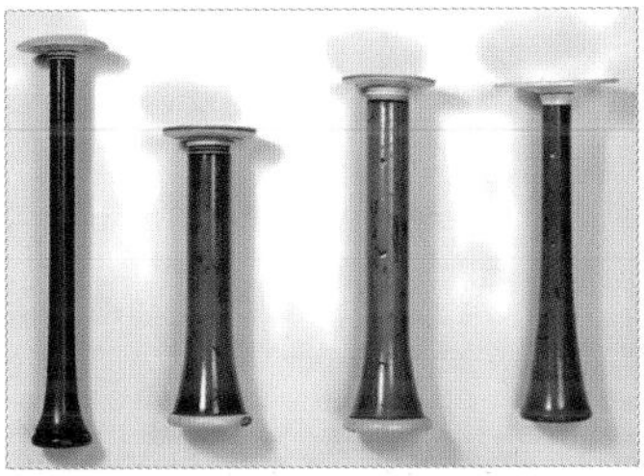
▲ 청진기의 초창기 모습

청진기Stethoscope는 프랑스의 라에네크Rene Laennec라는 의사가 18세기 후반에 발명했습니다. 가슴chest,breast을 뜻하는 그리스어 stethos에 scope를 붙여 만든 용어입니다.

라에네크는 심장이 좋지 않은 젊은 여성 환자를 보게 되었는데, 너무 뚱뚱해서 진찰할 수 없었고, 청진을 위해 젊은 여성의 가슴에 귀를 댈 수도 없었습니다. 라에네크는 아이들이 긴 나무 대롱을 귀에 대고 서로 말하며 놀던 것을 떠올리고 종이를 말아 한쪽은 여성 환자의 가슴에, 다른 한쪽은 자신의 귀에 대어 청진기를 만들었습니다. 그래서 오랜 청진기는 이렇게 생겼습니다.

우리 가슴에 sternum흉골이라는 뼈가 있는데, 라틴어로 가슴을 뜻하며 stetho·scope에서 stetho에 해당하는 의미의 단어입니다. 즉 가슴을 통해서 속을 살펴본다는 뜻이죠. 이 청진기는 지금까지도 의사의 상징·권위가 됩니다. 흥미롭게도 라에네크는 고대 그리스 의학에 관심이 많았다고 합니다. 지금으로 치면 의대 교수가 한의학에 관심이 많은 거죠. 라에네크는 히포크라테스 의학의 구체적 치료 방법보다는, 질병이나 환자를 대하는 의사의 접근 방법이 중요하다고 했습니다. 상세한 환자 진찰, 질병의 경과와 예측, 상세한 진료기록 등 히포크라테스의 환자를 보는 방식을 배울 것을 강조했죠.

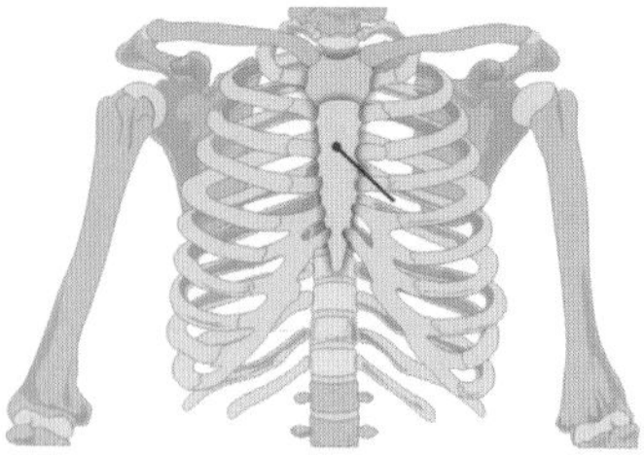

▲ sternum

Stethoscope는 라에네크의 이런 훌륭한 생각의 결실입니다. 그럼 청진은 뭘까요? 내시경endoscope의 끝의 e를 y로 바꾸면 내시경 시술이 되니까, stethoscopy가 되겠죠? 그런데 그런 용어는 없고 auscultation이라는 단어를 사용합니다. 이는 귀를 뜻하는 라틴어 auris에서 나온 aus의 동사 형태이며, 주의 깊게 듣다란 뜻입니다.

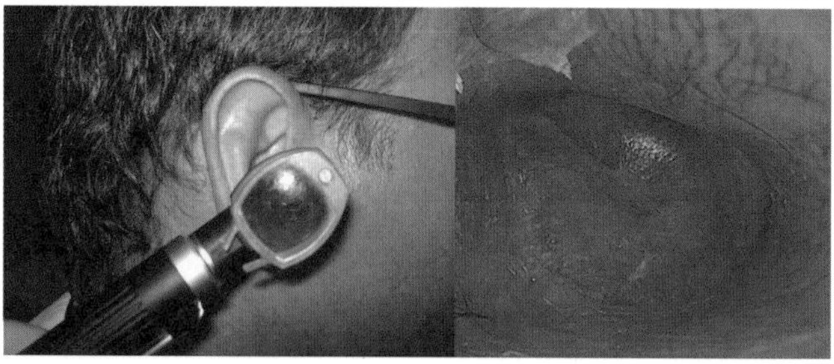

Otoscopie, Grook Da Oger, Creative Commons Attribution

Normal ear drum, Mustafakapadiya, Creative Commons

▲ Otoscope

진료 현장에서 많이 보이는 기구 중에 otoscope라는 것이 있습니다. auscultate의 aus[라틴어:auris]가 귀라고 했는데, oto[그리스어:ous]도 귀를 뜻합니다. 그러니 otoscope는 귀를 관찰하는 도구이죠. 하지만 현장에서는 귀도 보고, 눈도 보고, 코도 보고, 입안도 보는 팔방미인의 역할을 합니다. otoscope로 귀를 관찰하면 매우 깨끗하게 고막을 볼 수 있습니다. 정상 고막은 윤택이 나고 깨끗합니다.

중이염은 otitis media라고 해요. 귀를 뜻하는 oto~에 염증을 뜻하는 ~itis를 붙여서 귀의 염증을 뜻하는 말이 otitis예요. 뒤에 붙은 media는 중앙·가운데를 의미합니다. 수학에서 median은 평균이 아니라 딱 가운데에 존재하는 값을 의미하지요. 요즘 영어로는 middle ear infection이라고 해요. Otoscope로 코, 비강[nasal cavity]을 관찰하기도 하는데, 전문적으로 콧속을 깊이 보는 도구는 rhinoscope라고 합니다. 이비인후과나 소아과에 가시면 많이 보시게 되는 기구입니다. 여기서 rhino는 코를 뜻합니다.

기록의 단어 Insta·gram

기록gram,graph과 관련된 용어

▲ 축음기

우측의 장치는 축음기로 gramophone 혹은 phonograph라고 부릅니다. 녹음된 소리를 재생하는 현재 아이팟의 원조 기기인 셈이죠. 당시 소리를 기록해서 재생한다는 것은 정말 놀라운 일이었습니다. Gramophone의 gram~과 phonograph의 ~graph 모두 기록한다는 뜻입니다. 두 단어 모두 phone소리을 기록한다는 의미를 담고 있습니다.

Gram~과 ~graph는 일상영어 단어에도 많이 사용됩니다. Telegram, telegraph, diagram 등의 단어들이 익숙하실 것입니다. Telegram이나 telegraph는 기록을 멀리 보낸다는 의미이니 **전보**를 뜻합니다. 요즘의 여러분이라면 메신저 텔레그램telegram을 떠올리시겠군요. 같은 뜻입니다. 성격검사로 유명한 에니어그램enneagram은 9를 뜻하는

ennea와 기록을 뜻하는 ~gram이 합쳐진 말입니다. Pictogram은 그림과 기록이 합쳐져서 **그림으로 표현한 생각, 의미, 정보**를 뜻하는 단어입니다.

그럼 Instagram은 무슨 뜻일까요?

▲ 인스타그램

즉석을 뜻하는 insta~와 기록을 뜻하는 gram이 합쳐진 말입니다. 즉석에서 사진과 함께 짧은 문장으로 일상을 기록한다는 뜻이 됩니다. 발음이 스타[star]와도 비슷하니, 일반인이 셀러브리티[celebrity]가 된다는 느낌도 있지요. 꽤 그럴듯하고 입에도 착 붙는 브랜드명입니다.

~gram은 의학용어에서도 많이 사용되는데요, 혈관조영사진을 의미하는 angiogram은 **혈관**을 뜻하는 angio에 gram이 붙은 말입니다. 건강 검진을 할 때 가슴에 전기 단자를 몇 개 붙이고 검사하는 건 ECG인데, electro·cardio·gram의 약자예요. 쪼개 보니 다 아는 단어죠? 전기 심장 기록이란 뜻이에요. 비슷한 단어로 전기 뇌파 기록은 EEG, electro·encephalo·gram이라고 해요. 여기서 cephalo는 두개골이라는 뜻입니다. en은 **안**[in]이라는 뜻이에요. EEG는 두개골 내의 전기 신호를 기록하는 장치이고, ECG는 심장의 전기 신호 기록입니다.

- electro + cardio + gram
- electro + en + cephalo + gram

단층 촬영 tomography는 **켜켜이 자른**이란 뜻의 tomo와 graphy가 합쳐진 단어입니다. 앞에 computerized를 붙이면 우리가 잘 아는 컴퓨터 단층 촬영인 CT[computerized tomography]가 되는 거죠. Graphy 대신 gram을 붙여서 tomogram이라고 하면 촬영한 단층사진을 의미합니다.

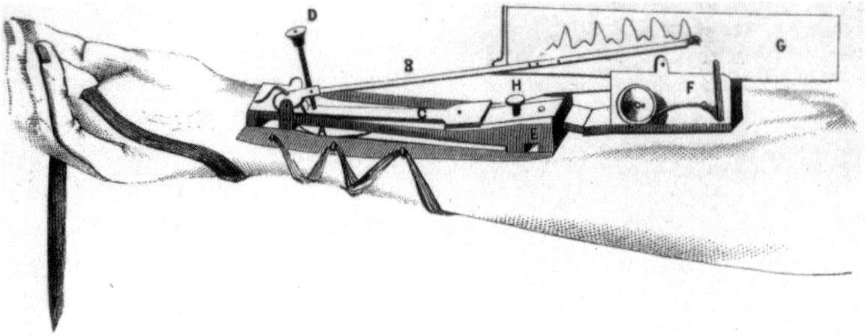

PROF. MAREY'S SPHYGMOGRAPH.

A, the pulse spring; **B**, the tracer, or writing lever; **C**, the lever for transmitting motion from the former to the latter (A to B); **D**, the pressure screw; **E**, the body of the instrument; **F**, the box containing clock-work; **G**, the traveller; **H**, the screw for adjusting pulse spring at a proper obliquity.

▲ Sphygmograph[6]

신기하게 생긴 장치죠? Sphygmograph라고 하는 19세기경 맥파를 기록하던 장비입니다. 맥을 통해 병을 진단하려던 노력은 중국뿐 아니라, 서아시아와 유럽에서도 이루어지던 행위입니다. 이 장비가 발전해서 현재의 혈압계가 만들어집니다. Tachy·graphy는 빠르게[tachy] 기록하니 속기라는 뜻입니다.

6 Sandra W. Moss, "The Sphygmograph in America: Writing the Pulse", The American Journal of Cardiology, 2006.1.6.

장치~graph 기록하는 행위~graphy 결과물~gram

좀 혼란스러우시죠? 정리하겠습니다. 그래프~graph는 기록 장치, 그램~gram은 기록된 결과물을 의미하고, 그래피~graphy는 기록하는 행위를 말합니다. 앞서 스코프~scope와 스코피~scopy의 차이와 같습니다. 예를 들어 sonogram은 초음파로 촬영된 사진이고, sonography는 초음파 촬영을 의미합니다.

- **~graph**: 기록 장치 instrument for recording data
- **~gram**: 기록 결과 a record of data
- **~graphy**: 기록 행위 act of recording data
- **~scope**: 시각적 검사 기구 instrument for viewing or examining
- **~scopy**: 시각적 검사 행위 examination of
- **~meter**: 측정 장치 instrument for measuring
- **~metry**: 측정 행위 measurement of

진료 차트 속 용의자 x의 비밀

얼마 전 서울교통공사는 폭설에 관하여 시민들에게 아래와 같은 내용으로 공지하였습니다.

> "현재 서울 전역으로 대설주의보가 발령됐습니다. 이에 RH 시간대 지하철 집중배차를 30분 연장하여 운행하오니 열차 이용에 참고하시기 바랍니다."

이 공지는 약어사용 때문에 논란이 되었습니다. 저는 RH 시간대가 무엇인지 전혀 모르겠더군요. 댓글들을 보니 Rush Hour의 약자라고 합니다. 약어란 것이 이렇습니다. 알고 나면 아무것도 아닌데, 처음 볼 때는 짐작하기도 어렵습니다. 여러분들이 병원에서 의무기록을 받아볼 때, 사전을 찾아도 해석을 할 수 없는 이유도 이런 약어 때문입니다. 그래서 자주 쓰이는 약어들을 알아두어야 합니다. 기본적인 약어들을 알아두면, 나머지 단어들은 필요할 때 사전을 찾아보면 됩니다. 특히 의료진의 이야기를 듣거나, 진료기록을 볼 때는 필수적입니다.

차트 속 약어 -x

대장내시경: 5년 전 과거력 P/MHx: DM/HBP/hepatitis/TBc (-/-/-/-) drug hx.(-) S/Hx: smoking (-)/ alcohol (-) op hx.(-) 치료과정 상기 83세 남환 5일 전부터 dizziness, general weakness

▲ 진료기록

위의 기록은 내과 병원에서 흔하게 보는 환자의 진료기록부 일부입니다. 세 번째 줄부터 보시면, P/MHx, drug hx, S/Hx, op hx 등의 x로 끝나는 말들이 많이 보이죠? 수기로 작성한 의무기록을 보면 Tx·Sx·Dx 등등 더 많은 x가 뒤에 붙은 단어를 볼 수 있습니다. 각각 치료, 증상, 진단 등을 뜻하는 약자예요.

- **Tx**: treatment 치료
- **Sx**: symptoms 증상
- **Dx**: diagnosis 진단

'아~! 단어의 앞글자만 따고 뒤에 오는 철자는 x로 줄여서 쓰는구나!' 하고 눈치채셨지요? 그렇다면 아래 단어들은 무엇을 뜻할까요?

- DDx
- PHx
- FHx

각각 다음과 같은 의미를 갖습니다.

- **Differential Diagnosis**: 감별진단; 비슷한 양상을 보이는 질환들을 감별하는 과정
- **Past History**: 과거력; 과거에 앓은 질환에 관한 기록
- **Family History**: 가족력; 가족의 관련 질환에 관한 기록

진료기록에 사용된 다른 약어는 이렇게 해석합니다.

- **P/MHx**: Past Medical History
- **drug hx**: drug history
- **S/Hx**: Social History
- **op hx**: operation history

의료기록에선 거의 모든 단어의 첫 글자를 쓰고 뒤에다 x를 붙이면, 대충 의미가 전달됩니다. 골절을 의미하는 fracture는 fx라고 쓰기도 합니다. 그럼, 도대체 왜! x를 붙여서 약어를 만들어 쓰기 시작한 걸까요? 역시 흥미로운 비밀이 있습니다.

용의자 x의 비밀

다음 이미지는 실제 미국에서 발행된 처방전입니다. 처방전에서 왼쪽 가운데 Rx라고 크게 쓰인 것이 보이시나요? 무슨 뜻일까요?

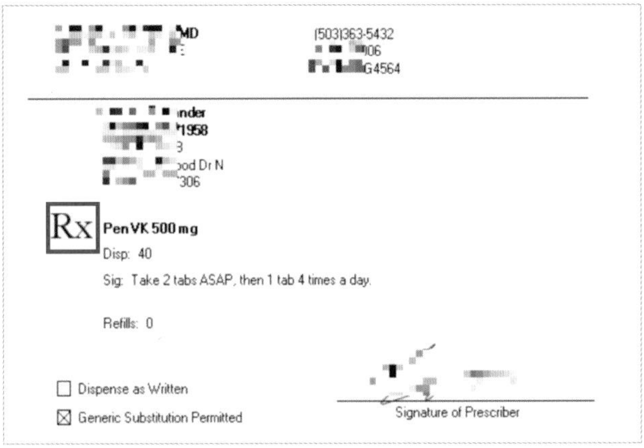
[redacted]

(503)363-5432
[redacted]

[redacted]

Rx Pen VK 500 mg

Disp: 40

Sig: Take 2 tabs ASAP, then 1 tab 4 times a day.

Refills: 0

☐ Dispense as Written

☒ Generic Substitution Permitted

[redacted]

Signature of Prescriber

▲ 미국 처방전

'쉬라는 의미의 rest? 아니면 relax? 아! rehabilitation재활인가?' 의학 분야에서 x를 뒤에 붙여서 약어를 만든 게 모두 ℞에서 시작합니다. 사실 ℞은 Rx가 아니라 그냥 R입니다. 대문자 R에다가 x를 그리듯이 R의 꼬리를 한 번 더 감은 거예요. 이 대문자 R이 무언가의 약자라는 표시를 한 겁니다. Recipe라틴어:Recipere의 약자입니다. 라틴어 reipe는 **먹어라** 혹은 **받아라**란 뜻이에요. 아래에 쭉 나열된 걸 받아먹으란 이야기죠. 요리에도 같은 맥락에서 사용되었습니다.

Rx와 비슷해 보이는 ☧는 가톨릭 제구에서 많이 보이는 문양입니다. 이 문양은 Rx도 아니고 Px도 아니고 Xp예요. 그리스도를 뜻하는 그리스어 XPIΣTOΣChristos의 앞 두 글자인 XP를 따온 상징입니다. 키로라고 읽습니다.

실수와 오해, 혹은 무지로 인해 ℞이 Rx로 변했고, 어처구니없게도 다른 용어들도 마찬가지로 x를 붙여서 약자임을 표시하기 시작했습니다. 매우 비합리적인 전개죠. 용의자 x의 비밀은 이렇게 허무하네요.

진료기록에 자주 쓰이는 x가 들어간 약어들을 정리해 보겠습니다.

- **Tx**: Treatment치료
- **Sx**: Symptoms증상
- **Dx**: Diagnosis진단
- **DDx**: Differential Diagnosis감별진단
- **Hx**: History병력
- **PHx**: Past History과거력
- **FHx**: Family History가족력
- **SHx**: Social History사회력
- **Cx**: Complications합병증
- **Px**: Prognosis예후

그밖에 증상이나 치료에도 x를 붙여서 약어로 사용하기도 합니다.

- **Bx**: Biopsy생검
- **Fx**: Fracture골절

실제 수기로 작성하는 진료기록부는 x 외에도 단어의 두 글자만 따서 약어로 사용하는 경우가 많습니다. 예를 들어 Sz는 seizure를, Rf는 risk factors를 의미합니다. 그러한 자주 쓰이는 약어들을 소개합니다.

- **Hb**: Hemoglobin적혈구
- **wt**: weight몸무게
- **BP**: Blood Pressure혈압
- **op**: operation수술
- **RR**: Respiratory Rate호흡수
- **vs**: vital signs생체 징후
- **PE**: Physical Exam이학적 검사
- **HD**: Hospital Day입원 날짜
- **Pt**: Patient환자

모든 약어는 문맥 속에서 달라진다

약어는 너무나 많아서, 두 단어의 앞글자를 따서 약어로 사용하면 그냥 서로 이해할 정도입니다. 그러니 꼭 문맥 속에서 이해해야 합니다. 예를 들어, 앞서 Dx는 diagnosis진단라고 했는데, Dg라고 쓰기도 합니다. 그런데 어떤 차트에 Dg 뒤에 급성 축농증acute sinusitis이라고 적혀 있는 겁니다. Diagnosis가 Dx 혹은 Dg로 쓰이듯, 반대로 Dx는 diagnosis 외에 dressing피부에 약을 도포하는 행위을 의미할 수도 있습니다. Cx는 앞서 complication합병증이라고 했지만, 부작용contraindication이란 의미로 쓰이기도 합니다. HD 뒤에 #2 같이 숫자가 있으면 입원한 후 날짜를 의미하지만, hemodialysis혈액 투석라는 의미로 쓰일 수도 있고, high dose고용량의 의미로도 쓰일 수 있습니다.

- **Dx/Dg**: Diagnosis진단
- **Dx**: Dressing드레싱 / Diagnosis진단
- **Cx**: Complication합병증 / Contraindication부작용
- **HD**: Hospital Day입원 경과일 / Hemodialysis혈액 투석 / High Dose고용량

나의 사악한^sinister 왼손과 민첩한^dextrous 오른손

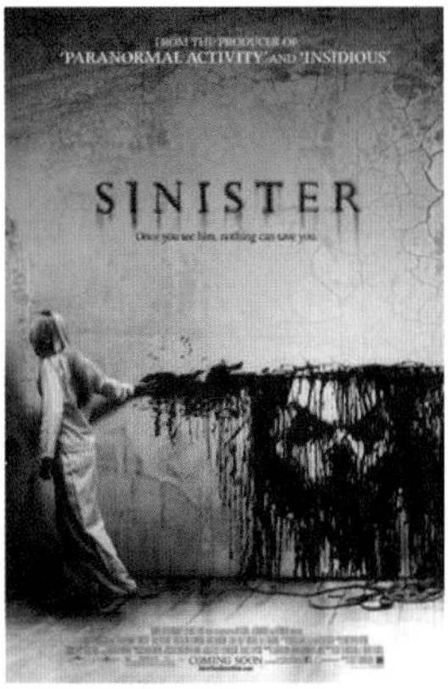

▲ 영화 포스터

공포영화 좋아하세요? 저는 정말 좋아해요. 이 영화의 제목은 **불길한**이란 뜻의 Sinister입니다. 우리나라에서 개봉한 제목은 "살인 소설"이었죠. 저에게는 무섭다기보단 지루한 쪽에 가까운 시시한 공포영화입니다. 아무도 없는 극장에서 혼자 영화를 보면 모를까, 이제 웬만한 공포영화는 저에게 아무런 감흥이 없습니다. 그런데! 그런데?! 최근에 오큘러스라는 VR기기를 샀거든요. 놀랍게도 이 기계로 공포게임을 하니 저는 완전 쫄보였습니다. 제가 좀 '손재주가 좋지^dextrous' 못해서 게임을 잘하지 못하거든요. 귀신이 코앞에 와 있으니, 어버버하다가 그냥 기계를 던져버렸습니다.

Oculus는 눈이란 뜻의 라틴어예요. 복수로는 oculi라고 하고, 형용사로는 ocular라고 합니다. VR기기 이름으로 그럴듯하죠? 오늘 배울 단어들을 먼저 보여드립니다.

- Sinister
- Dexter
- Oculi
- Auris

아래의 안과 처방전을 봅시다. 맨 왼쪽에 있는 EYE 밑에 OD, OS 라고 쓰인 것이 보이시나요? OD와 OS는 무슨 뜻일까요? 힌트는 이미 말씀드렸습니다. Sinister, oculus, 그리고 dextrous. OD는 oculus dexter, OS는 oculus sinister의 약자입니다.

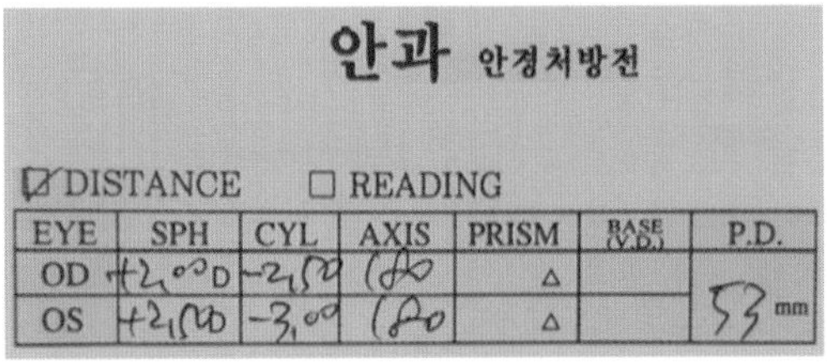

안과 안경처방전

☑ DISTANCE ☐ READING

EYE	SPH	CYL	AXIS	PRISM	BASE (V.D.)	P.D.
OD	+2,00D	-2,50	180	△		53 mm
OS	+2,50D	-3,00	180	△		

▲ 안과 안경처방전

Oculus가 눈, Dexter가 오른쪽, Sinister는 왼쪽이라는 뜻의 라틴어입니다. 오른손은 민첩하게 잘 사용할 수 있으니 dextrous가 **손재주가 좋은**, dexterity는 **민첩함**이 되었습니다. 제가 아까 '손재주가 좋지[dextrous]' 않아서 게임을 잘 못한다고 했었죠! 여기에 **양쪽**을 뜻하는 ambi라는 접두사를 붙이면 양손이 모두 오른쪽 같다는 뜻이 되니 **양손잡이**가 됩니다. 오른쪽은 늘 **좋다**라는 의미를 갖고 있어요. Right? 그렇죠? 맞다는 의미로도 쓰이니 참 언제나 옳습니다.

마찬가지로 원래 **왼쪽**을 뜻하던 sinister는 **불길함, 사악한** 등을 의미하게 되었습니다. 저 어린 시절엔 왼손을 사용하면 불길하다고 억지로 오른손을 쓰게 하기도 했어요. 동서양에 뿌리 깊은 미신 같은 거죠. 단체생활을 하던 인간들은 대다수와 다른 것은 모두 불길하다고 여긴 듯합니다.

그래서 OD, OS? 각각 오른쪽 눈, 왼쪽 눈이란 뜻이 됩니다.

- **OD**오른쪽 눈: Oculus Dexter
- **OS**왼쪽 눈: Oculus Sinister

눈도 그렇지만 귀에도 약을 넣을 때가 있으니 같은 방식으로 쓰입니다. **귀**를 뜻하는 auris에 dexter와 sinister를 조합해서 AD, AS라고 씁니다.

실제 미국 처방전 해독 도전하기

Patient Name: John Smith
Address: 400 E 3rd Street
Duluth, MN 55804

Rx Timoptic Ophthalmic Solution 0.5 % # 5 cc
Ṫ qtt O.D. b.i.d.

Do Not Refill ______ (Sign) ______ M.D.
Refill 3 Times D.E.A. Number ______
Date 10/3/00 Print Last Name (Your name)

▲ 미국의 안과 처방전

안과 처방전입니다. Timoptic 0.5%라는 점안액이 처방되었네요. OD는 오른쪽에 넣으라는 이야기고, bid는 기억하시나요? 하루 두 번이란 뜻입니다. qtt는 drop이란 뜻이죠. qtt 앞에 윗점이 찍힌 T는 한 번이란 뜻입니다. 윗점이 찍힌 TT는 두 번, TTT는 세 번이죠. 그러니 오른쪽 눈에 하루 두 번 한 방울씩 점안하라는 뜻입니다.

'T qtt OD bid

T 하나, qtt 방울, OD 오른쪽 눈, bid 하루 두 번

하루 두 번 오른쪽 눈에 한 방울 점안하라.

처방전을 읽어봅시다

▲ 알아볼 수 없는 처방전(?)

의사들의 도저히 알아볼 수 없는 처방전은 서구권에서도 자주 비판받는데요, 아래와 같은 영어 속담이 있을 정도입니다.

의사는 처방전은 휘갈겨 쓰고, 청구서는 똑바로 쓴다.

아쉬울 것 없을 때는 휘갈겨 쓰고, 돈을 받아야 할 때는 정자로 예쁘게 쓴다니 참 가증스럽죠. 아쉬운 입장의 환자들은 결국 의사의 눈치만 보아야 했습니다. Rx는 약사 등 타인이 보라고 쓰는 건데, 휘갈겨 쓰는 것은 효율이 떨어질뿐더러, 위험하기까지 한 행동입니다. 다행히 요즘은 모두 전자 차트를 사용해서, 악필의 문제는 역사 속으로 사라져 가고 있습니다–아직도 미국의 개인병원에선 대부분 위처럼 생긴 처방전에다 처방을 받고, 약국으로 가져갑니다. 그럼 약사가 해독하죠–.

처방전 읽기

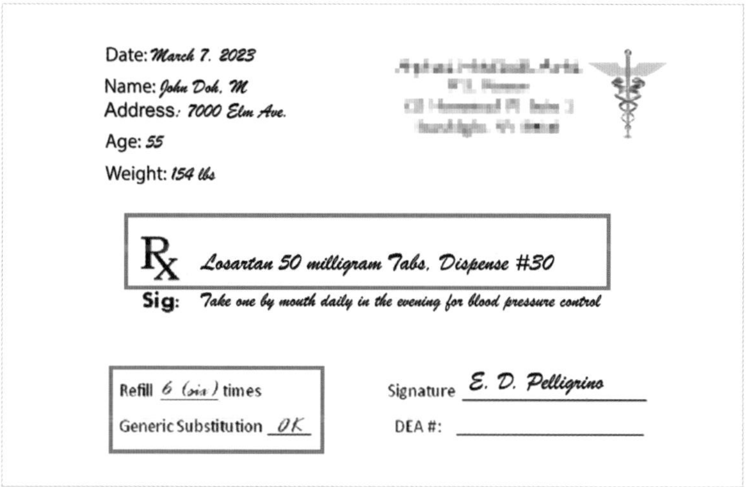
Date: March 7. 2023
Name: John Doh. M
Address: 7000 Elm Ave.
Age: 55
Weight: 154 lbs

Rx Losartan 50 milligram Tabs, Dispense #30
Sig: Take one by mouth daily in the evening for blood pressure control

Refill 6 (six) times
Generic Substitution OK

Signature E. D. Pelligrino
DEA #:

▲ 미국의 기본적인 처방전

위는 기본적인 처방전입니다. Rx는 "**진료 차트 속 용의자 x의 비밀(82페이지)**"에서 알아봤죠? 처방 내용이란 뜻이었어요. 이 처방전에서는 Losartan이라는 혈압약을 50mg 처방받았네요. 맨 아래의 Generic Substitution 'OK'는 타 회사 제품도 성분만 같다면 사용해도 된다는 이야기입니다. refill 6 times는 의사의 추가 처방 없이 약국에서 재처방받을 수 있는 횟수를 의미합니다. 한국과는 다르죠. 환자들이 의사를 만나지 않고, 계속 처방을 받으려고 숫자를 고칠 수 있어서, 괄호 안에 six를 표기해 수정이 어렵게 만들었습니다.

이번에는 Rx 아래에 있는 Sig를 살펴보겠습니다. 어떻게 복약해야 하는지 방법에 대한 설명을 의미합니다. 라틴어의 쓰다[signa] 혹은 라벨을 붙이다[signetur]에서 유래한 약자예요. 약사에게 이대로 약병에 라벨을 붙이란 이야기죠. Sig에는 Sig cord라고 해서 다양한 복약지도가 들어갑니다.

"Take one by mouth daily in the morning"

매일 아침[daily in the morning], 한 번[take one], 입으로[by mouth]. 약어를 쓰지 않아 참 이해하기 쉽죠? 같은 Sig code인데요, 아래 처방전도 한번 보시겠어요?

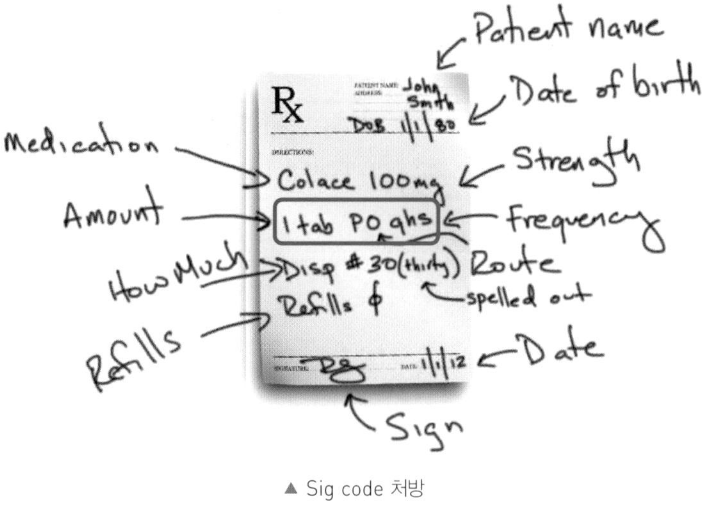

▲ Sig code 처방

"1 tab PO qhs"

정제 한 개[1 tab], 입으로[PO], 취침 전 복용[qhs]. 이거 뭐 알아볼 수 있을까요? 1 tab은 tablet, 즉 정제 하나입니다. 이 정제를 PO로, qhs로 복용하라고 하네요. 먼저 PO는 라틴어 per os의 약자로, **입을 통해서**라는 뜻입니다. 구강 복용하라는 이야기지요. SL[sublingual]이라고 쓰여 있으면, 혀 밑에 넣어 천천히 녹여서 복용하라는 뜻입니다. 수술을 앞둔 환자 침대에 NPO라는 글자가 있다면, 입으로[PO] 아무것도 넣지 말라[No, Nil]는 이야기예요.

복용 방법과 관련된 용어

> 친구 셋이 약을 받아왔습니다. 선녕이의 약봉지엔 PO, 그 옆에 bid라고 적혀 있습니다. 용환이의 약봉지엔 tid, 남훈이의 약봉지는 qid라고 쓰여있네요. 골똘히 생각해보니 아무래도 먹는 횟수 같습니다. 남훈이는 하루 몇 번 먹어야 할까요?

복용 방법을 표시하는 용어를 알아볼게요. 이전에 배웠던 숫자를 통해서 짐작해 보시겠어요? 의학용어는 짐작이 90%입니다. 이미 '알고 있다'라는 제 말을 믿어보세요. 복용 횟수를 나타내는 Sig code를 알아보겠습니다.

- **bid**: 1일 2회
- **tid**: 1일 3회
- **qid**: 1일 4회

Day를 뜻하는 d(die)

D로 끝나는 단어가 많죠? 라틴어의 die인데 day, 즉 하루를 뜻합니다. ~id는 in die, 즉 하루에란 뜻이 돼요.

2·3·4를 뜻하는 b·t·q

~id의 앞에 b·t·q가 붙습니다. 각각 bis·ter·quater인데 **"수를 표현하는 단어(44페이지)"**에서 알아본 bi·tri·quadro와 같은 어원을 갖습니다. quarter는 1/4이라는 뜻인 걸 이미 알고 계시죠? 제가 즐겨 먹는 **더블 쿼터파운더 치즈버거**의 쿼터가 바로 이 쿼터입니다. 1/4파운드 패티가 두 장이라는 뜻이죠.

Every를 뜻하는 q

하루에 하나를 뜻하는 qd. 여기서의 q는 quaque이고 every라는 뜻이어서 everyday, 매일 하루 한 번 먹으란 말입니다. qh는 every-hour가 돼서, 매시간 복용하란 의미로 쓰이죠. qd와 qh를 묶어서 기억하세요. everyday, every hour!

이뿐만이 아닙니다. q2h도 있어요. **2시간마다**입니다. 앞에서 알아보던 "1 tab PO qhs"에서의 qhs는 매일 잠자기 전에 복용하라는 말인데, hs가 hora somni라는 라틴어이고 **잠자는 시간**이란 뜻이기 때문이죠. 로마 신화에서 잠의 신이 솜누스[Somnus]인데, somn이 잠이란 뜻이 되어 앞에 부정을 뜻하는 in을 붙이면, insomnia, 불면증이 됩니다. q를 빼고 hs만 써도 같은 의미입니다.

- **qd**: quaque die, 하루 한 번 복약 every day
- **qh**: quaque hora, 매시간 복약 every hour
- **qhs**: quaque hora somni, 자기 전에 한 번 복약 once a day at bedtime
- **q2h**: quaque 2hora, 2시간마다 복약 every 2hours
- **q4h**: quaque 4hora, 4시간마다 복약 every 4hours

ac / pc, 밥을 뜻하는 cibum

ac는 ante cibum의 약자입니다. Anterior의 ante에요. **앞에**라는 뜻이죠. 오전과 오후를 뜻하는 AM Ante Meridiem · PM Post Meridiem 에서도 ante와 post가 사용됐습니다. Cibum이 **식사**를 뜻하는 말이어서 ac는 **식전 복용**, pc는 **식후 복용**을 의미합니다.

필요에 따라 먹는 PRN

가끔 의사가 PRN이라는 처방을 내리기도 해요. 횟수가 정해져 있지 않고, 필요할 때 복용하란 말입니다. 라틴어 pro re nata이며 **필요에 따라**라는 뜻입니다. 이는 여러 상황에 따라 애매할 수 있는 처방입니다. 병원마다 과마다 조금씩 다르게 사용될 수 있으니 반드시 확인해야 합니다.

여기까지 알아본 단어가 굉장히 많아보이지만, 모두 규칙이 있으니 어렵지 않습니다. Die, quaque, b·t·q, somni, cibum… 기억을 떠올려 보세요.

한글 처방전 읽기

요즘 처방전은 모두 한글로 기재되어 있어서 알아보기 쉽죠. 크게 환자에 관한 정보와 발급자의 정보, 처방내용으로 이루어져 있습니다.

환자 인적사항

인기 라디오 프로그램에서 같은 이름의 다른 환자가 받아야 할 치질 연고를 코에다 발랐다는 사연에 웃었던 기억이 납니다. 하지만 실제 이런 일이 벌어질 일은 거의 없어요. 처방전에는 주민등록번호와 질병분류기호가 들어가기 때문이죠. 질병분류기호는 질병의 명칭을 표준화하여 보험 등 처리가 손쉬워지도록 만든 약속입니다. 민감한 질병이라면 환자의 요구로 표시하지 않는 경우도 있습니다. 요즘은 무조건 표시하지 않는 병원도 있다고 하는데, 이럴 때는 표시해달라고 요구해야 합니다. 질병분류 코드는 질병분류 정보센터 www.koicd.kr에서 검색하면 쉽게 알 수 있습니다. 예를 들어 감기는 J00-J06이고 독감은 J09-J18입니다.

발행자 정보

발행기관과 의사, 의사의 면허가 적힙니다. 의사의 면허 번호는 환자가 조회할 순 없고, 숫자는 발행 순서를 의미합니다. 우리나라 최초 면허번호 1번은 1908년에 면허를 받은 김필순 박사입니다. 현재는 십만 명이 넘어가니 6자리 번호가 나옵니다. 한국에서는 면허증을 원내에 게시할 법적 의무가 없는데, 미국에서는 환자가 보기 쉬운 곳에 게시해야 합니다. 면허 번호의 공개는 개인정보 유출이라는 면과 환자의 알 권리 사이에서 논란이 되고 있습니다. 왜 택시기사의 면허는 미터기에 가깝게 공개하면서, 의사의 면허는 공개하지 않는지 잘 모르겠습니다.

처방내용

약의 종류와 용량, 복용법이 적힙니다.

롴시그란 0.3

페니라민 0.23

헤브론 시럽(10g/500ml) 2 3/3/8 시간

항생제인 롴시그란, 콧물과 알러지에 사용되는 항히스타민제제인 페니라민, 기침약 헤브론 시럽을 처방받았습니다. 처방받은 약이 어떤 약인지 궁금할 때는 약학정보원 https://www.health.kr/에 가셔서 약 이름을 검색하세요.

지금까지의 내용은 모두 의사가 약사에게 보내는 편지입니다. 이 편지를 받은 약사는 환자들이 보기 편하도록 복약지도서를 주는 경우가 많습니다. 따로 주지 않더라도 약 봉투에 자세히 설명되어 있습니다.

진료기록부를 읽어봅시다

진료기록부는 매우 다양합니다. 초진기록지, 외래경과기록지, 수술기록지, 입퇴원기록지, 간호기록지, 진료회신서, 그리고, 영상검사의 결과를 담은 CD, 혈액검사등의 진단 결과지 등 아주 많습니다. 다행히 진료기록에는 특별히 약속된 양식·구조가 있습니다. 이러한 구조를 알고 나면 어느 부분이 중요한 부분인지, 어느 부분을 먼저 보면 되는지 알 수 있습니다. 코스트코에서 쇼핑하면 1m 길이의 영수증이 나오잖아요? 딱 맨 밑으로 내려가서 총합가격 보고, 할인 항목들 잘 적용되었는지, 가격 제일 비싼 것이 뭔지 한 번에 확인하잖아요? 그것처럼 진료기록도 구조만 알면 다 읽지 않아도 중요한 내용을 알 수 있어요.

먼저 병력 기록 양식을 살펴보겠습니다. 병력의 기록은 보통 아래와 같은 형식입니다.

1. **Chief Complaints**: 주호소
2. **Present Illness**: 현재 질병
3. **Past medical History**: 과거력
4. **Family History**: 가족력
5. **Social History**: 사회력
6. **Review of system**: 계통검사

병력기록 읽기

기록지만 가지고 있다면, 처음 내원한 곳이라도 효율적으로 환자의 상태를 전달할 수 있습니다. 환자나 보호자 입장에서도 외래 진료 혹은 입원했을 때 받아드는 기록지로 환자의 상태를 객관적으로 파악할 수 있는 소중한 정보입니다. 다음은 실제 진료회신서의 일부입니다. ER에서 진료한 병력기록지History record의 내용을 요약해서 적었습니다. 실제 차트를 통해 위의 여섯 가지 사항을 어떻게 적어내고 있는지, 또 어떻게 해석하는지 알아볼게요.

CC 주호소
RLQ pain Td/rTd(+/−)
N/V/D/C (+/−/−/−)

PI
상기 82세 여환, 8/25 오후부터 시작된 RLQ pain을 주소로 local 병원 방문하여 시행한 sono상 r/o acute appe 소견보여 내원함

PH
DM/HTN/Tbc/Hepatitis/Dyslipidemia(−/−/−/−/−)
h/o cerebral aneurysm, Lt ICA occlusion embolization 시행함(2000년)

FHx: N−S

SHx: Smoking/alcohol(−/−)

Tx
lap.appendectomy
1주일 후 외래 f/u

1. Chief Complaints 주호소

주호소는 환자가 내원한 직접적인 이유를 말합니다. 영단어의 해석 그대로 **주로 불평하는 것**이란 뜻입니다. 약어로는 C.C 또는 c/c를 사용합니다. "배가 아파요", "허리가 아파요", "머리가 아파요", "한쪽 팔에 힘이 없어요", "소화가 안 돼요" 등등 환자가 호소하는 증상들은 많습니다. 대부분 증상을 매우 장황하게 이야기하기 때문에, 의사는 환자의 호소 중 가장 중요한 증상들을 찾아 기록합니다.

RLQ pain Td/rTd(+/-)
N/V/D/C (+/-/-/-)

기록지의 목적에 따라 환자의 호소를 "따옴표"를 이용하여 직접 인용하기도 하고, 의학용어로 간단히 기술하기도 합니다. 위의 환자는 **우측 하복부 통증** RLQ pain:Right Lower Quadrant을 호소하는데, **압통** Td:Tenderness은 있고 **반발통** rTd:rebound Tenderness은 없다고 쓰여 있는 겁니다. N/V/D/C는 흔한 소화기 증상인 오심 nausea, 구토 vomiting, 설사 diarrhea, 변비 constipation의 첫 글자들입니다. 뒤에 따라오는 +와 −로 각각의 증상의 유무를 표시합니다. +가 해당 증상이 있음을 이야기하죠. 그래서 위의 환자는 오심 메슥거림만 있습니다.

2. Present Illness 현재 질병

상기 82세 여환, 8/25 오후부터 시작된 RLQ pain을 주호소로
local 병원 방문하여 시행한 sono상 r/o acute appe 소견 보여 내원함

현재력은 P.I 또는 p/i로 표기하며 단순하고 명료하게 시간 순서대로 환자의 호소가 적혀 있습니다. 종합병원이라는 가정하에 복통은 언제부터 시작되었고, 개인병원에서 진행한 초음파 검사에서 급성 충수염 소견이 보여 현재 병원으로 오게 되었다는 등 시간 순서대로 표기합니다.

소리라는 의미를 가진 sono는 초음파ultrasonography를 뜻하며, r/o는 **예측한 임시의 진단**을 뜻합니다. rule out의 약자입니다. appe는 압빼라고 하는 충수염appendicitis을 의미하는 정체불명의 약어입니다. 뭐 어쩌겠어요. 약어는 공식적인 것이 아니라 편의상 형성된 습관일 뿐입니다.

PI에는 기본적으로 아래와 같은 7가지 내용이 포함됩니다.

- **Location**: 병소, 아픈 위치
- **Quality**: 아픈 상태, 구체적인 묘사
- **Quantity or severity**: 아픈 정도
- **Timing, including onset, duration, and frequency**: 발병시간을 포함한 빈도, 시간 등
- **Setting in which it occurs**: 아프게 된 주위 상황
- **Aggravating and relieving factors**: 통증을 악화시키거나 완화하는 요건들
- **Associated manifestations**: 관련된 징후나 증상

3. onset발병일

발병일, 혹은 질병이 언제 시작했는지를 onset이라고 합니다. 약어로는 o/s 혹은 o.s로 적습니다.

4. Past medical History과거력

현재 환자의 상태를 파악하고자 할 때, 과거의 건강 상태를 아는 것은 매우 중요합니다. 따라서 기저질환이 있는지, 수술을 받거나 입원했던 경험이 있는지, 알레르기나 사용하는 약물은 있는지 등등 과거 전반적인 건강 상태가 기록되어 있습니다. 의료인들은 과거력에 최근의 질환뿐 아니라, 일생의 모든 병력을 꼼꼼히 기록합니다. 과거력을 약어로는 PH, PMH, P.Hx, PHx, PMHx, p/h로 적습니다.

DM/HTN/Tbc/Hepatitis/Dyslipidemia(-/-/-/-/-)
h/o cerebral aneurysm, Lt ICA occlusion embolization 시행함(2000년)

이 환자는 당뇨DM, 고혈압HTN, 결핵Tbc, 간염Hepatitis, 이상지혈증Dyslipidemia 모두 없다고 합니다(-/-/-/-/-). 뇌동맥류cerebra aneurysm의 과거력h/o:history of으로, 좌측내경동맥ICA:Internal Carotid Artery에 색전술을 시행하였습니다.

h/o가 history of의 약자이며 **~과거력으로**라는 뜻인 것을 기억하세요. 각각의 시술 방법이나 질환은 잘 모르셔도 됩니다. 진료기록을 보실 때 그때그때 찾아보세요. 차차 기본적인 시술이나 용어들을 설명하도록 하겠습니다.

5. Family History가족력

FHx: N-S

가족력은 3대에 걸친 직계가족 혹은 사촌 이내에서 관련된 질환, 주요 상견 질환고혈압, 당뇨 등의 유무가 적힙니다. 가족력의 약어는 FH, F.Hx,

FHx, f/h입니다. 위에 N-S라고 적혔는데, 특이소견이 없다는 non specific의 약자입니다. 특별한 문제가 없다는 뜻의 not significant와 nothing special의 약자로도 쓰입니다. 가족력에 관하여 특별한 사항이 없다는 이야기죠. 비슷한 약어로 다음과 같은 말도 씁니다.

- **NAD**: Nothing Abnormal Discovered
- **NOS**: Not Otherwise Specified

사실 NS는 신경외과neurosurgery 혹은 생리식염수normal saline를 차트에 표현할 때 정말 많이 쓰이는 약어입니다. 아래의 NS는 생리식염수를 말합니다.

- Norpin 20mg + NS 250ml 10/hr로 스타트함

6. Social History사회력

SHx: Smoking/alcohol(-/-)

환자의 사회적 여건, 생활환경 등이 적힙니다. 약어로는 SH, S.Hx, SHx, s/h를 사용합니다. 주로 술·담배·약물사용 등에 관한 정보가 기재되어 있습니다. 위 환자는 흡연Smoking과 음주alcohol를 하지 않네요(-/-).

7. Review of system계통검사

병력청취의 마지막 과정은 계통검사라는 머리부터 발끝까지 모든 상황을 점검하는 과정입니다. 환자가 아무리 특정 부위만 아프다고 해도, 실제 원인은 전혀 다른 곳에 있을 수 있습니다. 그러니 계통검사를 해서

체계적으로 전신을 검사함으로써 위험한 상황 및 숨겨진 문제를 놓치지 않도록 합니다. 약어는 ROS, s/r입니다.

lap.appendectomy
1주일 후 외래 f/u

Lap.appendectomy는 복강경laparoscopic 충수절제술appendectomy을 의미합니다. Laparo는 복부를 뜻하고 scope는 보다, 검사하다를 뜻하죠. 흔히 개복술이라고 하는 복부를 자르는tomy 수술은 말 그대로 laparo·tomy입니다. 복부를 여는 것이 아니라 scope로 보기 때문에 laparoscopic이 복강경이죠. Appendectomy는 맹장을 뜻하는 appendix와 잘라서 제거하다라는 ec·tomy가 합쳐진 단어입니다.

위의 진료회신서는 해당 병원에서 진료한 내용을 간단하게 적고 있고, 계통검사 부분도 빠져 있지만, 대신 어떤 치료를 했는지가 적혀 있습니다. 계통검사는 주로 입원 차트의 제일 앞부분에 적힙니다.

• **ROS**: all system reviewed and negative

계통검사로 문진이 끝나면, 이 뒤로는 실제 의사의 청진·시진·촉진 등에 의한 신체검사physical examination의 결과가 적힙니다. 다음은 미국 병원의 실제 환자 병력기록입니다.

DATE OF ADMISSION: 12/20/2021

CHIEF COMPLAINT: Flank pain.

HISTORY OF PRESENT ILLNESS: The patient is a 52-year-old male with a history of congenital hydronephrosis, history of kidney stones. He presented with right flank pain and nausea for the last 3 days, worsening over the last 24 hours. The pain is sharp, 7/10 in severity, located on the left side. It is worsened with deep inspirations and alleviated by oral agents. He has had nausea and some lightheadedness. He has had poor p.o. intake with anorexia throughout this event. He has had decreased urine output over the last several days. There has been no gross hematuria. No chest pain, shortness of breath.

PAST MEDICAL HISTORY: Consists of congenital hydronephrosis for greater than 30 years. He has had multiple kidney stones.

PAST SURGICAL HISTORY: Consists of a left pyeloplasty.

MEDICATIONS: Per reconciliation sheet.

ALLERGIES: NONE.

SOCIAL HISTORY: Denies any recreational drug, tobacco, or alcohol abuse.

FAMILY HISTORY: Negative for cancer, premature heart disease, or chronic urinary tract ailments.

REVIEW OF SYSTEMS:
A 12-point system review is otherwise negative.

▲ 미국 병원의 실제 병력기록지

구조를 살펴보시고, 대충 아는 단어로 내용을 짐작해 보세요. 전문적인 단어들에 당황하지 마세요. 어차피 그 단어들을 모두 알 수는 없고, 모를 때마다 사전이건 구글이건 찾아보면 됩니다.

경과기록의 비누, SOAP

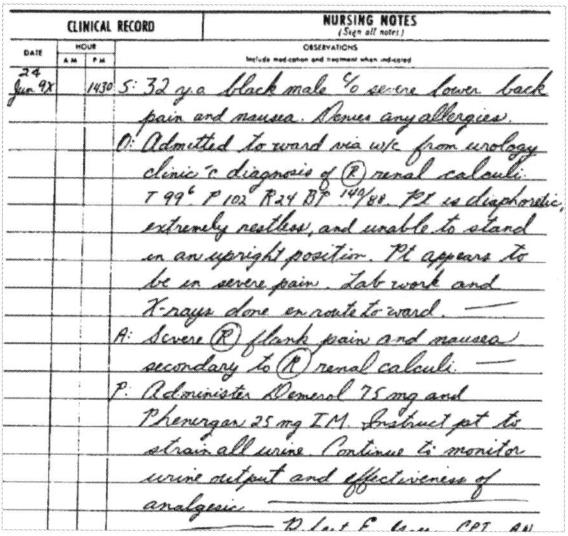

CLINICAL RECORD

NURSING NOTES (Sign all notes)

DATE	HOUR AM	HOUR PM	OBSERVATIONS Include medication and treatment when indicated
24 Jun 9X		1430	S: 32 y.o black male c̄ severe lower back pain and nausea. Denies any allergies.
			O: Admitted to ward via w/c from urology clinic c̄ diagnosis of (R) renal calculi. T 99⁶ P 102 R 24 BP 140/80. Pt is diaphoretic, extremely restless, and unable to stand in an upright position. Pt appears to be in severe pain. Lab work and X-rays done en route to ward.
			A: Severe (R) flank pain and nausea secondary to (R) renal calculi.
			P: Administer Demerol 75 mg and Phenergan 25 mg IM. Instruct pt to strain all urine. Continue to monitor urine output and effectiveness of analgesic.

▲ 경과기록지

경과기록progress note에 주로 사용되는 SOAP 양식에 대해 알아보겠습니다. SOAP는 환자의 상태를 기록하는 기본적인 양식입니다. 강제로 이렇게 써야 하는 것은 아니지만, 다른 전문가들과 효율적인 소통을 위해 많은 의료인이 따르고 있습니다.

S·O·A·P는 각각 Subjective·Objective·Assessment·Plan을 의미합니다. 이 양식에 따라 잘 쓰인 기록을 보면, 환자를 직접 보지 않아도 쉽게 상태를 파악할 수 있습니다. 따라서 논리적으로 알기 쉽게 구체적으로 쓰여야 합니다. 아래 신장결석 환자의 간호기록Nursing note 역시 SOAP의 순서대로 기록되어 있습니다. 알아볼 수 없는 글씨에 겁먹지 마세요. 하나하나 설명해 드리겠습니다.

S = Subjective, 환자가 호소하는 주관적인 증상

환자의 주호소chief complaints와 현재력present illness의 상황과 일부 과거력past medical history까지 환자의 상태가 광범위하게 포함될 수 있지만, 대부분 주호소 중심으로 적습니다. 간단하게 의학용어를 이용해 추상적으로 적기도 하고, 환자의 말을 그대로 적기도 합니다.

S) 32 y.o. black male c/o severe lower back pain and nausea
32세의 흑인 남성이 구역감을 동반한 심한 요통으로 내원

여기서 c/o라는 약어는 complain of, 즉 **무엇을 증상으로**라는 뜻입니다.

O = Objective, 환자에게 시행한 검사나 객관적인 사실

O) admitted to ward via w/c from urology clinic c̄ diagnosis of R renal calculi
BT 99.6 PR 102 RR 24 BP 140/88
병동으로 휠체어(w/c)를 타고 비뇨기과 클리닉에서 우측 신장 결석을 진단받고(c̄) 내원했다.
체온 BT 99.6 , 맥박수 PR 102 , 호흡수 RR 24, 혈압 BP 140/88

약어인 c̄는 with를 뜻합니다. 라틴어 cum에서 온 말입니다. 여기서는 diagnosis of 앞에 붙어서 뒤에 나오는 신장결석으로 내원했음을 표현하고 있습니다. c̄ 대신 w/라고 쓰는 경우도 많습니다. 기본적인 v/svitail signs도 함께 제공하고 있네요.

A = Assessment, 환자에게 의심되는 질환을 평가

A) renal calculi

평가(진단): 신장결석

이 환자의 right side의 신장결석을 의심하고 있습니다. 경과기록지 이미지에서 ⓡ이 오른쪽을 의미합니다.

P = Plan, 환자에게 시행할 계획

P) Demerol 75mg, phenergan 25mg IV

continue to monitor urine output

진통제 75mg, 정맥주사 25mg IV

이렇게 통증을 관리하면서 소변으로 돌이 나오는지 모니터하기로 했다.

실제 의무기록의 종류에 따라 좀 더 자세히 적기도 하고, 훨씬 간략하게 적기도 합니다. 다음은 같은 질환으로 내원한 다른 환자의 기록인데요, ER 의사가 작성한 SOAP 기록입니다. 실제 기록에서 간추린 겁니다.

S)

He presented with right flank pain and nausea for the last 3 days, worsening over the last 24 hours.

O)

CT of his abdomen and pelvis shows a 4 mm proximal left ureteral stone. Several other bilateral non-obstructing renal calculi are also present.

A)

1. left-sided hydronephrosis secondary to obstructing stone
2. Acute kidney injury

P)

He is placed on GI and DVT prophylaxis. Keep n.p.o. Urology consult with Dr.John Doe has been placed. His urine for culture was done in the emergency room. He will be given opiates for pain and Zofran for nausea.

진료기록부에 자주 쓰이는 약어

오늘 소견서를 받아왔습니다. 궁금증을 많이 해소할 줄 알았는데, 역시 의학을 모르는 사람에게는 너무 어렵습니다. 아버지는 "의사 선생님이 다 알아서 하시겠지!" 하시며 신경을 끄라고 하시지만, 걱정되는 마음에 사전을 찾아가며 인터넷을 검색해 봅니다. 대충 단어들은 찾아보니 알겠는데, 정상적인 단어들 말고 이상한 부호들이 많이 보입니다. 이게 p인지 9인지도 구별하기 어렵네요.

식구 중에 누군가가 아파서 병원에 가게 되면, 어떠한 상태인지 몹시 궁금해집니다. 진료를 봐준 의사 선생님은 너무 바빠서, 자세한 설명을 듣는 것이 어려울 때가 많습니다. 이 병이 어떤 병인지, 어떤 치료 옵션들이 있는지, 사소한 것 하나하나가 모두 궁금한데 말이죠.

직접 알아보려 해도 약어들 때문에 해석을 포기하는 경우가 많습니다. 사전을 찾아봐도 잘 나오지 않으니까요. 이 약어들은 언어의 조사와 같은 역할을 합니다. 반복해서 나오는 약어들과 법칙을 알면, 나머지 단어들은 그때그때 찾아보면 됩니다. 조금만 관심을 기울여 보면, 사랑하는 내 가족의 병에 대해 좀 더 상세히 알 수 있습니다. 이러한 부호(?)들 중, 보통 슬래시로 연결해서 사용하는 약어들을 알아보겠습니다.

s/p, d/t, f/u, v/s 그리고 HD, POD

아래는 실제 진료기록의 일부입니다. 하나하나 어떤 약어가 어떻게 사용되었는지 알아보겠습니다.

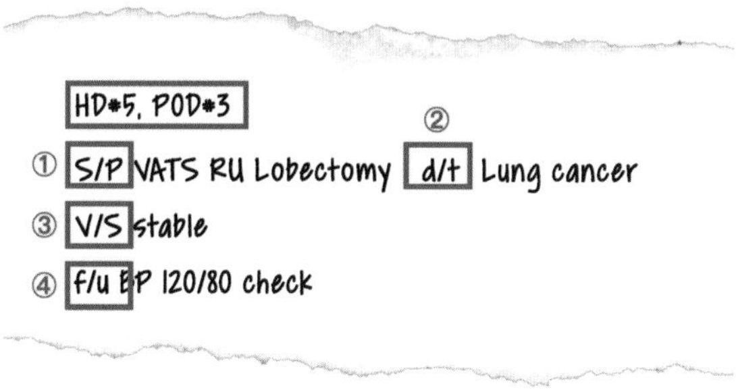

▲ 진료기록부에 자주 쓰이는 약어

❶ s/p, status post~

무엇을 하고 난 후[post]**의 상태**[status]라는 뜻입니다. 주로 수술 후를 표현할 때 사용하는데, 침습적[invasive]인 검사나 분만 후의 상태를 표현할 때도 사용합니다. s/p 뒤에는 시행된 수술이나 처치의 이름이 따라옵니다.

s/p VATS RU Lobectomy d/t lung cancer

위 환자의 경우, 우측 상부[RU:right upper]의 폐엽절제술[Lobectomy]을 VATS라는 방법을 통해 시행하였음을 알려줍니다. Lobe는 간·폐·갑상선·뇌 등에서 일정 부분을 가리키는 말입니다. ~ectomy가 붙으면 그 부위를 잘라내는 수술입니다.

- **Hysterectomy**: 자궁절제술
- **Appendectomy**: 충수돌기절제술
- **Thyroidectomy**: 갑상선절제술

VATS(Video-Assisted Thoracoscopic Surgery)는 비디오를 통해 흉강경으로 최소 침습의 수술 혹은 진단하는 시술입니다. 환자가 어떤 수술이나 처치를 받고 난 상황인지를 알려주는 것입니다. s/p를 정확히 기입하고 관리해야, 추후에 어떠한 증상이 생겼을 때 적절히 대처할 수 있습니다. 아래처럼 약자를 쓰지 않는 때도 있고, 계속해서 약자로 적는 때도 있습니다.

- **status post cholecystectomy**: 담낭절제술 후 상태
- **s/p NSVD**(Normal Spontaneous Vaginal Delivery): 자연 분만 후 상태
- **s/p TFCA**(TransFemoral Cerebral Angiography): 뇌혈관 조영술 후 상태

❷ d/t, due to

s/p VATS RU Lobectomy d/t lung cancer

d/t는 due to의 약자이므로 앞서 나온 상황의 원인을 기술합니다. 위 환자는 폐엽절제술(Lobectomy)을 한 이유가 폐암(lung cancer)이라고 설명되어 있네요. 아래처럼 **무슨 이유로**(d/t) 어떤 시술을 받은 후 상태(s/p)를 표현합니다.

- **s/p cholecystectomy d/t Gall bladder stone**: 담낭결석으로 담낭절제술 후 상태
- **s/p appendectomy d/t acute appendicitis**: 급성충수염으로 충수절제술 후 상태
- **s/p TFCA d/t cerebral aneurysm(2020/1/28)**: 뇌동맥류로 뇌혈관조영술 후 상태

❸ v/s, vital sign

예전에는 간호사 스테이션에 가면, 일렬로 수많은 철 차트가 놓여 있었습니다. 철 차트에는 투명한 플라스틱 커버가 있어서, 첫 페이지에 있는 가장 중요한 정보를 한눈에 볼 수 있었습니다. 그 정보가 이 바로 vital sign[생체징후], 약어로 v/s라고 합니다. 기본적인 v/s는 혈압[blood pressure]과 T.P.R이 있습니다. T.P.R은 각각 Temperature[체온], Pulse[맥박수], Respiratory Rate[호흡수]의 앞머리 글자입니다. 모든 생체징후[v/s]가 안정적[stable]인 상태를 v/s stable이라고 합니다.

- **Blood Pressure**[BP]: 혈압
- **Body Temperature**[BT]: 체온
- **Pulse Rate**[PR]: 맥박수
- **Respiratory Rate**[RR]: 호흡수

❹ f/u, follow up

f/u BP 120/80 checked

Follow up의 약자인 f/u는 매우 다양한 상황에서 사용됩니다. 위의 경우는 지속적으로 혈압[BP]을 체크해야 하는 상황이었고, 추후 120/80mmhg의 혈압이 체크되었다는 뜻입니다. 몇 가지 예를 더 살펴보겠습니다.

1시간마다 BP f/u하자고 함

v/s은 보통 하루 3번TID 혹은 2번BID 체크하는데, 응급상황이나 중환자실 등에서는 1시간마다q1hr 체크하기도 합니다. 위의 경우가 1시간마다 체크해서 상황을 살펴보자는 이야기입니다.

> **TIP**
> q1hr에서 q는 quaque이며 every를 의미합니다.

BP f/u하고 내시경실 arrange 하기로 함

추후 혈압BP 체크해서 별다른 문제가 없으면 내시경을 추진하겠다는 이야기입니다.

1주 후 opd f/u

퇴원 후 진료기록에서 자주 보는 표현입니다. opd는 외래out patient department에서 1주일 후에 f/u 하자는, 즉 경과를 관찰하자는 뜻입니다. 보통 수술이나 퇴원 후 1주일 후에 외래로 진찰한다는 의미입니다. 아래 예를 참고해 보세요. 퇴원할 때 처방된 약을 복용하고 1주일 후에 경과를 보자는 의미로 **1주 후 opd f/u**라는 표현이 사용되었습니다.

퇴원처방
Mucosta tab. 100mg (Rebamipide) 3T #3 x 7days
Ramnos cap. 250mg (Lactobacillus casei) 3C #3 x 7days
Magmil tab. 500mg (Magnesium hydroxide) 4T #2 x 7days
1주일 후 외래 f/u

▲ opd f/u, 외래 진료로 경과를 관찰한다

TIP

이밖에도 complain of는 c/o, history of는 h/o라고 표현합니다.

❺ HD#5, POD#3

HD#5, POD#3

S/P VATS RU Lobectomy d/t Lung cancer

▲ HD, POD

HD와 POD 역시 자주 사용되는 약어입니다. HD#5는 입원한 지 5일째, POD#3은 수술한 지 3일째를 의미합니다. HD는 Hospital Day 입원 후 날짜, POD는 Post Operative Day, 즉 수술 후 날짜입니다. Post가 후, operative는 수술을 의미하는 operation의 형용사 형태입니다. 대화 중에도 흔하게 사용되는데요, “이 환자는 금일 pod 2일째입니다”라며 수술 후 이틀이 지난 환자를 표현합니다. 수술 당일은 빼고 다음 날부터가 1일째입니다. 수술인 operation은 줄여서 OP라고 많이 사용하죠. OR이라고 보신 적 있으신가요? Operation Room이며 수술실을 의미합니다. 그럼 ER은요? Emergency Room, 응급실입니다.

주사의 종류

주사 맞기 전에 엉덩이 "찰싹"

엉덩이에 주사를 맞을 때면 으레 엉덩이를 찰싹 맞은 뒤 주사를 맞았습니다. 그런데 실제 엉덩이를 때린다고 통증이 덜하다는 주장은 근거가 부족하며, 심지어는 오염의 가능성까지 있습니다. 채혈하거나 정맥 주사를 놓을 때 혈관이 잘 보이게 하려고 때리는 경우도 있는데, 그저 주사 놓는 분의 마음인 겁니다.

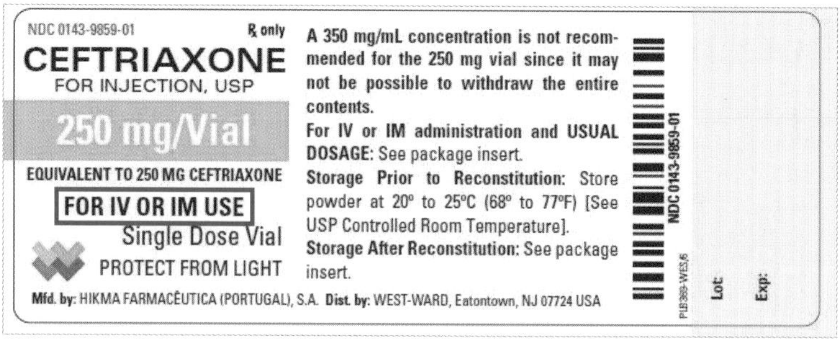

▲ 실제 주사액의 라벨 FOR IV OR IM USE

IM^intra·muscular

주사액 라벨의 왼쪽을 보면 중간쯤 굵은 글씨로 **FOR IV OR IM USE**라고 쓰여있습니다. 여기서 IM은 Intra·Muscular의 약어로, 근육^muscular 속에^intra 주사를 놓는다는 말이죠. 상황마다 다르지만, 일반적으로 엉덩이 같은 큰 근육에 주사를 놓으며, 주사 부위를 문질러 주사액이 모세혈관을 통해 체내로 잘 흡수되도록 합니다.

근육에 주사를 맞으면 뻐근한 통증이 있는데, 왜 지방이 아닌 근육에 주사를 맞을까요? 근육은 붉고 지방은 힙니다. 근육에 혈관 분포가 많기 때문이에요. 투여된 주사액은 근육 속 많은 혈관을 통해 체내로 흡수됩니다. 그래서 피하주사나 피내주사보다 혈관흡수가 쉽습니다.

IV^intra·venous

정맥에 주사를 놓을 땐 정맥이 두드러지게 하려고 때리는 경우가 있다고 했죠? 정맥에 놓는 주사를 IV라고 합니다. 정맥^vein 속^intra으로란 뜻이에요. 헌혈하거나 검사를 위해 채혈할 때 주로 맞습니다. 혈관에 주입하므로 약물이 몸에 즉시 퍼져서 작용하게 됩니다. 그렇다고 무조건 IV가 좋은 것은 아닙니다. 약물의 성질, 필요한 투여 속도, 환자의 상태 등에 따라 다릅니다. 일부 약물은 근육 조직이나 피부에 큰 자극을 줄 수 있어서 IV로만 주입하며, 반대로 IV 주사가 부적절한 경우에는 IM 주사를 사용합니다. 정맥주사는 혈관으로 직접 주사하기에 문질러 줄 필요가 없고, 꼭 눌러서 지혈만 하면 됩니다. 세게 문지르다가는 오히려 혈관이 손상되어 멍이 들 수 있습니다.

SC^subcutaneous^

피하주사라는 말도 들어보셨죠? 보통 SC라고 하며 subcutaneous의 약자입니다. 흔하게 맞는 인슐린 주사가 바로 피하주사입니다. 이상하게도 다른 주사는 한글로 아이엠IM, 아이브이IV라고 부르는데, SC는 섭큐SubQ/SQ라고 부릅니다.

ID^intradermal^

약물의 과민 반응 등을 살펴보기 위해 피부 바로 밑에 소량의 주사액을 넣는 경우가 있는데요, 이를 피내주사라고 하며 ID라고 씁니다. Derma가 피부를 뜻해서 피부과도 dermatology입니다. 피하주사보다 피내주사가 더 얕게 들어갑니다. 매우 따끔 매콤합니다.

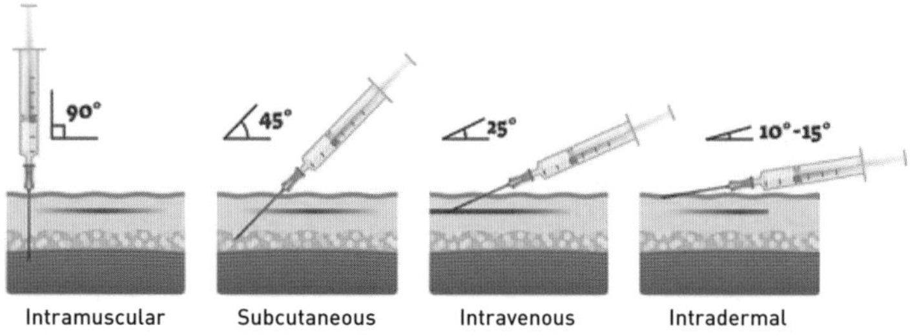

▲ 좌측부터 IM, SC, IV, ID

TIP

코로나 백신은 어떤 주사에 해당할까요?

코로나 백신 맞으셨나요? 팔을 걷고, 주사약이 언제 들어가는지도 모르셨을 거예요. 어떤 종류의 주사인 걸까요? IV? SC? IM? 아래의 화이자 회사의 라벨을 보면 쉽게 알 수 있습니다.

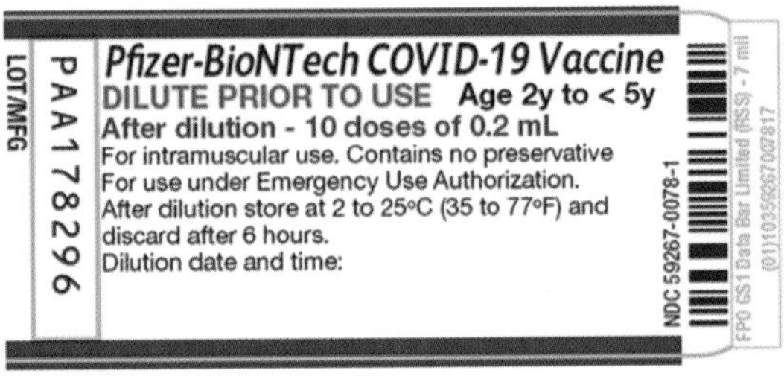

▲ 화이자 백신의 라벨

이제 아시겠죠? IM입니다. For intramuscular use라고 4번째 줄에 적혀 있는 걸 확인할 수 있습니다. 여러분은 이미 IM 주사를 맞으셨습니다. 다만, 코로나 백신은 IM 주사이면서도 맞은 후에 문지르거나 비비지 말고 가볍게 눌러주기만 할 것을 권고하고 있습니다. 근육에 주사된 약물이 다시 피부 쪽으로 올라와 백신의 효과가 저하될 수 있기 때문입니다.

X-ray와 CT와 MRI

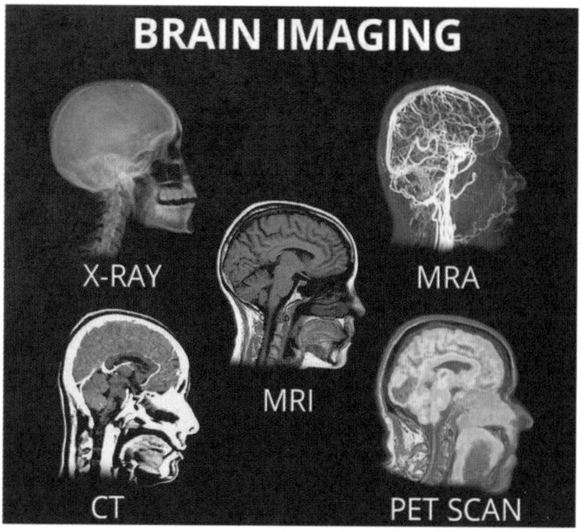

▲ 뇌의 단면 사진

우리 몸속을 들여다볼 수 있다면 얼마나 좋을까요? 암세포도, 찢어진 인대도, 부러진 뼈도 바로 찾아낼 수 있을 테니까요. 근대 과학이 발전하면서 결국 우리 몸을 자르지 않고도 속을 들여다볼 수 있게 되었습니다. 위는 모두 뇌의 단면 사진인데, 촬영 원리와 특징이 다릅니다. CT와 MRI는 매우 비슷해 보이지만, 작동원리 측면에서는 CT와 X-ray가 사촌지간입니다. 우선 X-ray를 알아보고, 이어서 CT, MRI의 작동원리와 어떤 질환의 촬영에 적합한지 알아보겠습니다.

X-ray

가장 기본적으로 찍게 되는 방사선 사진입니다. 사진기로 가시광선을 기록하듯, 특별한 파장을 갖는 엑스레이를 엑스레이 필름에 기록하는 원리입니다. 가시광선과 달리 엑스레이는 인체를 어느 정도 투과하는데, 공기 → 지방 → 수분 → 뼈 순서로 잘 투과합니다. 뼈는 거의 투과하지 못하기 때문에 희게 나타나고, 공기는 검게 나타납니다.

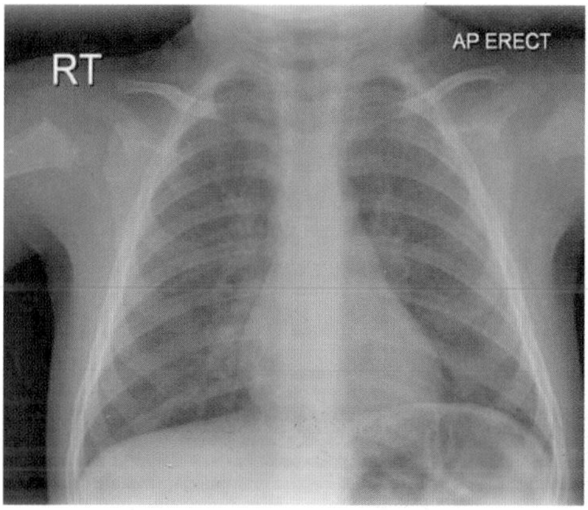

▲ 흉부 X-ray 촬영

위는 흉부 엑스레이 사진인데요, 희게 나타난 뼈와 공기가 가득 찬 폐를 관찰할 수 있습니다. 왼쪽 상단의 대문자 RT는 **그쪽이 오른쪽**이란 뜻입니다. LT라면 왼쪽이겠죠? 오른쪽 상단에는 AP라고 쓰여 있는데, anterior to posterior의 약자이며 **앞에서 뒤로 찍었단** 뜻입니다. 엑스레이를 환자 앞에서 쪼이고 필름은 환자 뒤에 놓은 상태에서 찍은 겁니다. ERECT는 서서 찍었다는 의미죠.

CTcomputerized tomography

CT는 엑스레이 사진을 여러 장 찍어서 우리 몸의 단면을 컴퓨터로 재구성합니다. 프로야구 방송을 보면, 공이 배트에 맞는 순간을 좌라락 보여주기도 하죠? 타자 둘레의 수많은 카메라가 그 순간을 찍어서 360도 입체화면을 보여주는 겁니다. CT도 같은 원리입니다. 다만 일반 카메라가 아니라 엑스레이를 사용하는 것이죠. 360도 카메라는 외측을 한 번에 담겠지만, CT는 인체 내부의 영상을 한 번에 담아서 보여줍니다. 360도 카메라처럼 여러 카메라가 찍진 않고, 한 개의 엑스레이가 엄청 빠른 속도로 돌면서 한 장씩 찍죠. 도넛 모양의 기계 속에서 엑스레이 튜브가 환자의 몸 주위를 빙빙 돌면서 좌라락~ 찍습니다. 커버를 벗기면 엑스레이가 돌아가는 모습이 공상과학 소설에 나오는 타임머신 같습니다.

다양한 방향에서 찍은 엑스레이를 컴퓨터가 처리하여 단면 사진으로 재구성하는 게 CT 촬영입니다. 컴퓨터로 계산하여computerized 단면tomo을 기록했다graphy라고 해서 Computerized Tomography컴퓨터 단층촬영입니다.

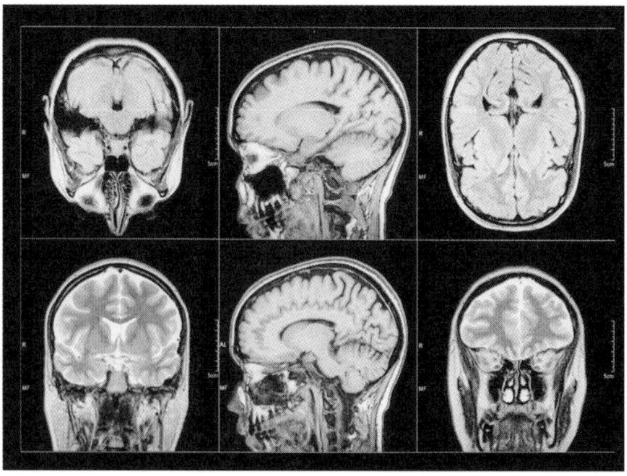

▲ 단층촬영한 사진

~tomy, tom/o: 토막을 내다, 잘라내다

위의 토미는 **토막을 내다**로 기억하세요. 해부학을 anatomy라고 하는데, 위쪽[upward]을 뜻하는 ana~와 해체·해부[dissection]를 뜻하는 ~tomy가 합쳐진 겁니다. 어떤 부위이건 접미사인 ~ectomy를 붙이면 그 부위를 잘라내는 절제술을 표현하게 됩니다. 우리 목에 있는 편도가 지나치게 크면 잘라내는데, 편도[tonsil]에 ectomy를 붙여 tonsilectomy라고 하면 편도를 잘라내는 수술이 됩니다.

- **Appendectomy**: 충수돌기[appendix] 절제술
- **Hysterectomy**: 자궁[hyster] 절제술
- **Tonsillectomy**: 편도[tonsil] 절제술
- **Gastrectomy**: 위[gastr~] 절제술
- **Thyroidectomy**: 갑상선[thyroid] 절제술

CT도 X-ray와 같은 원리이니 뼈는 투과하지 못해서 희게 나오고, 공기는 검게 나옵니다. 간혹 CT를 MRI의 하위 호환으로 생각하는 경우가 있는데, 저마다 장단점이 있습니다. MRI는 수분이 없는 조직을 구별하기 어렵습니다. 그래서 CT가 더 적합한 때가 있는 거죠. 예를 들어, 연조직의 석회화 같은 경우를 CT로 더 잘 변별할 수 있습니다. 그래서 뼈와 관련된 질환, 석회화, 요로결석 등의 촬영에 주로 사용됩니다.

CT 촬영이 적합한 질환
1)뼈와 관련된 질환, 2)석회화 병변, 3)복부의 종양

또한, MRI는 30분에서 1시간의 촬영이 필요하지만 CT는 5~10분이면 충분합니다. 게다가 기계의 폐쇄감이 덜해서 폐쇄공포증이 있는 사람에게도 적합하죠. 요즘 MRI는 개방감이 생겼다곤 하는데, 오래전 MRI는 마치 세탁기에 들어가는 것 같았어요.

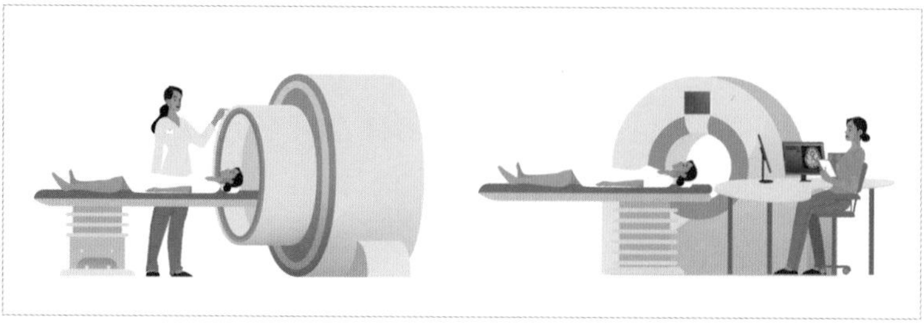

▲ 좌: MRI, 우: CT

하지만 결정적인 단점이 있는데, 방사선 조사량입니다. 아래 신문 기사에서는 복부 CT 한 번이면 방사선 3년 치 쬐는 셈이라고 하니, 최대한 피하는 게 좋겠죠.

"흡연자가 저선량 폐 CT를 찍는 것을 제외하고 증상이 없는 사람이 자주 CT를 찍는 것은 가급적 피해야 한다. 향후 방사선 노출에 대한 고려를 포함해 근거에 기반한 검진 프로그램이 마련돼야 한다."[7]

7 황수연, "복부 CT 한 번 찍으면 방사선 3년 치 쬐는 셈", 중앙일보, 2015.12.21

MRI magnetic resonance imaging

MRI는 자기공명영상입니다. 우리 몸에 강한 자기장을 걸면, 우리 몸 수분 속의 수소 양성자가 마치 자석처럼 반응합니다. 이 반응을 컴퓨터로 관찰하여 기록한 영상입니다. 여기서 중요한 것은 수분입니다. MRI는 CT나 엑스레이와 달리 수분의 밀도가 음영, 즉 흑백의 대비를 조절합니다. 수분의 밀도를 관찰 기록하기 때문에, 수분을 함유한 유기체는 모두 촬영이 가능합니다.

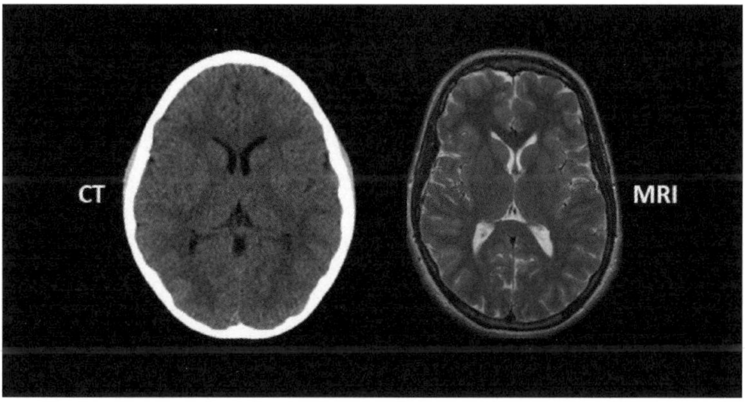

▲ CT와 MRI 촬영의 결과물

위 사진에서 CT의 흰 부분은 뼈이지만, MRI에서는 수분이 없는 뼈는 어둡고 수분이 많은 연한 조직은 밝게 보입니다. 하지만 촬영방식에 따라 다를 수 있는데, T1 영상은 물이 검은색으로 표현되며 T2 영상은 수분이 밝은 흰색으로 표현됩니다. CT나 X-ray처럼 실제로 감광지에 기록하는 것은 아니고, 수소 원자의 방향을 컴퓨터가 재구성해서 시각화하는 것이라서 이론적으로는 무지개색으로 표현하는 것도 가능합니다.

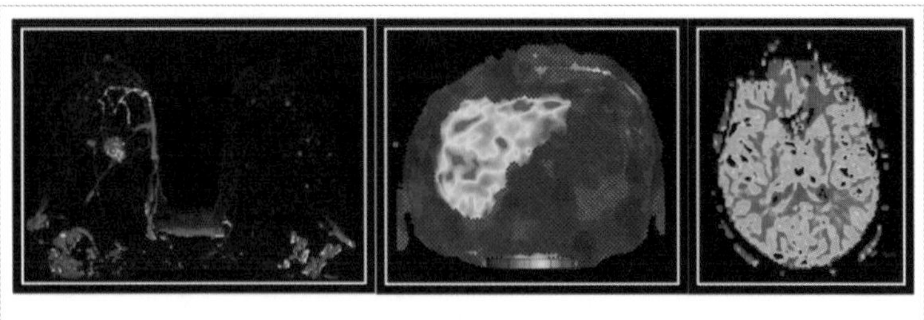

▲ 다양한 색으로 시각화한 MRI 촬영 https://www.elliothospital.org/

MRI 촬영이 적합한 조직

1)인대와 같은 연조직, 2)척수와 뇌의 병변, 3)종양, 4)추간판 탈출

MRI는 X-ray를 사용하지 않아 방사선 노출의 위험이 없습니다. 이러한 이유로 임신 중인 여성이나 어린 아이들에게 사용하기 적합합니다. 그러나 강력한 자기장을 이용하기 때문에, 자기장에 반응하는 금속을 몸에 지니고 촬영할 수 없습니다. 특히 체내 임플란트 된 금속이 있으면 촬영이 불가합니다.

영상진단검사 결과지를 읽어봅시다

검사명	1	CT Chest HR study (종양내과) (contrast)
검사방법		
검사일자		2021.05.09 08:05 촬영실 CT 63호(본관4층)
판독일자		2021.05.12 12:52
Description	2	Clinical information: Stomach cancer
	3	Compared with previous CT dated 2021-3-10,
	4	New faint GGO in the both lungs, mainly Rt lower: mild pneumonia. No newly developed hematogenous lung metastasis. No change of a small calcified nodule in the Rt upper lobe. No LN enlargement in the mediastinum, hilum and supraclavicular fossa.
	5	Imp: 1. No newly visible thoracic metastaiss. 2. New faint GO in the both lungs, mainly Rt lower: mild pneumonia. ◈조영제◈

▲ 영상진단검사 결과지

위 영상진단검사 결과지는 실제 결과지를 그대로 옮긴 것입니다. 결과지에는 크게 다음과 같은 내용이 적힙니다.

1. **Type of exam**: 검사 내용
2. **Reason for exam**: 검사 목적
3. **Comparison**: 지난 검사와의 비교
4. **Findings**: 검사 소견
5. **Impression or Conclusion**: 검사 결과

영상진단검사 결과지 읽기

1. 검사 내용Type of exam

① CT Chest HR study (종양내과) contrast

어떤 검사가 진행되었는지 날짜와 시간 등과 함께 기록됩니다. 결과지에 ① 부분 내용입니다. 흉부 CT를 촬영하는데, 고해상도high resolution 촬영이고, 원하는 조직이 잘 보이도록 조영contrast을 한다는 내용이 기재되어 있습니다. HR study의 스터디는 공부가 아니라 **검사**라는 뜻입니다. 자주 쓰이는 예로 further study는 **추가 검사**입니다.

2. 검사 목적Reason for exam

② clinical information: stomach cancer

검사를 왜 하는지, 목적은 무엇인지 알려줍니다. 위 결과지에선, 위암에 대한 검사임을 밝히고 있습니다.

3. 지난 검사와의 비교Comparison

③ Compared with previous CT dated 2021-3-10

지난 검사와 비교하여 소견을 적는 경우, 지난 검사 내용을 적어 놓은 곳입니다. 이전에 CT 촬영을 했다는 기록이 있네요.

4. 검사 소견Findings

④ New faint GGO in the both lungs, mainly Rt lower; Miled pneumonia.
No newly developed hematogenous metastasis mild pneumonia.

이번 검사를 통해 관찰된 소견입니다. Observation이라고 쓰기도 합니다. Clinical findings라고 하면 임상 소견을 이야기하죠. 보통 결과지에서 가장 긴 부분입니다. 영상진단검사 사진에서 관찰한 내용을 객관적으로 모두 적습니다. 의견이나 짐작이 아닌, 어느 부위에 어떤 색깔의 어떤 크기의 무슨 모양이 보인다 등으로, 자세히 기술되어 있습니다. 관찰된 대상들이 정상인지 아닌지도 포함되어 있습니다.

결과지의 내용을 보면, "흐릿한 음영GGO:Ground-Glass Opacity이 양쪽 폐lungs에 보인다, 특히 오른쪽 하단mainly Rt lower에"란 내용이 있고, 아랫줄엔 "새로 전이된 암의 흔적은 안 보인다"라고 적혀 있습니다. 아주 객관적이죠?

5. 검사 결과Impression or Conclusion

⑤ No newly visible thoracic metastasis

검사 소견을 근거로, 결과가 요약되어 적혀 있습니다. Impression은 보통 추정 진단이라고 번역하며, 이 문서를 작성한 사람의 인상impression

을 의미합니다. 보통 한두 줄로 검사 결과가 요약되어 있습니다. 위의 결과지에선 No newly visible thoracic metastasis, 새로운 전이 소견이 없다고 합니다. 다행이네요.

결과지의 맨 밑에는 조영제 선생님이 서명했네요. 라고 생각하진 않으셨겠죠? 조영제는 영상진단검사 시 영상의 대조도를 높이기 위해 병변 조직을 잘 구별하도록 돕는 약품입니다. 이 검사에서 조영제를 사용했기 때문에 어떤 조영제를 사용했는지도 적어둡니다.

TIP

무릎 관절 MRI 결과지의 검사 소견[Findings]과 결과[Impression]

FINDINGS: There is extensive tearing and maceration of the posterior horn and body of the medial meniscus including complete radial transection of the posterior aspect of the body. The anterior horn is intact. There is horizontal cleavage of the body of the lateral meniscus predominantly filled with granulation tissue. The anterior and posterior horns are intact.

The anterior cruciate ligament and posterior cruciate ligament are intact. The lateral collateral ligament complex is intact. The medial collateral ligament is intact. The quadriceps extensor mechanism as well as the popliteus tendon are intact. The patella is well located. There is a very small knee joint effusion. There is no Baker's cyst. The biceps femoris and semimembranosus insertions are normal. Pes anserinus tendons course normally to their insertions without bursal distension.

There is moderate medial compartment chondrosis. The lateral compartment cartilage is preserved. There is moderate to marked patellofemoral chondrosis, especially affecting the medial patellar facet. There is no fracture or osteonecrosis.

IMPRESSION:

1. There is extensive tearing and maceration of the posterior horn and body of the medial meniscus including complete radial transection of the posterior aspect of the body.
2. Moderate medial compartment chondrosis.
3. There is horizontal cleavage of the body of the lateral meniscus predominantly filled with granulation tissue.
4. Moderate to marked patellofemoral chondrosis, especially affecting the medial patellar facet.
5. Very small knee joint effusion. There is no Baker's cyst.

▲ 무릎 관절 MRI 결과지

소견[findings]에서는 반월판[meniscus]이 어떤 모양으로 어디가 찢어졌고, 전방 십자인대는 문제가 없고[intact] 등등 관찰한 내용이 적혀 있습니다. 두 번째 문단을 보면 ligament are intact라는 말이 나오는데요, intact는 조직이 손상을 입지 않았다[not damaged]란 뜻입니다. 결과지에서 자주 사용되는 형용사이니 기억해두시기 바랍니다.

한글 영상진단검사 결과지 읽기

판독소견서

성명: 홍길동 **성별** : M **나이**: 034Y

검사일자: 2023-07-03 16:37:13 **의뢰처**: 무슨무슨과

MRI of L-spine

T1Wt & T2Wt sagittal, axial images.
L spine column이 straightened 됨.
L2-e disk에 mild diffuse bulging of annulus fibrosus에 의한 thecal sac indentation 관찰됨. Disk는 degeneration으로 인해 T2WI에서 low signal change 보임.
기타 level의 disk material이나 spine bony structures, neural tissues, articular structures and muscular signals에 특이적 이상 소견 없음.

IMP: Bulging disk of L2-3.

첫 번째 줄의 MRI of L-spine은 요추(lumbar spine)의 MRI를 찍었다는 것으로 어떤 검사를 받았는지 설명하고 있습니다.

둘째 줄은 검사 테크닉을 설명하고 있습니다. MRI 방식 중 T1, T2를 시상단면과 횡단면 촬영했다고 적혀 있습니다. 어떤 단면인지 꼭 표현해야 합니다.

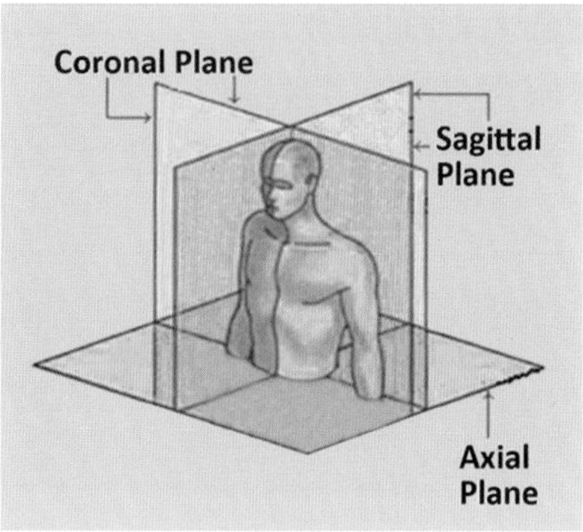

▲ 단면

이어서 검사 소견이 적혀 있습니다. "척추뼈가 정상적인 만곡curve을 잃어 일자로 서있고, 요추 2-3번에 경도mild의 디스크 팽륜bulging이 관찰되었습니다. 디스크의 퇴행성 변화degeneration도 보입니다. 다른 요추 부위의 구조적 변화나 신경조직, 관절, 근육의 특이한 소견은 없습니다."

마지막으로 추정진단인 IMP는 다음과 같습니다. "요추 2-3번 추간판 팽륜"이라 합니다.

소견서를 읽어봅시다

소견서 속 의학용어

Diagnosis

Diagnosis의 dia~는 apart, distinguish, 무언가를 떼어 놓다라는 뜻이에요. **~을 안다**를 의미하는 gnosis와 합쳐서 **구별하여**[dia] **안다**[~gnosis]는 뜻이 됩니다. 가능한 병들 사이에서 정확하게 환자의 병을 구별하여 아는 과정입니다. 비슷한 용어로 감별진단[differential diagnosis]이 있습니다. Differential과 Dia는 사실 동어 반복인데, 비슷한 증상을 보이는 다른 질병과 구분하는 진단 과정을 말할 때 쓰입니다.

R/O[rule out]

처음 의학을 공부할 때 가장 혼란스러운 단어 중 하나가 rule out일 겁니다. 문자 그대로 무언가를 **배제한다**는 뜻인데, 의학에서는 **그렇게 추정한다**라는 뜻으로도 쓰입니다. 말이 되지 않습니다. 하나는 **아니다**란 뜻이고, 하나는 **그렇다**란 뜻이니까요. 진단을 하는 과정은 우리가 객관식

시험 문제를 푸는 과정과 유사합니다. 아닌 것들을 배제exclusion해 가면서 정답에 가까워지는 것이죠.

예를 들어 제가 "다음 환자에게서 폐렴pneumonia을 R/O 하기 위해 검사해야 할 것들은 무엇입니까?"라고 묻는다면 R/O의 뜻을 배제라고 받아들이든 진단이라고 받아들이든 같은 답을 해야 합니다. 이렇게 가능한 질환들을 배제하여 진단한 것을 rule out이라고 하는 겁니다. R/O 옆에 어떤 병명이 쓰여 있다면, rule out 과정을 통해서 배제해야 할, 아직은 가능성 있는 병명입니다. 현재 상황에서는 확진되지 않았고 진단해야 할 상황이란 말이죠.

IMPimpression

어떤 검사를 기반으로 종합해서 판단한 사실을 인상impression이라고 표현합니다. 현재 있는 소견들로 추정해서 판단한 사항이란 이야기죠. 둘 다 확진은 아니지만, rule out은 진단 전 상황이고 impression은 추정하여 진단한다는 말입니다. 굳이 비교하자면 IMP가 R/O보다 확진 쪽에 가까운 거죠. 원래 영어권에서는 diagnosis와 impression이 거의 같은 의미입니다. 보통 초기진단initial opinion을 impression, 여러 객관적 검사 결과를 통한 최종진단final opinion이면 diagnosis라고 합니다. 한글로는 **추정진단**이라고 번역하는데, 좋은 번역이 아니라고 생각합니다.

비슷한 말로는 diagnosis by exclusion이란 표현이 있습니다. 확실하게 이거라고 진단할 수는 없는데, 다른 것이 모두 아니니 이렇게 진단을 한다는 의미입니다. 원인이 확실하지 않고 비특이적unspecific인 질환에 자주 사용됩니다.

Impression

1)Migraine headaches, 2)High cholesterol, 3)R/O multiple sclerosis.

만약 소견서에 위처럼 적혀 있다면, 의사가 편두통[migraine]과 고지혈증[High cholesterol] 상태를 추정진단한 것입니다. 게다가 현재 상태에서 다발성 경화증[multiple sclerosis]의 가능성도 있으니 감별해야 할 사항[R/O]입니다. 이런 경우에는 보통 진단을 확실히 하려고 심화된 검사[further studies]를 제안합니다. 여기서 study는 필요한 검사들을 이야기합니다.

- **Diagnosis**: 진단
- **Differential diagnosis**: 감별진단
- **R/O**: 더 검사가 필요한 가능성 있는 진단
- **Impression**: 추정진단
- **Diagnosis by exclusion**: 배제에 의한 진단

병원 복도에서 듣는 질병의 경과

고대 그리스의 히포크라테스Hippocrates는 예후prognosis를 대단히 중요하게 생각했습니다. 의학에선 환자의 상태를 보고 경과를 예측하는 것을 말해요. 의학 드라마에서 예후가 어떠냐느니, 좋지 않다느니 하는 말을 들어보셨을 거예요. 환자의 앞으로의 상태가 좋지 않다는 뜻이죠. 그리스 로마 신화에서 태양의 신으로 유명한 아폴로Apollo는 의학의 신이기도 합니다. 미래를 미리 이야기해준다는 점 때문에 예언의 신이기도 했죠. 신탁이나 예언과 의학의 경계가 아직 모호하던 시절이었기 때문입니다. 고대 그리스 시대에는 환자의 상태를 잘 살펴서 환자의 미래, **예후**를 맞추는 것이 의학의 중요한 기술이었습니다.

그럼 어떻게 미래를 미리pro~ 아느냐~gnosis면 징후sign를 통해 압니다. 남풍이 불면 더위가 올 것을 알고, 개구리가 등장하면 봄이 온다는 게 징후이죠. 그래서 의사들도 환자가 나타내는 징후를 주의 깊게 살폈습니다. 여기서 알아두어야 할 것이 환자가 보여주는 증상symptom과 징후sign는 다르다는 겁니다.

증상은 환자가 질병으로 인해 느끼는 불편함과 고통을 이야기합니다. 징후는 환자의 질병으로 환자에게 나타나는 객관적인 표현을 의미합니다. 다리를 다쳐 아프고 걸을 수 없는 것은 증상symptom이고, 다친 다리에 나타나는 발적과 부종·발열은 징후sign가 됩니다. 징후와 증상은 서로 배타적이지 않습니다. 발열은 환자 입장에선 증상이고, 의사 입장에서는 징후일 수 있습니다. 구별하지 않고 signs&symptoms라고 쓰기도 합니다.

여러 징후 중 나쁘고 위험한 예후를 표현할 때는 레드 플래그란 말을 사용합니다. 붉은 깃발, 위험 신호를 뜻하는 은유적인 표현입니다. 일상에서도 많이 쓰이는 말이죠. 의학에서 환자의 상태, 진료기록 중에 현 상황에 부정적 영향을 끼치는 요소들을 말합니다. 예를 들어, 폐암 환자가 흡연을 한다거나, 관절염 환자가 천식 때문에 스테로이드를 계속 복용했다거나, 만성 통증 환자가 우울증이 있는 것이 모두 red flag입니다. 상대적으로 덜 위험한 징후나 현재력에는 옐로 플래그란 표현도 사용합니다.

- **예후**: Prognosis
- **징후**: Sign
- **증상**: Symptoms
- **위험 신호**: Red flag

질병의 경과를 표현하는 말로는 transient, irreversible, benign, malignant, wax and wane 등과 같은 표현도 많이 사용합니다. Transient일과성은 별다른 처치 없이 회복된다는 말입니다. 반대로 irreversible비가역적은 한번 손상이 되면 되돌리는 것이 불가능하다는 말입니다. 대부분 뇌세포나 척추 신경 등 신경조직에 생기는 손상은 비가역적입니다. Benign양성은 친절하다는 뜻의 라틴어 benignus에서 온 말로 **양호한 상태**를 말합니다. 암의 이름 앞에 붙어서 benign cancer가 되면, 증식속도가 더디거나 다른 곳으로 잘 전이[metastasis]하지 않는 암을 뜻합니다. 암세포가 있기는 하지만 큰 해를 끼치지 않고 공존합니다. Malignant[악성]는 사악하다는 뜻으로 전이가 잘 되는 악성 암을 의미할 때 사용됩니다.

알러지 질환을 이야기할 때는 perennial 혹은 seasonal이라고 지칭합니다. Perennial은 per[through:내내]와 enni[alannual:년,해]가 합쳐진 말로, **1년 내내**라는 뜻입니다. Seasonal은 특정 계절에만 일어난다는 뜻입니다.

▲ Wax and Wane

Wax[increase] and Wane[decrease]은 꼭 의학에서만 쓰이는 말은 아니고, 달이 차고 기우는 것을 표현하는 말입니다. 흥망성쇠의 반복을 이야기 하는데, 질병의 경과를 표현할 때 퇴행성 관절염처럼 그냥 나빠졌다가 좋아졌다가 하는 경우 사용합니다. 격식을 갖추지 않고 자주 쓰는 말입니다. 잘 지내다가 증상이 갑자기 심해지는 상황은 **급성 악화**[flare up]라고 표현합니다. 환자 입장에서는 급성 악화를 겪으면 아주 큰일이 난 것 같다고 느낍니다. 아프고 걱정되어서 잠도 못 자요. 이럴 때 wane할 것이라고 확신을 주면, 걱정이 덜 되면서 마음이 편해질 뿐 아니라 통증도 덜해집니다. 통증의 가장 큰 요소 중 하나가 두려움입니다. '지금 악화된 고통이 위험한 증상은 아닐까?' 하는 두려움이 있으면 고통도 훨씬 커집니다. 통증은 매우 주관적입니다. 현재의 통증은 롤러코스터처럼 오르락내리락하는 것이 자연스럽다는 것을 알면, 두려움으로 인한 고통을 줄일 수 있습니다.

인생도 그렇습니다. Wax and wane하지요. 다시 찰 것이라는 확신과 믿음이 필요합니다. 인생에 고통이 flare up하는 시기엔 "이 또한 지나가리wax and wane" 생각해보는 것은 어떨까요?

- **Transient**: 일과성의
- **Transient Tic Disorder**: 지나가는 틱장애
- **TIA**: 지나가는 작은 중풍 증상
- **Irreversible**: 되돌릴 수 없는
- **Irreversible dementia**: 되돌릴 수 없는 치매
- **Perennial**: 계절에 상관없이 일 년 내내 계속되는
- **Idiopathic**: 본태성의, 특별한 다른 이유 없이 혹은 알려진 이유 없는
- **Acute idiopathic polyneuritis**: 급성의 본태성, 다발성의 신경염
- **Unspecific**: 이유나 병리가 분명하지 않은

PART

우리 주위의 병과 관련된 용어들

4

우리 몸을 표현하는 의학용어를 알아볼까요? 해외여행에서도 써먹을 수 있을지 모릅니다. 갑작스레 심장이 아프다고 표현해야 할 때, "My heart breaks"라고 한다면, 여자친구와 헤어졌다고 생각할 수도 있습니다. 우리 몸을 이루는 위장·소장·대장·신경, 그리고 정신과적인 용어까지 알아봅니다.

소화기계

늦은 밤에 찾게 되는 야식! 이 맛난 음식이 없다면 얼마나 심심할까요? 여기서는 음식이 통과하는 식도부터 항문까지, 대소변을 조절하는 근육들, 소화기 질환에 관한 용어를 살펴봅니다.

꿀꺽꿀꺽 삼키세요, 소화기

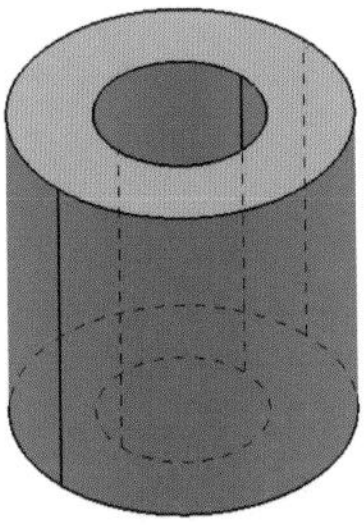

소화기계는 의학용어로 gastrointestinal system이라고 합니다. gastro는 위, intestine은 장을 뜻하는 용어예요. 소화와 관련된 모든 장기는 복강abdominal cavity 안에 위치합니다. 이 장기들이 따로따로 있는 것이 아니라 하나의 통로처럼 모두 한 줄로 이어져 있습니다. 실제로 이 위장관은 인체의 내부이자 외부이기도 합니다.

이렇게 뚫린 원기둥을 생각해보세요. 안쪽 통로도 외부에 해당하지요? 소화기계가 딱 그렇습니다. 그래서 외부 물질음식과 늘 접촉하고 감염과 면역반응이 잘 일어나는 곳입니다. 이 긴 원통을 통과하며 음식물이 변화하는 과정을 소화digestion라고 합니다. 긴 원통은 다음과 같은 부분으로 이루어져 있습니다.

입부터 항문까지

- **입**: mouth / oral, oris / stoma
- **식도**: esophagus
- **위**: stomach / gastro
- **십이지장**: duodenum, duodenal
- **소장**: small intestine
- **대장**: large intestine / colon
- **맹장**: appendix
- **직장**: rectum
- **항문**: anus

음식은 입을 통해 식도esophagus를 지나 위장stomach,gastro으로 들어갑니다. 위장에서 잘게 부서지고, 녹아서 죽처럼 만들어진 음식은 십이지장으로 이동합니다. 십이지장은 duodenum이라고 하는데, 십이지장의 길이가 손가락 열두 개를 옆으로 나란히 늘어놓은 것과 같다고 해서 붙여진 이름입니다. 십이지장의 '지'가 손가락 지指입니다. 실제 인간의 십이지장은 25~30cm 정도입니다. 십이지장은 소장small intestine이 시작하는 부분입니다. 음식물이 소장에 도달하면 본격적으로 영양분으로 바뀌어 몸으로 흡수됩니다. 음식물은 자그마치 7m 정도 길이의 소장을 구불구불 지나면서 점차 쓸모없는 쓰레기로 바뀝니다.

그런데 이 쓰레기에는 수분이 너무나도 많아서 단순히 버리려면 양이 너무 많습니다. 이대로라면 설사를 하게 되어서 우리 몸에 필요한 수분마저 뺏길 수 있죠. 그래서 마지막 단계인 1.5m 길이의 대장large intestine에서는 수분을 흡수하는 과정을 거칩니다. 규격봉투에 담기 적당한 예쁜 똥으로 변하죠. 대장은 의학용어로는 colon이라고 합니다. 대장에서 만든 똥을 항문까지 전달하는 부분을 직장rectum이라고 하고, 항문은 의학용어로 anus라고 합니다 anus는 그리스어로 반지ring란 뜻입니다. 자 이렇게 우리 소화기는 oris부터 anus까지의 여행을 마치게 됩니다. 우리가 섭취한 음식은 이 긴 통로를 지나면서 영양분은 혈액으로 흡수되고, 남은 것은 대변으로 배출됩니다. 이 원통 외에도 간·췌장·담낭 등의 장부가 소화의 과정을 도와줍니다.

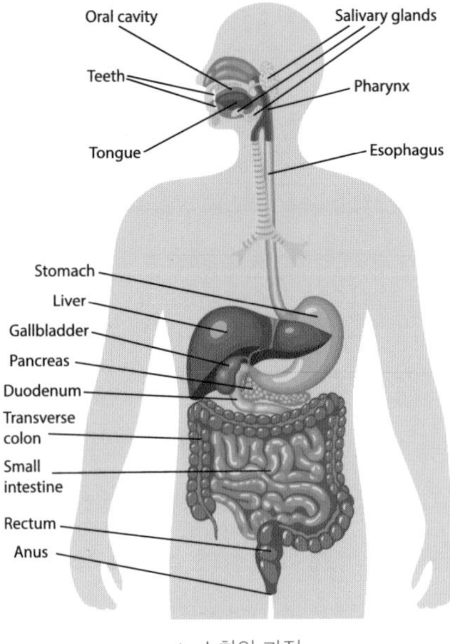

▲ 소화의 과정

소화를 한마디로 이렇게 이야기할 수 있습니다.

남의 살을 내 살로 만들거나, 내 에너지로 만드는 과정

소화된 영양소로 내 살을 만드는 것을 동화anabolism, 살을 영양소로 만드는 것을 이화catabolism라고 하며, 이 두 과정을 합하여 대사metabolism라고 합니다.

소화장애 펩시와 코크

소화가 안 된다라는 상황을 의학용어로 dys·pepsia라고 합니다. Dys는 제대로 작동하지 않는 상태를 말하는 접두사이고, pepsia는 소화를 뜻합니다. 펩신pepsin은 위에서 분비되는 소화 효소입니다. Pepsia와 pepsin은 모두 활력vigor과 에너지energy를 뜻하는 pep에서 유래했습니다.

Pep과 관련된 것들을 알아보자면, Pep talk는 활력·에너지를 북돋는 이야기를 뜻합니다. Dr.pepper™는 중의적인데, 후추인 페퍼를 뜻할 수도 있고, 기운을 북돋는 음료라는 뜻도 됩니다. 물론, 소화를 도와준다는 뜻도 되지요. 펩시콜라의 이름 역시 소화를 돕는다는 의미에서 왔습니다. 원래는 소화제로 개발되었거든요. 1898년 노스캐롤라이나에서 칼렙 브래드햄Caleb Bradham이 소화장애dyspepsia를 치료하는 음료로 콜라를 개발하여, 이름에 소화와 관련된 단어인 펩시를 붙였습니다. 활명수는 1897년에 민병호 씨가 기존 처방을 바탕으로 개발하여 판매했으니, 펩시콜라와 거의 비슷한 시기에 세상에 나왔습니다. 코카콜라는 그보다 10년 전쯤인 1886년 존 펨버튼John Pemberton이라는 사람이 애틀랜타에서 특허 약으로 개발해 판매했습니다. 남다르게도 소화뿐 아니라 만병통치약으로 선전되었는데, 그 효과 중엔 발기부전도 있었습니다.

Drugstore soda fountains were popular in the United States at the time due to the belief that carbonated water was good for the health, and Pemberton's new drink was marketed and sold as a patent medicine, Pemberton claiming it a cure for many diseases, including morphine addiction, indigestion, nerve disorders, headaches, and impotence.[8]

동네 약국의 소다 판매기는 미국에서 매우 인기가 높았습니다. 특히 탄산수는 건강에 좋은 것으로 알려졌습니다. 펨버튼은 새로운 탄산 드링크제를 개발하여 특허받은 약품으로 판매하였으며, 자신의 탄산 드링크가 마약중독, 소화불량, 신경증상, 두통, 발기부전에 효과가 있다고 주장하였습니다.

활명수와 콜라의 개발 시기와 효능은 비슷하지만, 배경은 다릅니다. 활명수는 전통 한약 처방인 평위산이라는 처방을 바탕으로 만들어진 약입니다. 반면 콜라는 19세기 말 금주령 시기에 탄산음료가 건강음료로 인기가 높았는데, 여기에 천연 약재를 추가하여 개발되었습니다. 실제 계피와 박하, 캡사이신 등은 콜라와 활명수 모두에 들어있는 것으로 추측됩니다–콜라의 성분이 정확히 밝혀져 있지 않음–. 이렇게 여러 가지 천연물을 복합해서 생약을 만든 것을 갈레니칼galenical이라고 부르는데, 생약복합체라는 뜻입니다. 고대 로마의 의사 갈렌Galenus의 이름에서 유래한 말입니다.

8 https://en.wikipedia.org/wiki/Coca-Cola

galenical

A medicine prepared by extracting one or more active constituents of a plant[9]

하나 혹은 여럿의 식물약재를 혼합하여 만든 천연 약물

저는 회사에 가면 똥을 못 쌉니다, 괄약근의 비밀

변기에 앉으면 똥이 먼저 나오나요? 오줌이 먼저 나오나요?

어렸을 때 보이스카웃 캠프에서 아버지께서 해주신 농담인데, 제 나이가 50이 넘어도 기억납니다. 정답은 **급한 것이 먼저 나온다!** 입니다. 그때 당시 8살이었던 저는 인정할 수 없었습니다. 8년 인생 수많은 배변 활동의 경험을 기반으로, 분명히 작은 것이 먼저 나온다고 확신했거든요. 몇 년 지나고 나서야 정말 급한 것이 먼저 나온다는 사실을 경험을 통해 알 수 있었습니다.

우리가 마음대로 조절한다고 생각하는데, 참 오묘한 것이 대소변입니다. 소변을 마음대로 볼 수 있나요? 당연하다고요? 너무나 소변이 마려운 상황이지만, 주위에 누군가가 나를 보고 있어서 소변이 잘 나오지 않은 경험이 있나요? 혹은 꾹꾹 참아야 할 때인데, 지려버린 적은 없나요? 어렸을 때라도 말이죠.

기본적으로 '소변이 나가고, 안 나가고', '대변이 나가고, 안 나가고'를 결정하는 것은 근육입니다. 무엇이 들어오고 나가는 곳에는 그 관

9 merriam-webster.com

tube, duct을 막거나 열어주는 근육들이 있습니다. 동그랗게 생긴 근육이 관을 조여서 막는 일을 하기 때문에 **죄다**bind tight라는 뜻의 그리스어인 sphincter란 이름이 붙었습니다. 우리말로는 조임근, 혹은 괄약근이라고 합니다. 이 괄약근sphincter이 수축하면 관을 조여서 구멍을 막게 되고, 이완하면 구멍이 열리게 됩니다. 자! 그렇다면 앞에서의 의문, '소변 혹은 대변을 우리 마음대로 조절할 수 있는 것이냐, 아니냐?'는 괄약근의 역할에 달렸습니다. 괄약근의 특성을 이해하면 알 수 있습니다.

수의근voluntary muscle과 불수의근involuntary muscles

내 마음대로 조절할 수 있는 근육을 수의근voluntary muscle이라 부릅니다. 중추신경계를 통해서 내 의지대로 수축과 이완하는 근육들이에요. 수의근은 주로 골격근에 속하며 팔·다리·몸통·목·얼굴 등 전신에 존재합니다.

반면에 심장이나 위장의 근육처럼 내 의지와 상관없이 자기들 마음대로 움직이는 근육도 있습니다. 이런 근육은 불수의근involuntary muscles이라고 하며, 인체의 생명 유지를 위한 기본적인 역할을 하는 중요한 근육들이 속합니다. 심장이 우리 마음대로 멈춘다면 큰일이겠지요? 식사할 때마다 우리가 위장 근육을 스쿼트하듯이 움직여주어야 한다면 여간 귀찮은 일이 아닐 겁니다.

우리가 일상생활을 하기 위해서는 두 가지 근육, 수의근과 불수의근이 모두 필요해요. 수의근을 사용해서 걷고, 달리고, 컴퓨터를 사용합니다. 또 불수의근을 사용해서 혈액을 손발로 보내고, 음식을 소화하고, 대변을 만듭니다.

- **수의근**voluntary muscle: 의식으로 조절 가능한 근육. 예를 들어 다리·팔·얼굴 근육 등
- **불수의근**involuntary muscles: 의식과 무관하게 조절하지 않아도 움직이는 근육. 예를 들어 심장근·소화기관에 분포하는 근육 등

괄약근은 어떤 근육인가?

앞에서의 의문을 해결하려면 소변을 조절하는 근육이 수의근이냐 불수의근이냐를 알면 되겠지요? 소변길을 여닫는 괄약근이 수의근이라면 우리 뜻대로 소변을 참거나 배출할 수 있을 것이고, 불수의근이라면 일정량의 소변이 차기 전에는 아무리 소변을 보고 싶어도 나오지 않을 겁니다.

그런데, 소변은 그렇게 단순하지 않습니다. 긴장을 하면 자꾸 소변이 마려워서 찔끔찔끔 화장실을 들락거린 기억이 있나요? 한편 소변 검사를 하려고 컵에 받아내려고 할 때는 그렇게도 잘 안 나왔습니다. 우리 모두 어렸을 때는 의지와 상관없이 시원하게 기저귀에 싸곤 했을텐데, 어렸을 때는 불수의근이었던 괄약근이 자라면서 수의근이 되는 걸까요? 비밀은 여기에 있습니다.

소변을 조절하는 괄약근sphincter은 한 개가 아니라 두 개입니다.

대변과 소변을 볼 때는 서로 다른 두 개의 괄약근이 함께 조절합니다. 하나는 '내 마음대로', 다른 하나는 '제 마음대로' 움직이죠. 그러니 100% 내 마음 같지도 않고, 100% 멋대로 결정되지도 않습니다.

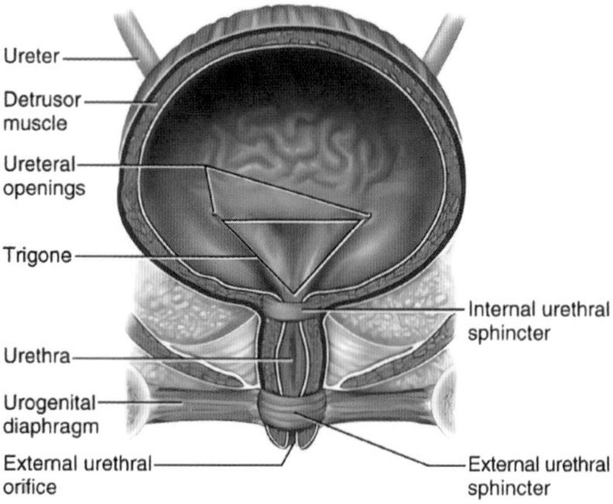

▲ 괄약근

소변은 요도urethra라는 가느다란 관을 통해 나오며, 요도는 반지를 낀 것처럼 괄약근sphincter이 둘러싸고 있습니다. 위 그림을 보면, 방광 바로 아래에 반지를 낀 것처럼 조이는 근육이 보이고, 그 밑에 또 그런 근육이 보입니다. 안쪽위쪽에 있는 것이 내요도괄약근internal urethral sphincter이고, 불수의근입니다. 그 아래의 근육이 외요도괄약근external urethral sphincter이며 수의근이죠. 소변을 참을 때는 이 외요도괄약근을 죄고, 소변을 볼 때는 푸는 겁니다. 내요도괄약근은 내 맘대로 조이고 풀 수 없으며, 방광에 찬 소변량 등의 생체 신호에 따라 움직입니다. 소변을 싸느냐, 참느냐는 이 두 근육의 조화로운 팀워크에 의해 결정됩니다.

- Internal urethral sphincter – Involuntary muscle
- External urethral sphincter – Voluntary muscle

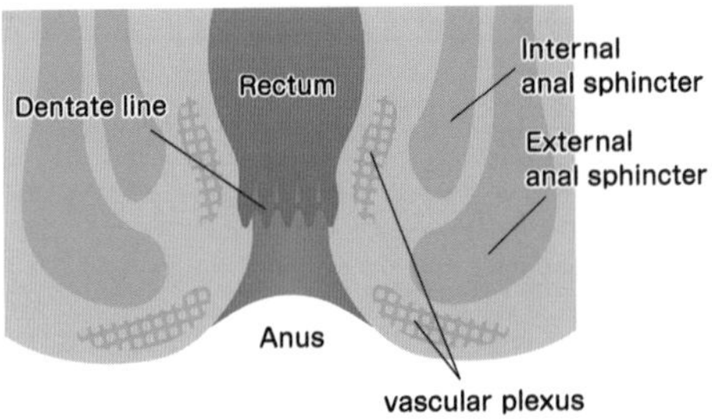

▲ 직장과 항문

대변도 소변과 매우 유사합니다. 위 그림은 직장에서 항문을 보여줍니다. 항문은 의학용어로 anus라고 합니다. 대변의 출입出入을 조절하는, 아니 대부분 입入은 없죠. 출出을 조절하는 근육을 anal sphincter라고 합니다. 이 근육도, 소변길 요도urethra에 있는 근육과 마찬가지로 두 개가 있습니다. 안쪽과 바깥쪽에 하나씩 있어요. 바깥쪽에 있는 외항문괄약근external anal sphincter은 내 마음대로 voluntary muscle이고, 안쪽에 있는 내항문괄약근internal anal sphincter은 어쩔 수 없는 involuntary muscle입니다. 어쩔 수 없이 싸고 마는 때도 있고, 싸고 싶어도 못 싸는 경우가 있습니다.

저는 회사에 가면 똥을 못 쌉니다

요즘 들어 집 밖에서는 대변을 보지 못한다는 사람이 많은데요. 회사생활을 하다 보니 집 밖에선 억지로 대변을 참고, 집에 와서 혹은 출근 전에 억지로 배변하려 합니다. 이런 상황이 반복되면 만성 변비가 생길 수 있습니다. 괄약근들이 똥이 있을 때와 없을 때를 가려서 조화롭게 팀워크를 발휘해 움직여야 하는데, 이 기능에 실조dysfunction가 생겨서 힘을 줘도 나오지 않고, 반대로 속에 똥이 없어도 이상적인 마려움을 느끼는 증상이 나타납니다. 배변 시 이완되어야 할 근육들이 역설적으로 수축되면서 출구가 폐색되고 변비로 발전합니다. 이런 변비를 출구폐쇄형outlet obstruction 변비라고 합니다. 변이 충분히 배출되지 않는 증상이 가장 특징적입니다. 대변을 다 보고 나서도, 남아 있는 느낌이 계속 들거나, 실제로 변이 묻어나기도 합니다.

괄약근장애가 생기는 과정

대변은 음식의 종류에 따라 급하게 나가기도 하고, 꽤 오래 머물기도 합니다. 만들어진 대변이 대장의 연동 운동에 의해 밀리고 밀리면 직장rectum에 도달합니다. 이때 우리는 마려움변의을 느끼죠.

"다 왔으니 어서 문 열어!"

이렇게 신호를 받은 내 마음대로 못하는 내항문괄약근internal sphincter은 이완똥 쌀 준비을 시작합니다. 하지만 현대 사회에서는 변의를 느낄 때마다 배변하긴 힘듭니다. 입사 첫날, 화장실이 내부에 있는 사무실. 벌써 똥싸개라는 인상을 주고 싶지는 않아요. 절대, 절대로 그러고 싶지 않습니다. 결국 힘을 주어 외항문괄약근external sphincter을 조이고 우리 몸의 신호를 무시합니다. 이때 불수의근internal sphincter은 당황합니다. '어?? 계속 열어야 하나? 내보낼 마음이 없는 것 같은데?' 그렇게 집에 돌아옵니다. 이제 꽉 찬 대변을 내보려고 하니, 웬걸 뜻대로 잘 나오지 않습니다. 화장실에 가서 스마트폰을 보며, 20분째 앉아 있습니다. 우리 괄약근들은 삐질이입니다.

"아까 억지로 못 나가는 상황이었으니, 지금도 열심히 닫고 있어야겠다!"

조금만 긴장해도 이런 일이 벌어지니 참 힘듭니다. 오히려 대변을 보려는 생각이 더욱더 걱정과 긴장을 만들고, 괄약근은 더욱더 항문을 조이게 되는 병이 anal sphincter dysfunction입니다. 세상 모든 일이 괄약근sphincter처럼 내 마음대로 안 되는 것 같습니다. 되는 것 같으면서도 안 되고, 안 되는 것 같으면서도 되고…. 아무튼, sphincter들과 편하게 규칙적인 관계를 갖는 것이 중요합니다. 너무 참거나 학대하지 말아야 해요.

제대로 카타르시스를 느껴보다

시원한 대변은 인간의 행복 중 하나입니다. 과장이 아니고, 카타르시스catharsis란 말은 인간의 행복·쾌락과 함께 배변이라는 의미로도 사용됩니다. 본래 **정화하다, 깨끗이 하다**라는 그리스어 katharsis에서 유래한 말입니다. 몸과 마음을 깨끗하게 하는 방법 중 하나가 배변이었기 때문에, 나중에 배변도 의미하게 되었습니다. Cathartics라고 하면 배변을 잘 나오게 하는 약을 의미합니다. 매일 행복을 느낄 수 있는 방법을 알아볼까요?

일단 참지 않기

가장 먼저 참지 않는 환경을 만들어야 합니다. 괄약근도 근육이에요. 마치 어깨 근육이 뭉치듯, 계속되는 항문의 긴장은 잘 풀어지지 않아요. 심지어는 어깨 근육이 뭉쳐서 통증을 유발하듯, 경련하며 극심한 통증을 유발할지도 모릅니다–실제 있는 병입니다–. 참는 분들은 특히 설사와 변비를 반복하는 경우가 많은데, 편안하게 집에서 지내면 변비 증상이 호전되기도 합니다.

조금 일찍 일어나서, 충분하고 편안한 배변 시간 만들기

아침에 조금 더 일찍 일어나서 위장을 채워야 해요. 지금 먹은 것이 대변으로 나가는 것은 아니지만, 식사 활동은 배변 반사를 자극할 수 있습니다. 일어나자마자 가벼운 운동·식사 등을 통해 늘 일정하게 배변 신호를 만들어야 해요. 바로 이때 오는 신호에 따라 우리 안쪽에 있는 괄약근, '제 마음대로 괄약근'이 잘 이완하도록 훈련시켜 주어야 합니다. 이때 급하게 먹고, 급하게 출근해야 해서 배변 신호를 무시한다면, 또 악순환이 생기겠지요. 아침이 여유롭지 않으면, 우리 장도 활동할 시기를 놓쳐버리게 됩니다.

물과 섬유질 많이 섭취하기

괄약근에 문제가 있다면 물과 섬유질은 좋을 수도 나쁠 수도 있어요. 다만 대변의 양이 적고 평소에도 변의가 잘 느껴지지 않는다면, 물과 섬유질 섭취는 중요해요. 장내 좋은 세균을 만들어 줄 수 있는 유산균 섭취도 도움이 됩니다.

직장을 좀 더 직장답게

대장에서 만든 똥을 항문까지 전달하는 직장. 왜 직장이냐? 대장과 소장은 영양소와 물을 흡수하느라 구불구불했지만, 직장은 대변이 나가기 좋도록 쭉 뻗어 있거든요. 직장rectum의 rect는 **직각 혹은 똑바른 모양**을 의미합니다. Rectify는 **똑바르게 하다**라는 뜻이고, rectangle은 **직각 사각형**을 의미하지요. 그런데, 현대 좌식 변기에 똑바로 앉으면 직장, 특히 직장과 대장 이행부가 휩니다. 아무래도 잘 나가기 힘들겠죠? 쭈그리고 앉는 자세는 대장 끝부분과 직장을 쭉 펴줍니다. 자연 그대로의 배변 자세지요. 그렇다고 변기 위에 쭈그려 앉긴 힘들지요. 대신 발 받침대를 놓아 상체를 앞으로 구부려 주면 직장이 좀 더 직장답게 똑바로 서게 됩니다. 배변 시 힘을 과도하게 주어야 하는 분들이라면, 잔변감이 있는 분들이라면 발 받침을 써보세요. 대변이 쭉~ 쉽게 빠져나갈 수 있습니다.

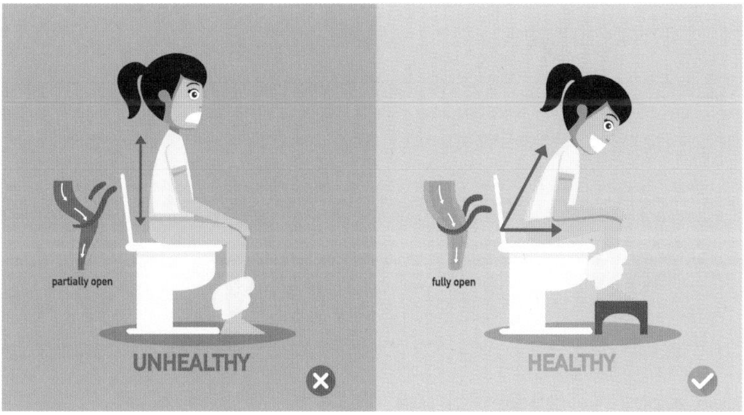

▲ 배변 자세

긴장을 풀고 매일 아침의 몸과 마음을 깨끗하고 편안하게. 카타르시스를 만끽하시기 바랍니다.

기능성 위장장애와 건강염려증

꾀병 같은 소화기 질환들

속이 쓰리고 아파서 내과에 가면, **위식도 역류**라는 병을 진단받는 경우가 많습니다. 의학용어로 GERD라고 합니다. G는 gastro[위], E는 esophageal[식도의], R은 reflux[역류,거꾸로 올라가는], D는 disease[질병]를 뜻합니다. 검사상 특별한 문제가 없는데도 환자는 속이 불편함을 호소하는 경우가 많습니다. 신경성 위염이라는 매우 모호한 병입니다. 분명히 아픈데, 신경성이라니… 꾀병이라는 말 같아서 환자는 기분이 좋지가 않습니다. 신경성 위염은 사실 의학용어는 아닙니다. 의학적으로는 **기능성 위장장애**[functional gastrointestinal disease] 혹은 **기능성 소화장애**[functional dyspepsia]라고 불립니다. 의학용어에서 functional이 붙으면 특정한[specific] 원인이 밝혀지지 않았지만, 문제가 있다는 의미입니다. 뭐, 어떻게 부르든 별문제 없지만 증상이 있다는 의미는 변함없습니다.

소화도 잘 안 되고, 여기저기 몸도 아픈 것 같은데, 병원에선 별 이상이 없다고 하면 더욱더 걱정됩니다. 날이 갈수록 증상이 더 심해지는 것 같은 느낌적 느낌이 듭니다. 이렇게 여기저기 아픈 것이 걱정되는 상황을 **건강 염려증**[hypochondriasis]이라고 합니다.

복부 통증이 건강염려증이 된 사연

명치 양쪽 옆부분을 늑골하부[hypochondrium]라고 합니다. Hypo는 **아래에**라는 뜻이고 chondrium은 **연골**이란 뜻이에요. 연골 밑이란 말인데, 어느 연골이냐 하면 늑골 밑을 이야기해요. 간장·비장·담낭 등 중요한 장기들이 갈비뼈 바로 아래에 있습니다. 이 늑골하부에 병증을 나타내는 접미사 ~sis를 붙여서 건강염려증hypochondriasis이 되었습니다. 명치 부위와 갈비뼈 아래 부위는 쉽게 다치기도 해서 늘 걱정되는 부위예요. 그래서 늑골하부hypochondrium의 불편감이 건강염려증hypochondriasis이란 단어가 되었습니다. 실제 건강염려증은 소화기에만 국한되는 것은 아니고, 어떤 병이건 증상이건 과민하게 의심하고 고통스러워하는 상황을 말합니다. 건강염려증 환자는 hypochondriac이라고 해요. 그렇다고 갈비뼈 아래가 아픈 걸 무조건 꾀병이라고, 건강염려증이라고 판단하면 안 됩니다.

- **Gastroesophageal reflux disease**: 위식도역류
- **Functional gastrointestinal disease**: 기능성 위장장애
- **Hypochondrium**: 늑골하부
- **Hypochondriasis**: 건강염려증
- **Hypochondriac**: 건강염려증 환자

심혈관계

2021년 조사에 의하면 암을 제외한 만성질환 중 사망률이 가장 높은 게 심장질환입니다. 응급차량으로 이동하는 중 절반가량이 사망에 이른다는 심근경색도, 갑작스레 한쪽 팔다리를 사용할 수 없는 중풍도, 고혈압도, 고지혈증도 모두 심혈관계 질환입니다. 갑작스럽게 찾아오지만 흔하고도 무서운 질환. 심혈관계 관련된 용어들을 살펴보겠습니다.

뒷간에서 맞은 중풍

> 할아버지는 어느 날 뒷간에서 넘어진 채 고래고래 소리를 질러 사람을 불렀다. … 누군가 지나가던 사람이 연통을 해서 온 식구가 황황히 달려나가 할아버지를 간신히 사랑채에다 뉘었다. 동풍이라고 했고, 동풍은 못 낫는 병이라고 했다. 특히 뒷간에서 걸린 동풍에는 약이 없다는 걸 아무도 의심하지 않는 듯했다.[10]

10 박완서. 《그 많던 싱아는 누가 다 먹었을까》. 세계사. 2012.

'중풍을 맞다', 왜 유독 중풍만 맞다라는 동사를 사용할까요? 감기는 걸렸다고 하고, 암은 생겼다고 합니다. 코로나바이러스에 걸렸다고 하지, 코로나에 맞았다고 하지는 않습니다. 맞다라는 동사를 쓰는 병은 중풍밖에 없습니다. 그런데 엄밀히 말해서는 틀린 표현입니다. 한자어로 중풍이란 말 자체가 **풍**風에 **맞다**中라는 뜻입니다. 中에는 **가운데에 정확하게 맞다**라는 뜻도 있거든요. 따라서 '풍에 맞다' 혹은 '중풍에 걸렸다'라는 식으로 표현해야 옳습니다. 무엇에 얻어맞은 것처럼 갑작스레 쓰러지는 상황 때문에 붙은 이름이라고 합니다.

박완서 님의 자전적 소설인 《그 많던 싱아는 누가 다 먹었을까》에는 중풍으로 인한 급작스러운 응급 상황을 생생하게 표현하고 있습니다. 글에 나오는 '동풍'이 중풍입니다. 둘 다 오래된 말이며 같은 의미로 사용합니다. 현대 의학의 관점으로 보면 뇌혈관사고CVA:Cerebro·Vascular Accident와 가장 유사합니다. 그래서 뇌혈관사고를 뇌졸중腦卒中이라고 번역합니다. 증상이라고 생각해서 뇌졸증이라고 쓰면 안 됩니다. 역시 가운데 중을 사용하는 뇌졸중임에 주의하세요.

고대 그리스의 히포크라테스도 이런 상황을 apoplexy라고 불렀는데, **맞아서 쓰러졌다**struck down by violence라는 뜻입니다–현대 의학에서는 사용하지 않는 용어입니다–. 동양과 서양 모두 중풍을 '맞아서 쓰러진다'라고 표현한 점이 흥미롭습니다.

화장실을 조심해야 하는 이유

어렸을 때 화장실에서 힘주면 중풍으로 쓰러진다는 이야기를 들었던 기억이 있습니다. 실제 배변 시 힘을 줄 때 뇌와 척수에 걸리는 압력이 증가합니다. 발살바 조작이라고 코를 막고 힘을 주는 동작이 있는데, 이

행동을 하면 뇌와 척수의 압력이 증가해서 신경 증상이 악화할 수 있습니다. 또한 혈압이 매우 높거나 동맥류가 있는 사람이 너무 무리하게 힘을 주어 배변하거나 지나치게 흥분하면 뇌출혈·지주막하출혈이 발생할 수도 있습니다.

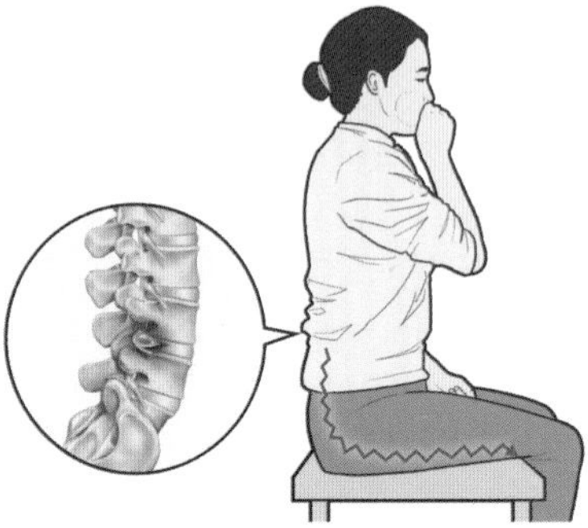

▲ 뇌와 척수의 압력을 높이는 발살바 조작

화장실에 갈 때도 문제입니다. 화장실이 밖에 있거나, 온도 차이가 심한 경우 혈관이 수축하면서 허혈성뇌질환이나 심근경색을 유발할 수 있습니다. 일본은 화장실이 침실보다 극심하게 추운 경우가 많아서 화장실 가다가 혈관질환이 발생해 사망하는 노인이 많다고 합니다. 2016년 일본 인구통계에 따르면, 뇌혈관질환 사망자가 가장 많았던 달은 12월과 1월이었습니다. 다소 상반된 연구결과도 있지만, 여러 국가에서 이루어진 연구결과를 종합해보면 대부분 겨울이나 봄철의 낮은 기온에서 허혈성뇌졸중의 빈도가 높았던 것으로 조사됩니다. 화장실이 아니더라도, 노년이 되면 새벽 운동, 특히 환절기 새벽 운동의 극심한 온도 변화를 조심해야 합니다.

화장실에서는 힘을 주다가 뇌출혈이 발생하고, 추운 겨울 화장실에 가다가는 혈관이 막히네요. 뇌혈관이 터지는 것은 뇌출혈cerebral hemorrhage, 뇌혈관이 막히는 것은 뇌경색cerebral infarction이라고 합니다.

- **CVA, CerebroVascular Accident**: 뇌졸중
- **Valsalva maneuver**: 발살바 조작
- **Cerebral hemorrhage**: 뇌출혈
- **Cerebral infarction**: 뇌경색

관상동맥 질환

얼떨결에 살인을 저지른 주인공은 시체를 마룻바닥 아래 숨깁니다. 마침 찾아온 경찰관들 앞에서 아무렇지 않은 척하고 있는데, 점차 시계 소리와 같은 심장 소리가 들려옵니다. 경찰이 집안을 수색하는 동안 점점 커지는 심장박동 소리는…

> 그럼에도 난 더 유창하고 과장된 목소리로 이야기를 계속 이어갔지. 하지만 그 소리는 더 커지더군. 어째야 했을까? 낮고, 희미하면서도 빠른 소리였어. 헝겊으로 감싼 시계가 내는 소리 같았지. 나는 숨을 꾹 참았어. 하지만 경찰관들은 그 소리를 듣지 못하고 있더라고. 나는 더 빠르고 격렬하게 말을 이어갔어. 하지만 그 소리는 멈추지 않고 더 커지는 거야.

제가 가장 좋아하는 작가, 에드거 앨런 포Edgar Allan Poe의 단편, 그중에서도 죄어오는 불안과 공포가 잘 표현된 《고자질하는 심장Tell Tale Heart》 중 일부입니다. 이 소설을 읽고 있으면, 귀에서 심장박동이 환청처럼 들려오는 듯합니다. 우리 심장은 박동의 이상을 통해 심장의 문제를 소설처럼 고자질하곤 합니다.

두근두근한 심장

전화벨만 울려도 깜짝깜짝 놀라고, 아무 일도 없는데 가슴이 벌렁벌렁, 두근두근하시나요? 심장의 문제로 나타날 수 있는 증상입니다. 병적인 두근거림을 의학용어로는 심계항진[palpitation]이라고 합니다. 심계항진을 일으키는 주요 질환으로는 부정맥[arrhythmia]이 있습니다.

- **Palpitation**: 심계항진, 두근두근한 증상
- **Arrhythmia**: 부정맥

A + rrhythm + ia로 이루어진 말이에요. 전치사 a~는 기억하시듯이 부정, no의 의미입니다. Rhythm이 없으니까 심장 뛰는 박동이 불규칙하다는 말이 됩니다. 일정한 리듬으로 뛰어야 하는 심장의 리듬이 깨지는 병이 arrhythmia입니다. 리듬은 빨라졌다[tachy·cardia], 느려졌다[brady·cardia]할 수도 있고, 건너뛸[skipped beat] 수도, 한 번 더 뛸[extra beat] 수도 있습니다. Cardia는 심장을 뜻하는 말이고, tachy~는 **빠르다**, brady~는 **느리다**는 뜻의 그리스어입니다. 속도를 나타내는 접두사로 기억해두시기 바랍니다. 속기[shorthand]도 다른 말로 tachygraphy라고 합니다. **빠르게[tachy] 기록[graph]한다**는 뜻입니다.

- **Arrhythmia**: irregular heart beat
- **Tachycardia**: tachy[빠른] + cardia[심장]
- **Tachygraphy**: tachy[빠른] + graphy[기록] = shorthand
- **Bradycardia**: brady[느린] + cardia[심장]

성격, 마음과 심장

심장은 늘 마음과 연결된 장기로 생각되었습니다. 그래서 옛날 의사들은 심장 수술도 꺼렸어요. 심장에 마음이 깃든다는 말은 낭설일까요? 많은 연구결과를 보면 꼭 그렇지만도 않습니다. 통계적으로 이런 두근거림이 심장의 문제로 일어나는 경우가 43%로 절반이 안 됩니다. 그밖에 정신적인 문제가 31%, 나머지는 약물이나 기타 원인으로 두근거림이 나타납니다.[11] 결국 정신적인 스트레스나 불안으로도 흔하게 두근거림이 나타난다는 이야기죠.

1950년대 프리드만Friedman과 로젠만Rosenman은 심장질환으로 갑자기 위험에 빠지는 환자들의 성격을 분석하여 A형 성격이라고 하였습니다. 이들은 화를 잘 내고, 스트레스를 잘 관리하지 못하는 특징이 있습니다. 아직 확실하게 연관성이 증명되지는 않았지만, 깊은 관련이 있을 수도 있습니다.[12]

또 다른 연구로 월요일은 다른 요일에 비해 심장마비로 숨질 가능성이 훨씬 크다는 연구결과도 있습니다. 스코틀랜드에서 50세 이하의 심장질환 관련 사망자를 분류·조사한 결과 월요일이 다른 요일에 비해 평균 20% 정도 사망위험이 큰 것으로 나타났다고 합니다.[13] 왜 하필 월요일일까요? 저도 월요일만 생각하면 끔찍해지고, 가슴이 두근거리기 시작합니다. 이렇듯 스트레스는 마음을, 심장을 병들게 합니다. 현대 사회를 살아가면서 보기 싫은 사람도 억울한 일도 모두 피할 수는 없습니다. 나이를 먹어가면서 둥글둥글해진다는 건 이렇게 내 심장을 해치는 일에

11 Paaladinesh Thavendiranathan, 〈Does this patient with palpitations have a cardiac arrhythmia?〉, The Journal of the American Medical Association, 2009.

12 신진호, 〈A형 성격과 관상동맥질환〉, Hanyang Medical Reviews, 2014.

13 "Mondays 'bring heart attacks'", BBC, 2000.1.20

도 무던히 넘어갈 수 있는 능력을 습득하는 과정입니다. 마음공부는 심장공부입니다. 아직 자신의 마음을 다스리지 못한다면 완전히 피하는 것이 내 건강과 가족을 위해 더 나은 길일지도 모르겠습니다. 저도 훌쩍 떠나서 살고 싶습니다.

고혈압, 텐션을 올려보자

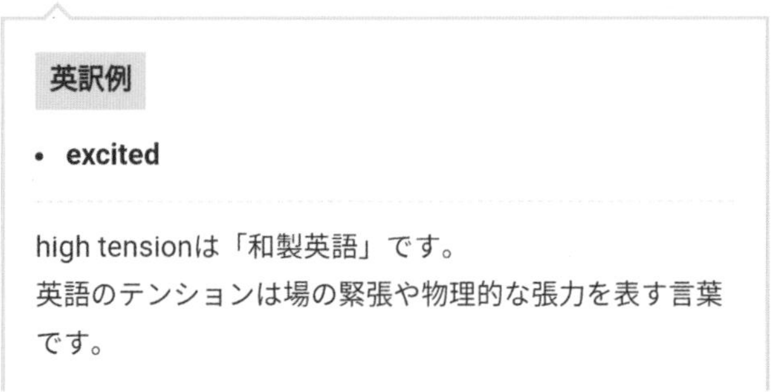
英訳例

- **excited**

high tensionは「和製英語」です。
英語のテンションは場の緊張や物理的な張力を表す言葉です。

▲ 고혈압, 하이텐션

얼마 전에 친구 딸이 놀러 왔었습니다. 놀다가 분위기가 가라앉으니까 텐션을 올리라고 하더라고요? '엥? 긴장하자고? 웃고 놀다가?' 의아해서 물어봤더니 긴장 풀고 웃고 즐기자는 이야기래요. 어째 정반대인데 말입니다. 알고 보니 하이텐션은 일본식 영어, 즉 화제和製 영어라고 합니다. 긴장텐션하면 분위기가 싸해지는 거니, 웃고 즐기려면 텐션을 내려야 할텐데… 요즘 말들은 참 어렵습니다. 잘 배워야겠어요, 의학용어처럼 젊은이 용어도 말이죠. 소통을 위한 언어이지, 언어를 위한 소통은 아니니까요.

혈관은 텐션을 내려야 해요. 이게 올라가면 뇌와 심장에 문제를 만들 수 있어요. 혈관에 텐션이 올라가는 상황을 고혈압hypertension이라고 하는데, 그러면 심장질환이나 중풍에 취약해집니다. **정상보다 높게**라는 hyper와 **긴장**을 뜻하는 tension이 결합된 말입니다. Hyper, ultra… 여러 곳에서 자주 사용하는 용어죠. 모두 정상 이상이란 이야기입니다. 그럼 정상 이하는 무엇일까요? hypo. 그래서 저혈압은 hypotension이 되겠지요.

고혈당은 Hyperglycemia라고 합니다. 자연히 저혈당은 hypoglycemia입니다. Glyce는 **포도당**을 뜻하고, ~emia는 혈액의 문제를 뜻합니다. 질병 이름이 ~emia로 끝나면 모두 피에 관한 병이라고 생각하면 됩니다. 대표적으로 빈혈을 뜻하는 an·emia가 있습니다. A(n)은 **부정, 없다**라는 뜻이어서 피가 없는 병이 됩니다.

당지수glycemic index라는 말을 들어보셨을 것입니다. 섭취한 음식이 우리 몸의 혈당을 얼마나 빨리 올리는가에 관한 수치입니다. 이전엔 혈당을 얼마나 올리는 가에만 관심이 많았는데, 이제는 속도도 중요해서 당뇨나 비만 위험도가 있는 분들은 알아두어야 하는 개념입니다. 예를 들어, 탄산수나 수박은 당지수가 높아서 같은 열량의 고구마나 감자보다 혈당조절에 좋지 않습니다.

- **Hyper·tension**: 고혈압
- **Hypo·tension**: 저혈압
- **Hyper·glyce·mia**: 고혈당
- **Hypo·glyce·mia**: 저혈당
- **Glycemic index**: 혈당지수
- **An·emia**: 빈혈

이코노미증후군

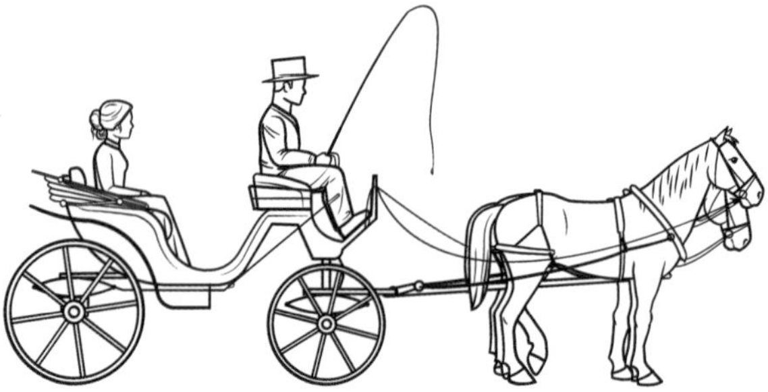

▲ 사륜마차

심부정맥혈전증DVT:deep vein thrombosis

오랜 기간 침대에 누워 있는 등 정맥의 혈액 순환이 원활하지 않아 심부 깊은 부위의 정맥에 혈전thrombus이 생기는 병적상황을 심부정맥혈전증이라고 합니다. 피가 엉겨 붙어 딱지가 된 것을 혈전이라고 합니다. 주로 다리의 큰 정맥을 침범하는데, 피부가 붉게 변하기도 하고, 다리가 붓고 심한 통증을 호소합니다. 비행기 이코노미석에서 오랫동안 앉아 있다가 발생할 수 있어서, 이 경우를 이코노미증후군Economy class syndrome이라고 합니다. 여행하다 보면 이코노미 클래스를 coach cabin, 이코노미 손님을 coach passenger라고 하는 경우를 볼 수 있어요. 이 coach는 옛날에 사륜마차wagon를 뜻하는 말이었습니다. 명품 브랜드인 COACH 역시 사륜마차에서 유래한 것입니다. 로고에서 마차를 보실 수 있습니다. 이렇게 좁은 공간에 앉아 있으면 혈류가 원활히 순환하지 못하며, 특히나 중력의 영향으로 다리에 저류하다가 혈액순환이 가장 안 되는 하지의 정맥에 혈전이 생기게 됩니다. 이렇게 생긴 혈전thrombus이 떨어져 나와 혈관 속을 돌아다니다가 폐동맥lung artery을 막게 되면 폐색전증pulmonary embolismo이 돼요. 폐색전증이 되면 숨을 잘 쉬지 못하고, 가슴 통증 등이 나타납니다. 뇌혈관을 막거나, 심장으로 가는 혈관을 막으면 뇌졸중이나 심장질환이 생길 수도 있습니다. 색전의 크기와 부위에 따라 심한 경우는 사망에 이를 가능성도 있습니다. DVT증후군의 가장 위험한 경과입니다.

정맥류varicose veins

비슷한 관련 질환으로 정맥류varicose veins가 있습니다. Varicose는 라틴어로 **확장된**dilated이란 뜻인데요, **정맥 혈관**vein이 **부풀어 올라서**varicose 흉측하게 꼬이고 피부 밑에서 푸른색으로 도드라져 보이는 상황을 말합니다.

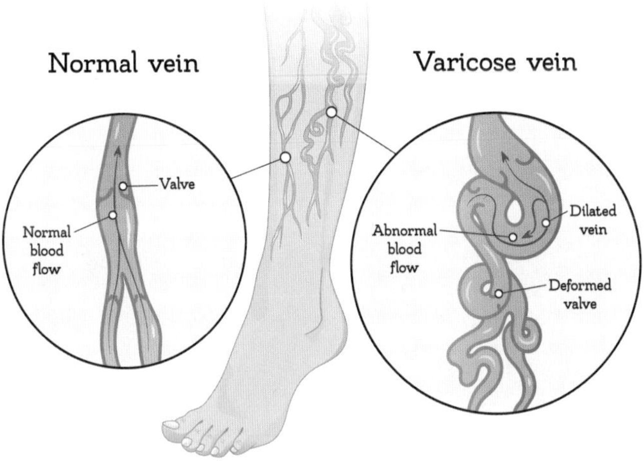

▲ 정맥류

- **Vein**: 정맥, 심장으로 돌아가는 정맥혈이 다니는 혈관
- **Artery**: 동맥, 심장에서 나온 동맥혈이 다니는 혈관

Artery, arterio는 동맥-arteriole은 작은 동맥-이고, vein, venous는 정맥입니다. Venous에 i가 없으니 주의하세요. Veinous라고 해도 같은 뜻인데, 보통 i 없이 사용합니다. 그리고 **전체 혈관**[blood vessel]은 angio~라고 합니다. 그래서 angio·gram이라고 하면 혈관을 특별히 잘 보이게 기록하는 촬영을 뜻합니다. Angio·tensin은 혈관[angio]을 tension, 즉 긴장시키는 효소입니다.

정맥이 아닌, 동맥 혈관이 막히게 되면 더욱 심각할 수 있습니다. 동맥은 조직에 산소와 영양분을 공급하는 역할을 하죠. 어떤 이유로든 동맥이 막혀버리면, 그 동맥으로부터 산소와 영양분을 받던 조직은 죽게 됩니다. 예를 들어, 동상에 걸리면 살이 썩는 이유가 바로 혈관이 혈액을 공급하지 못해서 일어나는 일입니다. 이렇게 조직이 죽는 것을 괴사[necrosis]라고 합니다. Necro는 **죽음**을 뜻합니다. Sis는 **상태**[state] 혹은 **과정**[process]을 의미하고요. 죽은 사람을 살리는 흑마술을 necromancy라고 하고, 그런 마술을 하는 사람을 necromancer라고 해요. Necro가 죽음을 뜻한다는 것만 기억하세요.

a-vascular necro-sis: no-blood dying-process

뼈에 피가 공급되지 않아서 괴사가 일어나는 경우를 **무혈성 괴사**[avascular necrosis]라고 합니다. 자주 발생하는 부위는 넓적다리뼈 윗부분입니다. 담배는 혈액순환을 방해하여 무혈성 괴사를 유발하거나 악화시킬 수 있습니다. 그밖에도 혈액순환의 문제로 어느 조직에건 일어날 수 있습니다. 여기서도 중요한 건 a예요. 단어가 시작할 때 a가 나오면 뒤에 따라 나오는 것이 아니다란 말입니다. Vascular[혈관]이 + a[부정되어] + necrosis[죽는다]란 거죠. No-blood dying입니다. 흔히 만성적 피부염 상태를 아토피라고 하는데, 아토피성 피부염[atopic dermatitis]이 바른 표현입니다. topos[일상적 주제,전형적 주제]에 a가 붙어 **비전형적인**이란 뜻의 atopos[비전형적인]이 되었고, atopos가 atopic으로 변형된 겁니다. 그러니 아토피란 말 자체가 피부와는 아무런 상관 없이, 일반적[typical]이지 않다[not]는 뜻입니다.

▲ 단어의 변화

아토피성 피부염은 하나의 상태가 아니라 여러 가지 피부 상태를 이르는, 특히 홍반·구진·태선화 등이 장기적으로 반복될 때 이르는 병명입니다. 뚜렷한 병명이 아니고 상태를 묘사한 말입니다. 이처럼 a가 앞에 붙어서 반대의 의미가 되는 단어는 매우 많습니다.

- **a-vascualr**: without blood supply[무혈성]
- **a-pathy**: no emotion[무감동,감정둔마막]
- **a-topic**: unusual[비전형적인]
- **a-nemia**: without enough blood[빈혈]
- **a-phagia**: can't eat[연하곤란증]
- **a-phonia**: no sound[발성불능증]
- **a-tony, a-tonia**: without tone[무긴장증]

혈관이 막혀서 생기는 병들

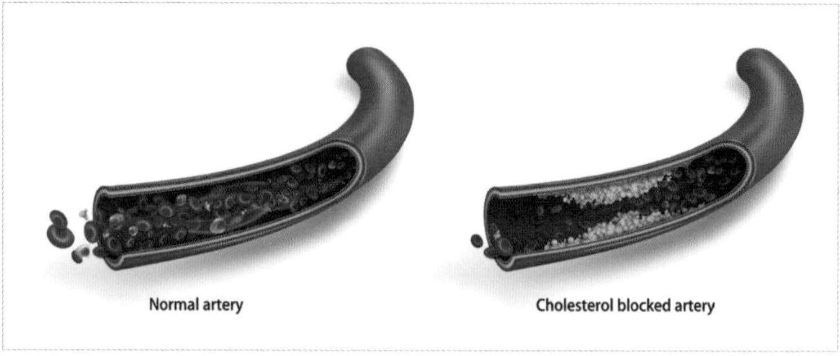

▲ 혈관

꽉 막힌 곰 인형, Infarction

혈관이 막히는 것을 표현하는 의학용어로 infarction이라는 단어가 있습니다. 뇌를 뜻하는 cerebral을 붙이면 뇌경색cerebral infarction이 됩니다. Infarction은 오래된 그리스어로, 혈관뿐 아니라 **모든 것이 막히는 상황**to stuff into~을 표현한 말이었습니다. 솜을 안에 넣은 인형을 stuffed toy라고 하는데, infarction도 이처럼 '곰 인형 속에 솜을 쑤셔 넣는' 그런 느낌입니다. 코가 막히는 것도 stuffy nose라고 하니, infarction은 stuff하게 막는 것, 우리말로 하면 옛날 한의사들이 쓰던 어혈이나 적, 담 같은 말과 비슷한 느낌입니다.

Myocardial infarction은 심근경색이라고 합니다. 우리말로 하면 **염통**심:cardial **살**근:myo **막힘**경색:infarction이 되겠죠. 한자가 더 어렵죠? 의학용어를 공부하면 심근경색보다 myocardial infarction이 더 쉽게 느껴질 겁니다.

- **Myocardial infarction**: 심장근육myocardium에 혈액을 공급하는 관상동맥coronary artery이 완전히 막혀서infarction 심장 근육이 죽어가는necrosis 질환

딱딱해져 버린, Sclerosis

혈관이 막히는 원인 중 하나가 동맥경화arteriosclerosis입니다. 이 단어는 arterioartery:동맥과 sclerosis단단해짐으로 이루어져 있습니다. 들러붙어 쌓이는 나쁜 물질인 플라크plaque가 동맥의 벽에 쌓여서 혈관벽이 단단해지는 질환입니다. 안티프라그라는 치약의 광고를 통해 플라크란 용어가 알려진 적이 있습니다. 이 치약은 치아에 붙은 플라크인 치태dental plaque를 제거하는 치약이라고 해서 안티프라그antiplaque입니다. 굳이 따져보면, 플라그plague라고 하면 안 되고 플라크plaque가 맞습니다. 플라그라고 하면 역병을 뜻하는 플레이그plague가 됩니다. q와 g 스펠링 하나 차이로 영 다른 뜻이 되는 겁니다.

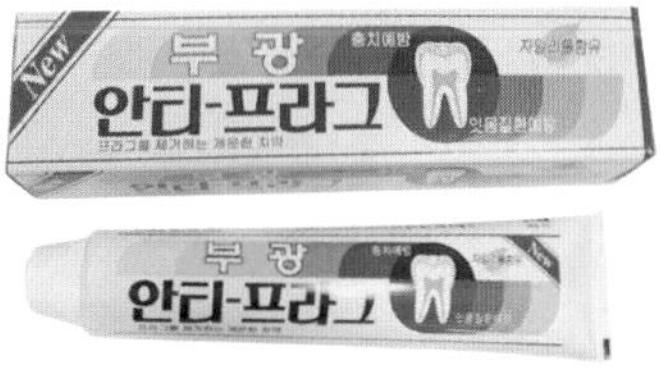

▲ 치약제품, 안티프라그

동맥경화arteriosclerosis와 비슷한 단어로 죽상동맥경화atherosclerosis가 있습니다. 여기서 '죽'은 먹는 죽을 뜻하니, 죽상은 죽의 모양·끈적끈적한 성상을 표현한 말입니다. 그래서 이 단어는 동맥이 서서히 끈적끈적한 이물질로 인해 좁아지는 상황을 이릅니다. 비슷한 상황에 사용되는 용어이지만, 동맥경화는 노화로 인해 혈관 자체가 딱딱해지는 상황을 말하고, 죽상동맥경화는 혈관벽에 지방 등의 찌꺼기가 쌓인 상태에서 혈

전까지 곧잘 생기는 상황입니다. 혈전은 상처가 아물면서 생기는 딱지 같은 것이죠. 앞의 혈관 그림처럼 혈관벽에 지방 등으로 만들어진 플라크가 형성되었다가 혈관 내부에서 혈전이 생겨 엉겨 붙게 됩니다. 수도 파이프가 머리카락과 기름으로 막히는 과정과 유사합니다. 혈전이 생긴 상태를 혈전증[thrombosis]이라고 합니다.

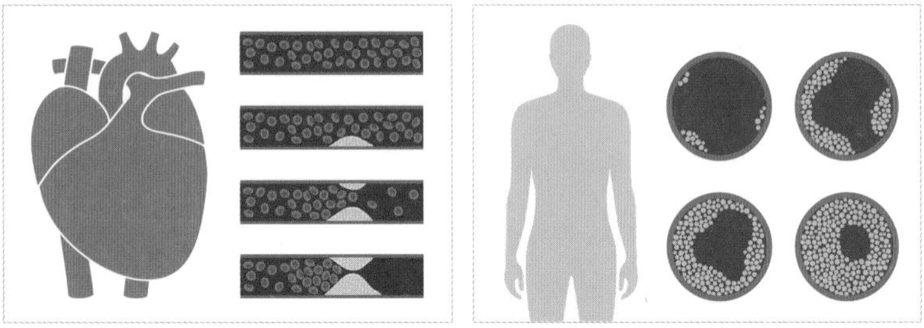

▲ 혈관이 막히는 과정

또 다른 딱딱해지는 병들

Sclerosis가 들어가는 병명으로 다발성경화증[MS:Multiple Sclerosis]이 있습니다. 자가면역[auto-immune]에 의해 신경세포가 손상되는 질환입니다. 손상된 신경에 따라 다양한 증상이 나타납니다. 팔다리에 힘이 없다가, 점점 마비되기도 하고, 눈이 안 보이기도 하며, 대소변을 가리지 못하게 되기도 합니다. 특히 온몸의 근육이 운동능력을 상실하고 굳어가는 듯합니다. 그래서 여기저기 문제가 생긴다는 의미로 multiple, 굳어간다는 의미로 sclerosis라고 생각하면 됩니다. 실제 용어는 몸이 굳는다는 걸 표현한 것이 아니라, 병리적 상황인 신경세포의 경화를 표현한다는 것을 잊지 마세요.

루게릭병으로 알려진 ALS[Amyotrophic Lateral Sclerosis]도 있습니다. A-myo-trophic은 근육[myo]이 증식[trophy] 하지 못하는[a] 상태를 뜻합니다.

Lateral은 척수의 흰 부분으로 외측에 있어서 lateral이라고 합니다. 근육이 점차 위축a·myo·trophic되고 굳어가는sclerosis 질환입니다. 실제로 MS나 ALS 모두 **신경세포의 수초**myelin sheaths가 단단해져서 경화증sclerosis이라고 한 것인데, 근육이 딱딱해진다고 생각해 두세요. 스티븐 호킹Stephen William Hawking 박사를 통해 알 수 있듯이 운동신경에만 영향을 미치기 때문에 개인의 정신·성격·지력, 또는 기억력 장애를 주지 않습니다. 호킹 박사는 걸을 수도 말을 할 수도 없었지만, 뛰어난 지성을 지녔었죠.

- **Arteriosclerosis**: artery동맥 + sclerosis경화 = 동맥경화
- **Atherosclerosis**: 죽상동맥경화
- **MS, Multiple Sclerosis**: 다발성경화증
- **ALS, Amyotrophic Lateral Sclerosis**: 근위축성측색경화증
- **Thrombus**: 혈전
- **Thrombosis**: 혈전증
- **Embolism**: 색전

호흡기계

가장 흔하게 걸리는 병이 뭘까요? 전 세계의 인구를 고통으로 몰아넣었던 코로나바이러스도, 가벼운 감기도 모두 호흡기 질환입니다. 캑캑대게 만드는 사레는 왜 걸리는 걸까요? 호흡기의 구조와 감기나 비염 등 일상에서 볼 수 있는 호흡기 질환에 관련된 용어를 살펴보겠습니다.

I'll knock your teeth down your throat!

'네 목구멍으로 네 이빨을 털어버릴 거야'라는 뜻입니다. 영어로 들은 욕 중에서 가장 신기했고 참신했던 욕입니다. 그냥 옥수수를 터는 것도 아니고, 목구멍에 털어버린다니, 상상만으로도 끔찍합니다. 보통 목구멍이라고 말할 때는 두 가지 구멍을 묶어서 이야기합니다. 식도esophagus로 내려가는 구멍이 있고, 기도trachea로 내려가는 구멍이 있습니다.

인두와 후두

식도와 기도의 입구를 후두larynx와 인두pharynx라고 불러요. 후두는 공기가 폐lung,pulmo~,pneumo~로 들어가는 입구입니다. 인두는 음식과 공기가 식도를 통해 위장관gastrointestinal tract으로 가는 입구예요. 입과 코에서 가까운 인두는 뒤쪽인 등 쪽으로 내려가고, 후두는 좀 더 아래쪽에 성대vocal cord가 있는 곳에 존재하며, 식도esophagus 앞쪽에 있는 기도trachea로 연결돼요. 이게 은근히 헷갈리는데 "랄라랄라~" 노래하는 라링스larynx:후두라고 외워 두세요. 노래를 하니 성대가 있고, 성대가 있는 곳은 공기가 다니는 길입니다.

목구멍이 두개인데 어디를 말하는 것인가?

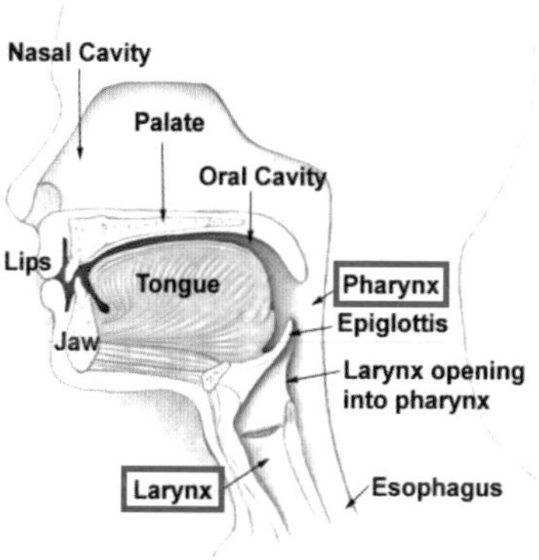

▲ 목 상세 그림

TIP

인두염과 후두염

감기에 걸려서 목이 아파 병원에 가보니 인두염이라고 하는 경우가 있죠? 이를 pharyngitis라고 하는데, 인두부pharynx에 생긴 염증~itis이에요. 후두에 생긴 염증은 의학용어로 laryngitis라고 합니다. 후두염은 주로 성대vocal cord에 염증을 동반해서 쉰 목소리가 되고 개가 짖는 듯한 기침을 하게 돼요. 바이러스 감염이기 때문에 보통은 시간이 지나면서 자연스럽게 좋아집니다. 습도가 높으면 기침이 완화되므로, 기침이 너무 버겁다면 샤워실에 뜨거운 물을 틀어두어 증기를 만들어 기침을 진정시킬 수 있습니다.

인공지능 밸브, Epiglottis

인두와 후두 사이엔 자동 밸브후두개:epiglottis가 있어서 음식은 식도로, 공기는 기도로 내려보냅니다. 이 길이 헷갈리면 큰일 납니다. Epi~는 **부가적인 구조물**을 뜻하고 glottis는 **혀**를 의미하는 단어입니다. 합쳐서 혀의 부속물, 실제 덮개 역할을 하는 장치를 뜻하게 되죠. 혀를 의미하는 의학용어는 라틴어인 lingua와 그리스어인 glot이 있습니다. 해부학에서는 glottis를 성대의 가운데 부분으로 지칭하는데, 어원과 지금 용어가 다른 이유는 예전엔 이렇게 세세하게 해부학적 부위를 나누지 않았기 때문입니다.

아무튼 이 후두개는 공기가 들어오면 후두larynx 쪽 기도로 공기가 들어갈 수 있게 문을 열고, 조금이라도 공기 외의 것이 들어오면 잽싸게 문을 닫습니다. 어쩌다 후두로 무언가 들어가려 하면, 기침을 유발해 이 물질을 뱉어내려고 하죠. 이게 사레입니다. 그래서 사레들린다는 표현을 영어로 "It went down the wrong pipe."라고 합니다. 느낌이 딱 오죠? 여기서는 right pipe인 식도로 내려가야 할 무언가가 wrong pipe인 기도로 내려갔다는 말입니다. 이렇게 중요한 역할을 하는 것이 epiglottis입니다.

식사하다가 사레라도 걸려 캑캑거리면, 부모님께서 이렇게 놀리곤 했습니다. "뭘 훔쳐먹었냐?" 사실일까요? 실제로 급히 먹거나 말을 하면서 먹으면 사레에 걸리기 쉽습니다. 음식과 공기가 구분하기 어렵게 빠르게 넘어와서 후두개가 갈팡질팡하기 때문이죠. 그러니 틀린 말은 아닐 듯합니다.

"I'll knock your teeth down your throat!" 다행히 부러진 이가 식도로 들어가면 똥으로 나오겠지만, 의식이 없는 가운데 후두로 들어가면 큰일 납니다. 버블티를 먹을 때도 마찬가지인데, 타피오카 알갱이를 공기와 함께 빨대로 흡입하면 쉽게 사레가 걸려요. 고체와 기체가 빠른 속도로 흡입되면서 후두개가 반응하기 어려워집니다. 실제 중국에서 10대 소년이 버블티를 먹다 기도폐쇄로 사망한 사건이 있었습니다.

- **Pharynx**: 인두
- **Larynx**: 후두
- **Vocal cord**: 성대
- **Epiglottis**: 후두개
- **Palate**: 구개

숨결과 위스키, 피와 와인

고대 그리스 로마에선 숨결과 영혼을 하나로 생각했었습니다. 이는 하나님이 사람에게 숨결을 불어넣어 생명을 주었다는 유대교에서도 마찬가지였습니다. 그리스어 pneuma는 숨결을 뜻하는 말이에요. 물리적인 숨결도 되고, 종교적인 영역에선 영혼spirit, soul도 되지요. 라틴어로는 spiritus란 말이 pneuma에 해당합니다.

숨결, 영혼: pneuma그리스어 = spiritus라틴어

잠자다 갑자기 숨을 안 쉬는 병이 있습니다. 의학용어로는 수면 무호흡sleep apnea이라고 합니다. 부정을 뜻하는 a와 숨결을 뜻하는 pnea가 합쳐진 말입니다. 수면불량의 중요한 원인이기도 합니다. 많이 자도 피로가 잘 회복되지 않게 됩니다. 호흡이 불량, 곤란해지는 것은 호흡곤란dyspnea이라고 합니다. Dys는 정상기능을 벗어난 상태를, pnea는 숨결을 뜻하니 호흡곤란입니다.

처음 미국에 왔을 때 위스키를 찾을 수가 없어서 직원에게 물어봤더니 "wine and spirit"이라 적힌 푯말을 가리켰습니다. 투명한 위스키는 spirit이라고 부른다는 사실을 저는 그때 알았습니다. 그럴듯한 표현입니다. Pneuma와 spiritus는 숨결도 되고, 동양의 '기'를 뜻하기도 하며, 공기도 되고, 위스키도 됩니다. 고대 그리스 의사들은 '동맥artery은 기spiritus, pneuma를 나르고, 정맥vein은 피blood를 운반한다'라고 생각했어요. 그래서 옛사람들이 붉은 와인은 정맥 속의 피로, 위스키처럼 맑은 증류주는 동맥 속의 공기로 비유했나 봅니다.

TIP

동맥artery은 공기길windpipe이란 의미

예전에는 숨을 쉰 공기는 동맥을 통해, 섭취한 음식은 정맥을 통해 신체 각부로 운반된다고 생각했습니다. 동맥을 뜻하는 artery는 그리스어 arteria에서 온 단어인데 공기가 드나드는 통로windpipe라는 의미예요. Air나 ar은 모두 공기를 뜻하는 말입니다. 현대 과학적으로 생각해도 동맥혈이 산소를 조직으로 운반하는 역할을 하니 아주 틀린 생각은 아니죠. 혈액이 지금처럼 순환한다는 생각은 17세기 초에 이르러서야 영국의 의사 윌리엄 하비William Harvey에 의해 밝혀집니다. 동맥과 정맥의 순환 시스템은 꽤 근대에 들어서야 정립된 사실이지요.

폐를 뜻하는 용어 pulm / pneum

숨결과 공기를 뜻하는 pneuma는 폐를 뜻하는 접두사로도 사용됩니다. 의학용어에서는 폐를 말할 때 접두사로 라틴어인 pulmo~, 그리스어인 pneumo~를 사용합니다. 폐색전증을 pulmonary embolism라고 해요.

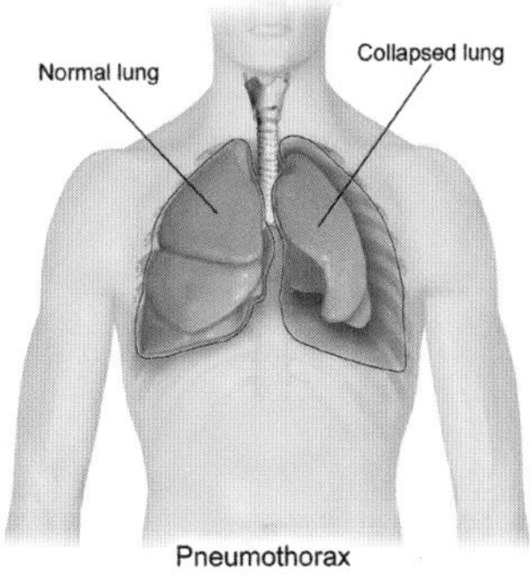

▲ 쪼그라든 폐[14]

심장과 폐를 담고 있는 공간을 흉강thorax이라고 부릅니다. 이 공간에 공기가 차는 질환이 바로 기흉pneumo·thorax입니다. 폐에 있는 공기가 빠져나와 폐는 고무풍선처럼 쪼그라들고, thorax는 반대로 공기로 부풉니다. thorax에 pneuma공기가 차는 상황이니 pneumo·thorax라고 부릅니다. 키가 크고 피부가 뽀얀 젊은 친구들에게 많이 생기는 병이라서 '모델병'이라고도 한다네요.

폐에 생기는 만성질환 중에 만성폐쇄성폐질환Chronic Obstructive Pulmonary Disease이라는 병이 있어요. 줄여서 COPD라고 합니다. Chronic은 만성, 병이 오래 지속되는 것을 말합니다. Obstructive는 막혔단 말이죠. 바

14 Blausen.com staff(2014). 〈Medical gallery of Blausen Medical 2014〉. 《WikiJournal of Medicine》

로 폐pulmonary가 만성적으로 막힌 질환입니다. 폐에서 공기 순환이 잘 일어나야 하는데, 흡연·대기오염·만성기관지염 등 여러 원인으로 기도에 염증이 지속되어, 공기 길이 좁아져 버리는 질환입니다. 증상으로는 기침, 기침 발작 후 소량의 끈끈한 객담 배출, 점차 악화하는 호흡곤란, 천명음과 흉부 압박감 등이 나타나는 아주 고질적인 병이에요.

- **Pneuma**: 공기 · 숨결 · 영혼
- **Pulmonary embolism**: 폐색전증
- **Pneumonia**: 폐렴
- **Apnea**: 무호흡
- **Dyspnea**: 호흡곤란 · 짧은 호흡
- **Pneumothorax**: 기흉
- **COPD, chronic obstructive pulmonary disease**: 만성폐쇄성폐질환

코는 콧물로 막히는 게 아니야

코를 뜻하는 의학용어는 두 가지가 있습니다. 그리스어인 rhino~와 라틴어인 naso~입니다. 알러지성 비염을 allergic rhinitis 혹은 nasal allergy라고 합니다.

코가 막히는 원인과 해결법

흔히들 콧물이나 코딱지가 코를 막는다고 생각하는데, 실제로는 충혈된 코 점막이 부어서 그렇습니다. 그래서 코가 막히는 것stuffy nose을 의학용어로 비충혈nasal congestion이라고 합니다. Congestion은 **막힌다**는 뜻인데, 주원인이 충혈피가 한곳으로 모이는 상태이어서 비충혈이라고 합니다.

코가 막힌다고 억지로 코를 심하게 푸는 경우가 있는데, 아무런 도움이 되지 않습니다. 콧물이나 코딱지는 꽉 막히는 경우가 별로 없어요. 말했다시피 아래 그림에 거꾸로 매달린 자루처럼 생긴 조직이 부어서 코를 막습니다. 붓는다는 것은 이 자루에 혈액이 모여 충혈되는 상황입니다.

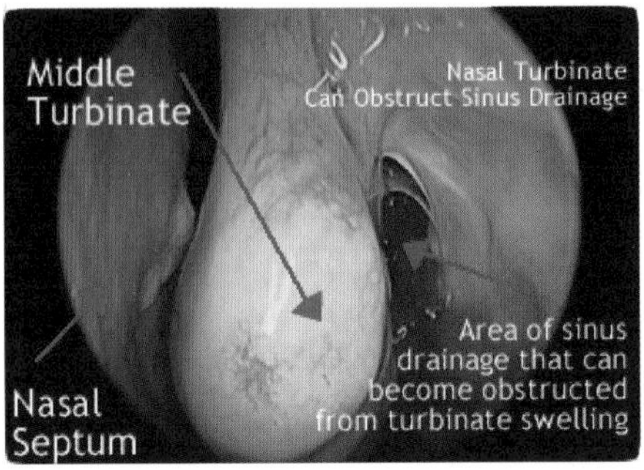

▲ 충혈이 되는 코선반

우리 몸의 라디에이터 그릴, 코선반

앞선 그림의 자루 모양의 조직을 코선반nasal turbinate이라고 합니다. 그리스어로는 nasal concha라고 해요. 코 점막이 접혀서 있는 조직인데, 마치 자동차 전면부의 라디에이터 그릴 같죠? 역할도 똑같습니다. 자동차의 그릴은 공기를 식히지만, 이 코선반은 공기를 덥힙니다. 코선반 덕분에 겨울에 숨을 쉬어도, 아이스크림 두통이 생기지 않는 겁니다. 아이스크림 두통은 갑자기 차가운 것이 두면부에 들어가서 생기는 두통을 말하는데, 실제 사용되는 의학용어입니다. icecream headache 혹은 cold-stimulus headache라고 합니다. 아무튼, 코선반 덕분에 우리가 따뜻한 공기로 숨 쉴 수 있죠.

우리 몸의 에어필터, 코털을 뽑지 마세요

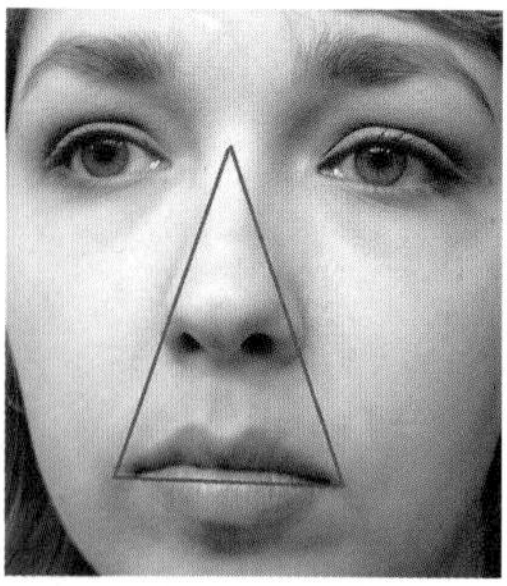
▲ 위험한 삼각구간[15]

콧속의 털은 삐져나와서 불결한 인상을 주지만, 먼지를 걸러주는 일차적인 필터의 역할을 하고, 비강nasal cavity의 공기가 온도와 습도를 유지하도록 도움을 줍니다. 간혹 콧속의 털까지 모두 깨끗하게 제모를 하는 경우가 있는데, 제모 자체가 위험하기도 하고, 호흡기 건강상에도 좋지 않습니다. 코털을 뽑다 상처에 세균이 감염되어 염증이 생길 경우, 드물게 뇌막염이나 패혈증 등으로 이어질 위험도 있습니다. 그 위험도 때문에 코와 윗입술이 이루는 삼각형 부위를 Danger triangle of the face이라고 합니다. 이 삼각형 부위에 감염이 되지 않도록 주의해야 합니다. 그러니, 코털은 밖으로 나온 부분만 정리하세요.

이렇게 콧속 온도와 습도를 유지하기 위한 조직들이 올바로 기능하지 못하면 빈코증후군Empty nose syndrome이라는 심각한 문제가 발생할 수 있습니다. 숨이 잘 안 쉬어지거나, 상쾌하지 못하고, 건조함과 함께 통증을 느끼기도 합니다. 매 순간 숨을 쉴 때마다 괴로우니 얼마나 힘들겠습니까?

코막힘은 충혈 제거를

다시 코막힘으로 돌아와서, 코선반에 발생하는 충혈congestion이 코막힘의 주된 원인입니다. Congestion은 **막힌다**는 뜻인데, 주 원인이 충혈이어

15 위키백과, "Danger triangle of the face", CC BY-SA 2.0

서 비충혈이라고 합니다. 마찬가지로 눈이 충혈되면 eye congestion이에요. 의학적으로 비슷한 용어로 hyperemia가 있는데, 충혈이라고 번역하긴 하지만 조금 다른 의미입니다. Congestion은 막혀서 붓는 것이고, hyperemia은 혈류량이 많아서 붓는 겁니다. 우리가 한쪽으로 누워있으면 바닥쪽의 코가 막히고, 위쪽의 코는 뚫리는 경험을 해보셨을 거예요. 충혈된 피가 중력으로 인해 아래쪽으로 몰리기 때문에 위쪽의 코가 뚫리게 됩니다. 코를 꽉 쥐고 숨을 참아도 일시적 압박에 의해 충혈이 개선되기도 합니다. 고농도의 식염수를 코 점막에 뿌려주는 것도 도움이 됩니다. 보통 초강력extra strength이라고 라벨이 붙어 있는데, 그냥 아주 약간 더 소금이 들어있는 거예요. 보통 3% 정도의 소금 농도를 사용합니다. 이렇게 체액보다 더 높은 농도의 소금물이 들어가면 삼투압으로 코 점막에 있는 수분이 밖으로 나와서 부종이 가라앉는 효과가 있습니다. 줄넘기를 한 번에 빠르게 하거나, 달리기를 해도 코가 뚫립니다. 혈액이 다리 쪽으로 가면서 얼굴 쪽의 충혈이 완화되기 때문입니다.

혈관을 축소시켜서 코막힘을 해소해주는 약을 decongestant라고 합니다. De는 부정을 뜻하지요. 그래서 충혈제거제라고 부릅니다. 충혈제거제는 반복적으로 오래 사용하면, 오히려 비염을 유발할 수 있으니 주의해서 사용해야 합니다. 충혈제거제나 고농도의 식염수나 모두 일시적인 해결 방법일 뿐입니다. 만성적인 코막힘nasal congestion은 근본적으로 알러지성 비염allergic rhinitis 혹은 비중격nasal septum의 문제로 발생합니다. 중격septum은 벽이란 뜻이에요. 코 가운데 있는 가로막을 의미합니다. 이 가로막이 아래 사진처럼 한쪽으로 틀어져 있으면 좁은 쪽의 코가 쉽게 막히게 됩니다. 이런 상황을 비중격만곡증nasal septum deviation,deviated septum이라고 합니다.

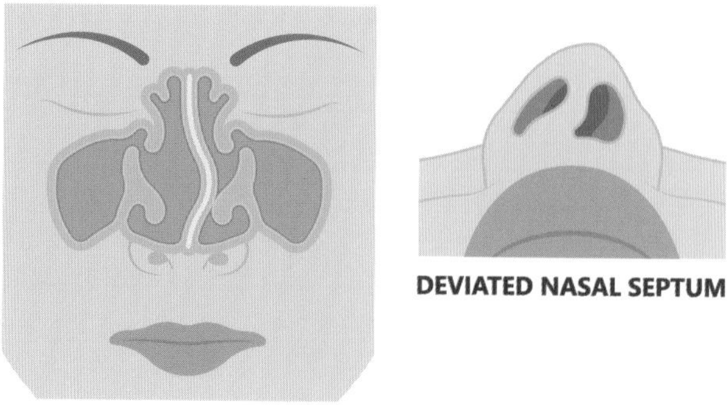

▲ 비중격만곡증

- **Rhino / Nasal**: 코
- **Empty nose syndrome**: 빈코증후군
- **Nasal allergy / Allergic rhinitis**: 비염
- **Nasal discharge**: 콧물
- **Nasal turbinate / Nasal choncha**: 코선반
- **Nasal septum**: 비중격
- **Nasal congestion**: 코막힘
- **Decongestant**: 충혈제거제

바이러스와 박테리아

바이러스, 상기도와 하기도

감기[common cold]는 의학용어로 이야기하면 감기바이러스에 의한 상기도감염[upper respiratory viral infection]입니다. 감기바이러스는 너무 많은데 그중 가장 흔한 것이 rhino[코] 바이러스입니다. 코부터 시작해서 감염을 일으키고, 그다음은 인두[pharynx]로, 후두[larynx]로 차츰 감염을 넓혀가죠. 이렇게 후두까지가 상기도[upper respiratory]입니다. 후두 아래쪽부터를 하기도[lower respiratory]로 구분합니다. 상기도 감염이 잘 치료되지 않으면 하기도로 진

행하기도 합니다. 바이러스와 박테리아는 상기도를 통해 전파되는 경우가 가장 흔합니다.

지독한 바이러스

▲ 곰벌레[16]

사진 속의 벌레는 곰벌레tardigrada라고 하는데요, 지구상에서 가장 강한 생명체라고 합니다. 절대 영도에 가까운 영하 272℃부터 물 끓는점을 웃도는 150℃까지 극한의 온도에서 살아남고, 물이 없는 사막에서도 살 수 있다고 합니다. 그런데, 우리 몸엔 곰벌레보다 더 지독한 놈이 있습니다. 바이러스죠. 박테리아랑은 매우 다릅니다. 박테리아는 생명체고, 바이러스는 반은 생물, 반은 무생물입니다. 우리가 흔하게 주위에서 보는 바이러스와 박테리아엔 다음과 같은 것들이 있습니다.

- **Hepatitis virus A,B,C,D,E**: 간염 바이러스
- **Rhinovirus**: 감기를 일으키는 가장 흔한 바이러스의 하나
- **Epstein Barr virus**: 단핵구증Mononucleosis을 일으키는 바이러스
- **Staphylococcus**staph: 포도상구균, 병을 일으키는 박테리아
- **Streptococcus**strep: 연쇄상구균, 병을 일으키는 박테리아

미국 환자들이 자신을 '스트렙'이라고 표현하더군요. '무슨 이야기지?' 혼란스러웠습니다. 목이 아픈 환자였고 인후두염인 것 같았는데 말이죠. 나중에 보니 연쇄상구균을 이야기하던 것이었습니다. 원래 세균 이

16 SEM image of Milnesium tardigradum in active state

름인 포도상구균staphylococcus 감염을 staph라고 부르고, 연쇄상구균streptococcus은 strep이라고 병명처럼 이야기하더군요. 보통 목에 염증이 생기면 별다른 구별 없이 strep이라고 이야기하고, 피부병 생긴 것은 staph infection라고 이야기를 합니다. 원래는 strep throat라고 해서 연쇄상구균 박테리아에 의한 상기도 감염을 의미합니다.

바이러스는 계속 숙주와 공존하기 위해 유전 정보를 변형하기 때문에 처치하기가 힘듭니다. 그래서 박테리아를 죽이는 항생제는 많이 개발되었지만, 바이러스에 대한 뾰족한 해법은 없는 실정이죠. 항생제는 antibiotics라고 하고, 항바이러스제는 anti-viral agents라고 합니다. 여러분이 잘 아시는 항바이러스제는 입술에 바르는 '아시크로버'라는 연고가 있어요. Acyclovir라는 성분의 이름을 그대로 약 이름으로 사용한 경우입니다. 입술뿐 아니라 대부분의 헤르페스herpes 바이러스 질환들, 즉 대상 포진, 생식기 포진, 수두에도 사용되는 약입니다. 그러나 효과가 그렇게 확실하지는 않습니다. 코로나바이러스에 뚜렷한 대책이 없는 이유이기도 해요. 그러다 보니, 바이러스를 직접 죽이기보다는 우리 몸의 면역력을 높이는 방법이 더욱 중요합니다.

집 지키는 강아지 면역

면역을 생각해보면 흔히 '면역력이 떨어지는' 상황만 떠올립니다. 실제로는 떨어져도 문제고, 너무 과해도 문제입니다. 면역에 관련된 질환은 자가면역질환autoimmune disease, 면역저하질환immune deficiency disease, 과잉면역질환overactive immune disease, 이렇게 세 가지가 있습니다. 면역 기능이 쇠약해진 immune deficiency disease를 제외하고는, 오히려 면역이 너무 과해서 생기는 문제입니다.

▲ ❶면역 과잉 ❷면역 저하 ❸자가면역질환

면역 기능을 집 지키는 개에 비유할 수 있습니다. ❶면역 과잉 상태는 개가 나쁜 사람이 아닌 친구에게도 짖고 물어대는 상황입니다. 과잉 반응을 하기에 아무 때나 면역하는 대표적 질환이 allergy이죠. 세균도 아닌 먼지나 꽃가루에도 지나치게 반응하는 겁니다. ❷면역 저하는 개가 힘이 없어서 아무것도 하지 못하는 상태입니다. ❸자가면역질환은 주인을 물어대는 상황이죠. 면역이 자기 몸을 세균으로 판단하고 공격해서 생기는 병으로 루프스lupus나 류마토이드rheumatoid가 있습니다. 그러니 면역도 무조건 높일 게 아니라 상황에 맞게 조절해야 합니다.

차가운 입병, 뜨거운 입병

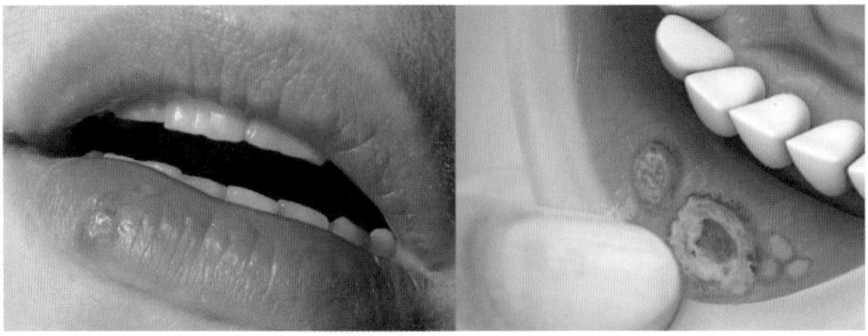

▲ 왼쪽: 구순포진, 오른쪽: 구내궤양

입술과 입에 생기는 흔한 질환인 단순포진과 아프타구내염에 대해 살펴보겠습니다. 왼쪽 그림은 구순단순포진cold sore이라고 하는 입술에 물집이 잡히는 질환이고, 오른쪽 그림은 아프타구내염canker sore이라고 부르는 구내궤양입니다. Cold sore는 입술 외측의 위아래 입술이 만나는 곳에, canker sore는 주로 입 안쪽에 생깁니다. Cold sore는 바이러스 질환이라서 키스 등의 접촉으로 전염될 수 있지만, canker sore는 전염되지 않습니다.

구순포진cold sore

Cold sore는 차갑다 혹은 감기를 뜻하는 cold와 피부 병변을 뜻하는 sore가 합쳐진 단어입니다. 주로 감기에 걸리면 함께 생기거나 차가운 날씨에 생긴다고 해서 붙은 이름입니다. Sore는 피부에 궤양이 생기는 병변이라서 오랫동안 침대에 누워있으면 걸리는 욕창도 bed sore라고 합니다. Cold sore를 fever blister라고도 하는데, 여기서 blister가 물집을 뜻합니다. 물집은 cold sore의 특징적인 증상입니다. 병리적으로는 궤양sore보다는 수포blister가 더 적합한 표현입니다. 의학용어로는 단순구순포진herpes simplex labialis입니다. Labialis? 바로 입술 labia에 생기는 ~is병적 상태라는 뜻입니다. 즉 헤르페스에 의해 생기는 입술의 병적 상태란 뜻입니다. 헤르페스는 항상 곁에서 숨어 있다가, 면역력이 떨어진 상황을 틈타서 감염을 일으키는 기회주의적인 바이러스입니다. 이런 상황을 기회감염opportunistic infection이라고 합니다. 헤르페스의 뜻이 잠복·웅크리고 숨어 있다는 뜻입니다. 헤르페스는 성기에도 감염을 일으키는데요, 이는 입술 헤르페스labial herpes:cold sore와는 다른 2형 헤르페스입니다. 성기 헤르페스genital herpes는 성 접촉을 통해 전염되는 질환STD:Sexually Transmitted Diseases입니다.

아프타구내염canker sore, aphthous ulcer

혓바늘을 aphthous ulcer라고 번역하는 경우가 있는데, 잘못된 번역입니다. 아프타궤양aphthous ulcer은 주로 입술 근처에 많이 생기는 병으로 흔하게 canker sore라고 합니다. 병변은 궤양ulcer인데, aphthous한 궤양입니다. Aphthous는 **불타는 듯한 느낌**을 뜻하는 그리스어입니다. Cold는 차갑다는 뜻인데, aphthous는 뜨겁고 타는 듯한 느낌이라니 정반대의 이름이 붙었네요.

이런 이름이 붙은 이유는, 원인을 잘 몰라서 그래요. 한글로도 아프타구내염이라고 많이 부릅니다. Canker는 cancer와 같은 어원으로 게crab의 모양을 뜻합니다. 앞의 사진을 보면 궤양이 다리가 달린 게처럼 보이기도 하죠? 그냥 놔두고 편히 쉬면 수일 내로 낫는 병입니다. 이런 궤양ulcer이 위장gastro, 십이지장duodenum에 생기면 소화성궤양peptic ulcer이라고 합니다. 주증상은 heart burn인데, 역시 불타는burn 증상이죠.

Heart는 명치 근처를 이르는 말입니다. 옛날에는 명치 부위를 heart라고 많이 표현했습니다.

- **입술**: Labia, Labrum, Labial
- **구순단순포진**: Herpes simplex labialis, Cold sore, Fever blister
- **아프타구내염**: Aphthous ulcer, Canker sore

키스병

키스가 가져온 죽음, 아나필락시스 Anaphylaxis

2012년 몬트리올에서 Myriam Ducre–Lemay라는 20대 여성이 파티를 앞두고 갑작스럽게 사망합니다. 평소 건강하던 젊은 여성의 죽음이어서 정말 미스터리였는데요, 사망의 원인은 연인과의 키스로 밝혀졌습니다. 남자 친구가 점심으로 먹었던 피넛버터 샌드위치의 땅콩 성분이 이 여성에게 아나필락틱 쇼크 Anaphylactic shock를 유발한 겁니다. 아주 급격하고 심한 알레르기 반응으로 혀와 목젖이 부어올라 호흡을 하기 어려워져 호흡곤란으로 사망할 수 있습니다. 이 여성의 비극적인 죽음은 정말 소량의 땅콩 성분 때문이었던 거죠.

키스병Kissing disease

입술로 전파되는 바이러스 질환으로 단핵구증mononucleosis이라는 병이 있습니다. 미국에서는 짧게 모노mono라고 이야기하죠. 청소년들이 잘 걸립니다. 키스와 같은 신체 접촉으로 쉽게 감염된다고 해서 키스병kissing disease이라고 합니다. Mono는 하나고, nucleo는 핵이고, sis는 상태이니 단핵구증이 되지요. 한 소아 환자가 mono로 내원했는데, 몇 주 동안 잠만 잤다고 합니다. 이렇게 극심한 피로감이 키스병의 특징입니다. 그밖에도 감기 증상, 목이 붓는 증상 등이 동반되는 경우가 많습니다. 흥미롭게도 mono는 그냥 감기보다도 전염력이 적습니다. 흔하게 볼 수 있는 질환이니 기억해두시기 바랍니다.

항생제 타이레놀 주세요

포털사이트의 지식정보 질의응답 서비스를 살펴보면 "항생제 타이레놀을 복용해야 되나요?", "스테로이드 항생제 먹어도 되나요?"와 같은 질문이 종종 올라온다고 합니다.

항생제와 항바이러스제의 차이

항생제는 antibiotics입니다. Anti는 무언가를 상대로 싸우는 것이고, bio는 살아있는 것을 의미합니다. ~ics는 흔하게 약에 붙는 접미사입니다. 그러니까 항생제는 우리 몸속에 살아 있는 외부 생명체를 죽이는 약입니다. 우리는 입안에도, 장속에도, 위장의 강력한 위산 속에서도 세균과 함께 살아가고 있습니다. 그래서 항생제는 모든 균을 죽이는 게 아니라, 특정한 균을 타깃해서 죽이는 게 효과적입니다. 그러려면 무슨 균을 죽여야 하는지 먼저 알아야겠죠. 그래서 입원하면 균의 정체를 밝히는 검사를 먼저 하게 됩니다.

우리 주위에서 흔하게 쓰는 항바이러스제로는 구내 바이러스 감염에 사용하는 아씨클로버 연고가 있습니다. 아시클로비어Aciclovir라는 항바이러스 성분을 직접 제품명에 사용한 예입니다. 타미플루도 항바이러스제인데, 타미플루는 제품명이고, 성분명은 오셀타미비어Oseltamivir입니다. 똑같이 vir로 끝납니다. 항바이러스 제제는 끝이 vir(us)로 끝나는 경우가 많습니다. 독감에 사용되는 Zanamivir나 Peramivir도 모두 vir로 끝납니다.

항바이러스제제도 항생제 아니냐고 생각할 수 있는데, 반은 맞고 반은 틀립니다. 바이러스가 생물도 무생물도 아니어서 그래요. 일반적으로 항바이러스제와 항생제는 구분해서 다룹니다.

진통소염제와 해열진통제의 차이

애드빌이나 부루펜시럽과 같은 약은 해열진통소염제라고 합니다. 흔히 엔세이드NSAIDs라고 줄여서 부르는 약들입니다. NSAID는 Non-Steroidal Anti-Inflammatory Drugs인데, anti는 싸운다는 말이고, inflammatory는 염증이니 염증과 싸운다는 말입니다. 항생제는 세균과 싸우고, 소염제는 염증과 싸운다는데, 어떤 차이가 있을까요?

소염제는 균을 죽이지는 않습니다. 다만 염증 반응을 전달하는 물질을 방해해서 염증 반응이 일어나지 않게 하는 역할을 합니다. 항생제가 **쳐들어온 적군을 죽이는 약**이라면, 소염제는 **적들이 들어왔다고 울리는 경보시스템이 안 울리게 하는 약**입니다. 그래서 코로나바이러스 백신을 맞고 나서 소염제를 먹지 말라고 한 거예요. 염증 반응을 통해 항체를 형성해야 하는데, 염증을 억제해버리면 안 되기 때문이에요. 하지만 부루펜시럽과 같은 일반적인 NSAIDs의 염증 억제 효과는 매우 미미해서, 실제 항체 형성에 방해가 되는지는 확실하지 않습니다. 미국에서는 백신 접종 후 애드빌과 같은 NSAIDs 사용을 특별히 막지 않았습니다. 한국은 먹지 말라고 했는데 말입니다. 염증은 이차적으로 통증과 발열을 동반하는데, 소염제가 염증을 억제하니 통증과 발열도 줄어들게 됩니다. 그래서 해열진통소염제가 됩니다.

NSAIDs…, 앞에 Non-Steroidal이 붙은 것을 보니 Steroidal Anti-Inflammatory Drugs도 있다는 말이겠죠? 눈치 채셨다면 아주 영리하시군요. 맞습니다. 스테로이드성 소염제라고 합니다. 스테로이드는 아주 강력한 염증 억제제입니다. 얼마나 강력하냐면, 세균이 쳐들어와서 마구 휘젓고 다녀도 아예 염증 반응을 일으키지 않습니다. 그러다 보니 스테로이드를 자주 사용하면, 아예 염증 반응이 일어나지 않게 되어 사소한 감염으로도 위험에 빠질 수 있게 됩니다. 그래서 스테로이드 소염제를 면역억제제라고 합니다.

소염제는 아니지만, 비슷한 약으로 타이레놀이 있습니다. 타이레놀은 진통·해열 효과는 있지만 소염 효과가 없어서 따로 해열진통제로 구분합니다. 그래서 한국에서는 백신 접종 후에 발생하는 통증에 아스피린이나 애드빌 대신 타이레놀을 권장했습니다. 이런 약들은 **비마약성 진통제**Non-Opioid Analgesics라고도 합니다.

마약성 진통제도 있겠지요? 대표적으로 opioid, 아편양 제제가 마약성 진통제입니다. 아편과 닮았다는 뜻에서 **아편**opium과 ~를 **닮은**oid을 합쳐서 만든 말이 아편양opioid입니다. 심한 통증 때문에 처방받는 옥시코돈Oxycodone, 기침을 심하게 할 때도 처방받는 코데인Codeine 등이 있습니다.

- **세균을 죽이는 항생제**antibiotics: 아목시실린, 페니실린
- **항바이러스제**antiviral agents: 아시클로버, 타미플루
- **비스테로이드성 소염제**NSAIDs:Non-Steroidal Anti-Inflammatory Drugs: 애드빌, 부루펜, 아스피린, 얼리브
- **스테로이드성 소염제**Steroidal Anti-Inflammatory Drugs: 하이드로코티손
- **비마약성 진통제**non-opioid analgesics: 애드빌, 부루펜, 타이레놀
- **마약성 진통제**opioid analgesics: 코데인, 옥시코돈, 하이드로코돈

신장·비뇨기계

신장과 비뇨기계는 우리 몸의 하수를 처리하는 기관입니다. 화장실 변기에 물이 내려가지 않는다고 생각해보세요. 끔찍하죠? 우리 몸의 해독과 정화시설을 담당하는 신장과 비뇨기 관련 용어를 살펴보겠습니다.

나의 커다란 신장

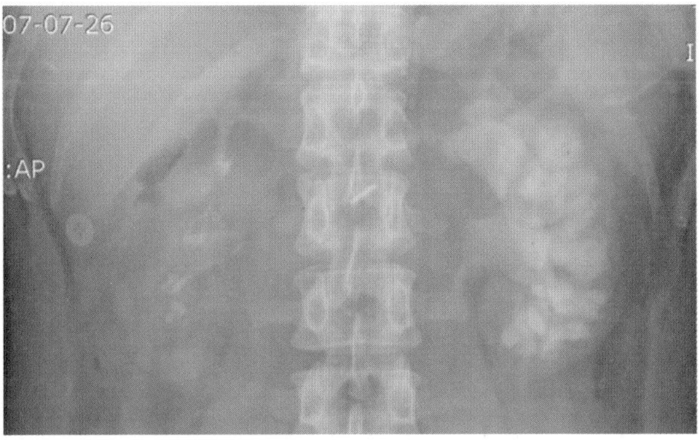

▲ 저자의 신장 사진

수신증hydronephrosis

별로 멋지지 않은 제 사진을 공개합니다. 신장 사진이에요. 저는 한쪽 신장이 매우 큽니다. 신장이 크면 좋을 줄 알았는데, 나쁜 병이라고 합니다. 수신증이라고 하는데, 물 수水에 콩팥 신腎, 즉 **물 찬 신장**water kidney이라는 뜻입니다. 소변의 통로가 막혀서 한쪽 신장에 머물게 되어 고무 풍선처럼 부풀어 커집니다. 의학용어로는 hydro·nephro·sis라고 합니다. 물을 뜻하는 hydro에 신장을 뜻하는 nephro와 상태를 뜻하는 ~sis로 구성됐습니다.

콩팥, 신장kidney은 그리스어로는 nephro, 라틴어로는 renes라고 해요. 그래서 신장의 병에는 nephro~나 renal이란 접두어를 붙입니다. 그리스어나 라틴어 중에 한 언어만 사용됐으면 좋겠지만, 아쉽게도 둘 다 쓰입니다. 우리가 아는 그리스 신화 속 신들의 이름도 두 개씩 있잖아요? 그리스식의 제우스와 라틴어식의 주피터 말이죠. 보통은 병의 명칭에는 라틴어를 붙이고, 해부·생리 명칭에는 그리스어를 사용하지만, 꼭 그런 것도 아닙니다.

Hydro~는 일상에서도 볼 수 있는 접두사입니다. 소화전은 fire hydrant라고 하고, 수소는 물을 만드는 원소라는 뜻으로 hydro·gen이라고 합니다.

신장결석nephrolithiasis

저는 제가 가진 **물 찬 콩팥**hydro·nephro·sis 때문에, 자꾸 **돌 찬 콩팥**nephro·lithia·sis이 돼서 늘 걱정입니다. Litho는 돌을 뜻하는 그리스어고, ~sis는 상태를 뜻하는 말입니다. 신장nephro과 돌lithia, 그리고 증~sis으로 구성된 단어입니다. 일반적으로는 신장결석kidny stone,renal stone이라고 합니다.

좀 예스러운 말로 nephrolithiasis나 renal calculi이라고 하기도 합니다. lith나 calculi는 모두 돌을 뜻합니다.

▲ Nephro·lithi·asis

• kidey stone = renal stone = renal calculi = nephrolithiasis

신장결석이나 요로결석은 맥주를 마시거나 줄넘기를 해서 소변으로 배출해야 한다고 생각합니다. 하지만 비뇨기에 생긴 결석이라고 해서 무조건 그런 건 아닙니다. 2004년 뉴잉글랜드 저널 오브 메디슨New England Journal of Medicine에 실린 연구결과를 보면, 돌의 크기가 6mm 이상이면 맥주나 줄넘기 등으로 나올 확률이 1%가 채 되지 않습니다. 3mm 이하라면 14% 정도 확률로 자연 배출된다고 합니다. 충분히 작은 크기의 돌이라면, 맥주를 마시고 신나게 뛰어볼 필요가 있습니다. 돌이 나왔다면 잘 보관했다가 비뇨기과에 가져가세요. 어떤 재질의 돌인지 알 수 있습니다. 담즙일 수도, 수산일 수도, 칼슘일 수도 있습니다. 이걸 알아야 효과적으로 음식을 조절할 수 있습니다.

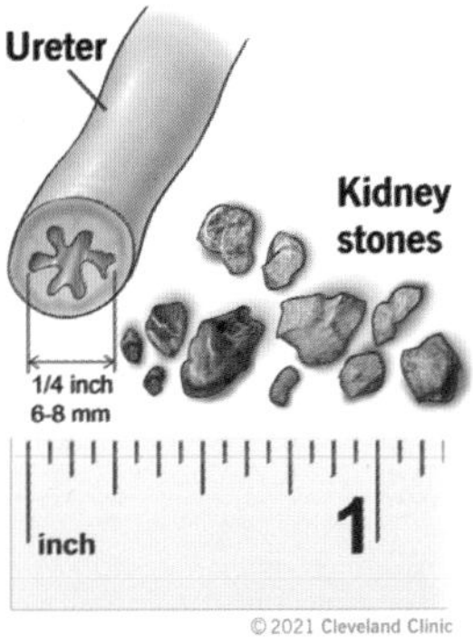

▲ 요로결석

담석cholelithiasis

몸에 생기는 돌? 신장결석을 떠올리실 분들이 많은데, 담낭cholecyst,gall-bladder에도 돌이 생깁니다. 주로 담낭과 담도에 생겨서 담석gallstone입니다. 담석과 신장결석은 부위도 다르고 치료법도 다릅니다. 예를 들어, 담낭결석은 맥주를 마시고 줄넘기를 한다고 해서 소변으로 배출되지 않습니다.

gallbladder = cholecyst(독립적으로는 잘 쓰이지 않음)
gallstone = cholelithiasis

담낭은 소화기gastrointestinal tract로 연결되어있고, 비뇨기urinary system와는 관련이 없어서 소변으로 나올 수 없습니다. 신장결석을 nephrolithiasis라고 부르듯 담석도 좀 더 예스럽게 그리스어로 부르기도 합니다. 담chole과 돌lithia, 증~sis을 붙여서 cholelithiasis라고 합니다. 콜레스테롤cholesterol이 바로 담에서 나오는 물질이라서 그렇게 이름 붙여졌습니다.

앞으로 lith~가 들어가는 단어들을 보시면 돌을 꼭 떠올리시기 바랍니다. 팔레오 다이어트라고 들어보셨죠? 수렵과 채집의 시대, 구석기 시대처럼 식사하는 것을 말하죠. 과일을 채집해서 얻고 고기를 사냥해서 먹는, 농경의 산물인 곡류를 먹지 않는 식이요법입니다. 여기서의 팔레오가 바로 Paleolithic구석기의에서 나온 말입니다. Paleo는 그리스어로 **오래된**을 뜻하고, lithic는 **돌**을 뜻하는 말이에요. 그래서 신석기는 neolithic입니다. 아무튼 paloe와 neo 모두 그리스어이고 의학용어에서 사용하는 접두사입니다. Neoplasm이라고 **새로운**이라는 뜻의 neo와 **만들어지다**formation라는 뜻의 plasm으로 구성된 단어가 있는데, 무슨 뜻인지 짐작이 잘 안 가죠? 새로 만들어진 것, 즉 신생물, 종양, 암을 뜻하는 단어입니다. 정상 조직에서 새로운 조직이 자라나는 것을 예전에는 이렇게 불렀고, 현재는 암이란 뜻으로 사용합니다.

쇄석술lithotripsy

신장이나 요도에 생긴 돌은 초음파를 이용해서 돌을 깨는 치료법을 사용합니다. 강하지 않은 초음파를 여러 방향에서 쏴서 돌이 있는 곳으로 모으면 다른 조직의 손상을 최소화하면서 돌만 부수는 방법입니다. 그래도 좀 아프긴 합니다. 이걸 쇄석술이라고 하는데, 의학용어로는 뭐라고 할까요? stone crushing? 의학에선 litho·tripsy라고 합니다. ~tripsy는 crush라는 뜻이니, 돌을 뜻하는 litho와 붙어서 쇄석술이 됩니다.

- **Nephro / Renal**: 신장의
- **Chole**: 담의
- **Nephrolithiasis**kidney stone: nephro신장의 + lithia돌 + sis증
- **Cholelithiasis**gallstone: chole담의 + lithia돌 + sis증
- **Gallbladder**cholecyst: 담낭
- **Paleolithic**: paleo고대 + lithic돌의
- **Neolithic**: neo새로운 + lithic돌의
- **Lithotripsy**: 쇄석술

신장의 기능, 혈액의 필터 시스템

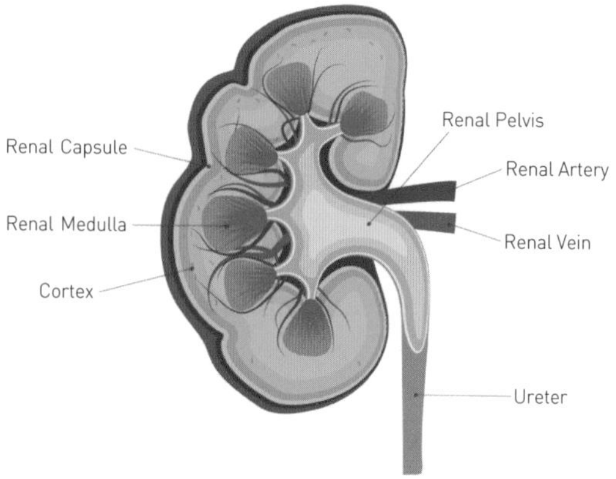

▲ 신장

신장이 단순히 소변을 운반하는 일만 하는 게 아닙니다. 소변이라는 하수 시스템으로 우리 몸을 순환하는 피를 정화하는 역할을 합니다.

신장의 구조, 피질cortex과 수질medulla

신장은 팥처럼 빨갛고, 콩처럼 타원형입니다. 둥근 신장의 안쪽은 소변이 담기는 공간입니다. 이를 신우renal pelvis라고 부릅니다. Pelvis는 대야물 담는 그릇란 뜻입니다. 우리 엉덩이 부분의 골반도 pelvis라고 하는데요, 모양이 대야처럼 생겨서 그렇습니다.

신장의 바깥쪽 부분이 신장의 기능을 담당합니다. 바깥 부분은 다시 두 부분으로 나뉘는데, 바깥쪽을 피질cortex이라고 하고, 안쪽을 수질medulla이라고 합니다. 겉과 속을 구분하는 라틴어에요. 골수bone marrow의 marrow가 medulla에서 나온 말입니다.

신장의 역할

신장의 조직은 네프론nephron으로 이루어져 있습니다. 이 작은 공같이 생긴 네프론이 하나의 신장에 100만 개 이상 존재합니다. 네프론은 필터 시스템이에요. 정수기 필터와 같은 역할을 합니다. 어제 먹은 컵라면에서 섭취한 너무 많은 나트륨도, 맛있는 아이스크림 속의 너무 많은 당분도 이 필터를 사용해 걸러 냅니다. 반대 역할도 합니다. 너무 모자라면 필터를 통해 역으로 흡수합니다. 열심히 근육을 키우는데 단백질이 부족하다면, 소변으로 나갈 단백질을 다시 흡수하여 핏속으로 보냅니다.

하나의 네프론에는 세 가지 핵심 물질이 존재합니다. 소변, 동맥혈, 정맥혈입니다. 신장 동맥renal artery의 피는 정수기 필터로 들어오는 물과 같습니다. 네프론을 통해 동맥혈의 필요 없는 물질은 걸러지고, 필요한 물질은 다시 핏속으로 들어와서 신장 정맥renal vein으로 나가게 됩니다. 걸러진 물질은 소변으로 배출됩니다.

정수기로 들어오는 물 → 필터로 거르기 → 정수된 물
신장 동맥의 피 → 네프론으로 거르기 → 신장 정맥의 피

소변은 신장이라는 혈액 필터에서 걸러진 노폐물인 겁니다. 네프론을 통해 우리 몸의 피는 늘 일정한 상태를 유지하게 됩니다. 이걸 항상성homeostasis이라고 합니다. Homeo/homo는 **같다**는 뜻이고, stasis는 **자세, 위치**를 뜻하는 말로 여기서는 상태를 이야기합니다. 의학을 비롯한 과학 분야에서 항상 필요한 균형을 맞추어가는 상황을 표현하는 말입니다. 항상성은 정지된 것이 아니라, 계속 흔들리는 시소처럼 끊임없이 조절하면서 균형을 유지하는 것을 말합니다. 신장은 한시도 쉬지 않고 하루 150L, 코카콜라 1L짜리 150개 분량의 혈액을 걸러서, 1.5L 정도의 소변을 만들어냅니다. 심장과 달리 두근거리지는 않지만, 조용히 끊임없이 우리 혈액의 항상성을 책임지는 기관입니다.

부신adrenal gland

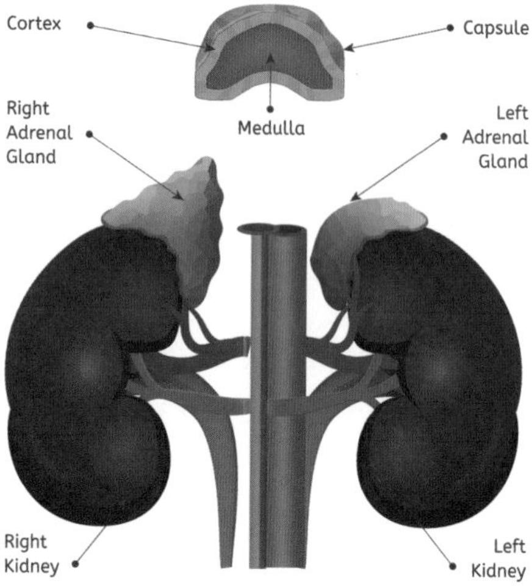

▲ 부신

신장 위에 작은 조직이 붙어 있는데, 부신adrenal gland이라고 합니다. 신장renal 위에 작게 덧붙어져ad 있는 분비선gland이라는 뜻입니다. 여기서 분비되는 호르몬이 아드레날린adrenaline입니다. 아드레날린을 에피네프린epinephrine이라고도 부르는데, epi는 ad와 마찬가지로 덧붙었다는 뜻이고 nephro도 신장이니 완전히 같은 말입니다. 제우스와 주피터처럼요. 유럽에서는 아드레날린을, 미국에서는 에피네프린을 더 자주 사용한다고 합니다. 어느 쪽이든 이해는 하죠.

ad·renal·ine, epi·nephr·ine: 덧 · 신장 · 물질, 즉 부신샘 물질

비슷한 역할을 하는 호르몬으로 코티솔cortisol이 있습니다. 스테로이드 호르몬의 일종인데, 부신에서 분비됩니다. 부신에도 피질cortex과 수질medulla이 있는데, 아드레날린은 수질에서 분비되고 코티솔은 피질에서 분비됩니다. 피질cortex에서 분비되는 호르몬이라고 코티솔cortisol인 겁니다.

아무리 쉬어도 피곤한 이유

어느 평범한 저녁 식사시간, 10살 먹은 아들 녀석이 오늘 하루는 너무 보람이 없었다고 투덜댔습니다. 어떻게 보냈길래 그러냐고 물었더니, 온종일 프로젝트를 마치고 시험 준비를 했다고 합니다. 엄청 보람 있게 보낸 거 아니냐고 다시 물었더니, 아들이 매우 의아하다는 듯이 저를 쳐다보며 말했습니다.

"아빠는 그래요? 저는 온종일 신나게 놀았을 때가 하루를 엄청 보람 있게 보낸 것 같아요. 진짜 기분이 좋죠."

장난기 없이 진지하게 답변하는 아들의 얼굴은 귀엽기보다 커 보였습니다. 저는 농담 반 진담 반 우리 아들이 나중에 구루산스크리트어 스승가 될 것이란 이야기를 많이 했습니다. 10여 년이 훌쩍 지난 지금도 힘들게 하루를 마치고 지친 몸을 소파에 털썩 던질 때면, 그날 저녁 아들의 의아한 얼굴이 생각납니다.

"오늘 하루 나는 얼마나 보람 있게 지냈나…?"

우린 끝까지 자신을 몰아붙였을 때 보람찬 하루를 보냈다는 생각을 합니다. "최선을 다했어…"라는 느낌일까요? 이렇게 자신을 몰아붙일 때 우리 몸에서는 코티솔cortisol이라는 스트레스 호르몬이 지속적으로 나옵니다. 코티솔은 일종의 전투준비를 하는 호르몬으로, 긴장하고 집중할 수 있게 만듭니다.

호르몬을 분비하는 샘gland이나 장기organ를 내분비 기관endocrine system이라고 합니다. Endo는 **안, 내부**를 뜻하며, crine은 그리스어 krinein에서 온 말로 **분리하다, 분비하다**의 의미입니다. 우리 몸 안으로 물질을 분비시킨다는 뜻인데 잘 느낌이 안 오죠? 반대말을 살펴보면 바로 이해될 거예요. 반대말은 exocrine system이에요. Exo는 **외부, 밖**을 뜻합니다. 외분비계, 즉 밖으로 분비하는 기관이란 뜻인데요, 땀, 눈물 등이 외분비계에 해당합니다. 이렇게 뿜뿜 혹은 줄줄 분비하는 것을 의학용어로 분비샘이라고 하고, 몸 밖으로 나오는 것은 외분비, 안으로 나오는 것은 내분비라고 합니다. 눈에 보이지 않을 뿐이지 우리 몸속에서도 무언가 흘러나오고 있습니다. 상상해보면 뭔가 좀 불쾌하죠.

- **Exo·crine**: 외분비, 눈물 · 침 등
- **Endo·crine**: 내분비, 인슐린 · 코티솔 등

부신피로증후군adrenal fatigue syndrome

눈물을 흘리고 흘리다 더 나올 눈물이 없어 눈이 말라버린 경험을 해보셨나요? 부신도 코티솔을 너무 많이 흘려버리면, 모두 말라버립니다. 스트레스 호르몬이라고 해서 나쁘게 생각하기 쉽지만, 우리가 싸워나갈 수 있게 만들어주는 꼭 필요한 호르몬입니다. 코티솔이 다 떨어지고 나면 정작 힘을 내고 집중해야 할 때 무기력이 와서 아무것도 할 수 없게

됩니다. 이런 상황을 부신피로증후군이라고 합니다. 처음에는 단지 아침에 일어나기 힘들고 오후가 되어야 정신이 드는 증상으로 시작할 수 있습니다. 건강한 사람은 아침에 코티솔이 뿜! 뿜! 나와서 전투준비를 하는데, 부신피로가 시작된 사람은 아침에 나올 코티솔이 부족합니다. 그래서 식욕도 없고 머리도 멍합니다. 정신을 차리려고 커피를 찾게 되죠. 그러다 이런저런 일을 하고 나서, 오후가 되면 코티솔이 분비되기 시작합니다. 저녁까지 야근하고, 다른 사람들과 긴장 속에서 관계하다 보면, 이제 그만 나와야 할 코티솔이 멈추지 않고 계속 나옵니다. 전투태세를 유지하고 있자니 잠이 오질 않습니다. 이렇게 코티솔이 소모되고, 다시 무기력한 오전이 반복되죠.

이런 번 아웃 상황이 반복되면, 부신샘은 완전히 고갈되고 맙니다. 아무리 쉬어도 몸이 회복되지 않고, 조금만 일을 해도 극심한 피로를 겪게 됩니다. 부신피로증후군의 종착역이죠. 그전에 브레이크를 걸고 꼭 회복해야 합니다.

'가족을 위해 이것만 참으면 된다', '여기까지만 하자', '모든 걸 불태워 보자' 모두 고귀한 생각입니다. 눈물 콧물을 흘려야 할 때도 있으니까요. 다만, 멈출 때를 알아서 완전히 말라버리게 하지는 말아야겠습니다. 우리 구루의 가르침처럼 인생을 충분히 즐기는 게 진정한 보람일지도 모릅니다.

"오늘 하루 너는 얼마나 보람 있게 지냈니?"

주말을 실컷 놀고 기분 좋게 금세 잠들어 버리는 우리 아들처럼, 제가 이 생을 마칠 수 있기를 기도합니다.

오줌길을 터라

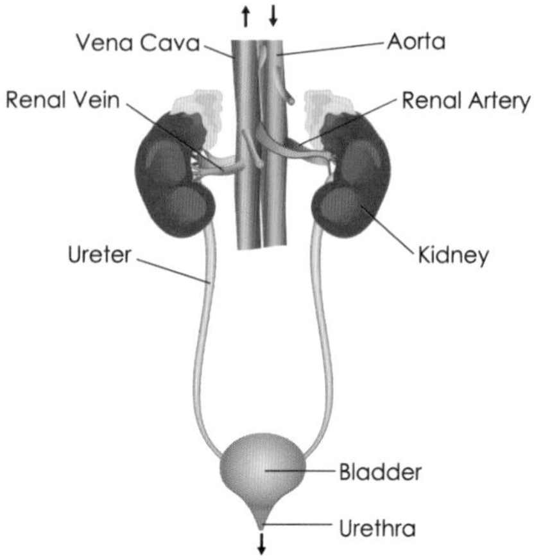

▲ 요로

요로ureter and urethra

신장에서 만들어진 소변이 요관ureter이라는 아주 가는 통로를 통해 방광으로 이동합니다. 방광urinary bladder은 소변을 담는 주머니이죠. 방광에는 거의 생맥주 한 잔500cc 정도를 담아둘 수 있습니다. 덕분에 소변을 계속 찔끔찔끔 흘리지 않을 수 있죠. 방광에서 **바깥 요도 구멍**external urethral opening까지 요도urethra를 통해 밖으로 배출됩니다. 여성은 요도의 길이가 4~5cm 정도이고, 남성은 대개 16~20cm 정도입니다. 10~15cm라는 엄청난 차이가 있고, 남성들은 의지와 상관없이 소변이 나오지 않는 질환으로, 여성들은 의지와 상관없이 소변이 나오는 질환으로 많은 고통을 받습니다.

요관으로부터 요도까지를 모두 합쳐 요로urinary tract라고 해요. 소변의 의학용어가 urin(e)이고, 소변을 보는 행위는 urination입니다.

- **신장부터 방광까지**: 요관ureter
- **방광에서 바깥 요도 구멍까지**: 요도urethra
- **모두 합쳐서**: 요로urinary tract

요관과 요도 모두 가느다란 빨대 같은 관입니다. 그래서 신장에서 생긴 돌이 빠져나올 때 극심한 통증을 느끼게 됩니다. 신장 내부에 돌이 있을 때는 별다른 통증이 없어요. 통증을 잘 느끼지도 못할뿐더러 위치도 잘 변하지 않기 때문이죠. 돌이 빨대 같은 관을 통과할 때야 통증을 유발합니다. 그 통증이 여성의 분만 시 통증과 비슷하다고 할 정도입니다. 앞서 배운 kidney stone은 요관으로 내려오는 순간 요로결석ureteral stone이 됩니다. 요관을 뜻하는 ureter와 stone이 합쳐진 단어입니다. 예스러운 말로 urolithiasis라고 합니다. 그러나 어디에 위치하건 모두 kidney stone이라고 부릅니다. 결국 kidney stone이 내려온 것이니까요.

요관과 요도는 이름과 위치가 헷갈릴 때가 있습니다. Ureter가 위쪽인가? 요관이 urethra인가? 이렇게 말입니다. 자, 이 한마디만 기억하시면 됩니다.

"오줌 길을 터라!"
ureter요관, urethra요도
터라의 터~ter가 먼저고, 터라의 라~thra가 뒤입니다.

전립선과 남성호르몬

요도가 막혀서 소변을 보기 힘들어지는 질환으로 전립선비대증이 있습니다. 전립선은 남성에게만 있는 기관이고, 남성호르몬의 영향을 받습니다. 초기엔 주로 약물치료를 하는데요, 피나스타와 같은 약을 흔히 사용합니다. 5-알파환원효소를 억제함으로써 남성호르몬의 일종인 DHT의 합성을 방해하는 약입니다. 어디서 들어본 느낌이 있죠? 예, 탈모치료제인 프로페시아와 같은 약입니다. 이렇게 남성에게만 있으면서 남성을 괴롭히는 2대 질환이 전립선비대증과 탈모입니다. 그래서인지 같은 약이 사용된답니다.

전립선비대증BPH:Benign Prostatic Hyperplasia

전립선은 prostate라고 합니다. 라틴어 prostat에서 나온 말인데, pro~는 **앞**에란 말이고, state는 **서다, 위치하다**의 뜻입니다. 그래서 **앞에 서 있는**이란 의미로 전립(선)前立(腺)이라고 하죠. 전립선은 요도urethra를 동그랗게 감싸고 있습니다. 근육이 아니기 때문에 원래는 가만히 있어야 하는데, 이게 나이가 들면서 점차 커집니다. 소변 길을 감싸고 있는 조직이 커지면서, 마치 괄약근이 요도를 조이듯이, 전립선도 요도를 조이게 됩니다. 그래서 만성적으로 소변이 잘 나오지 않게 됩니다.

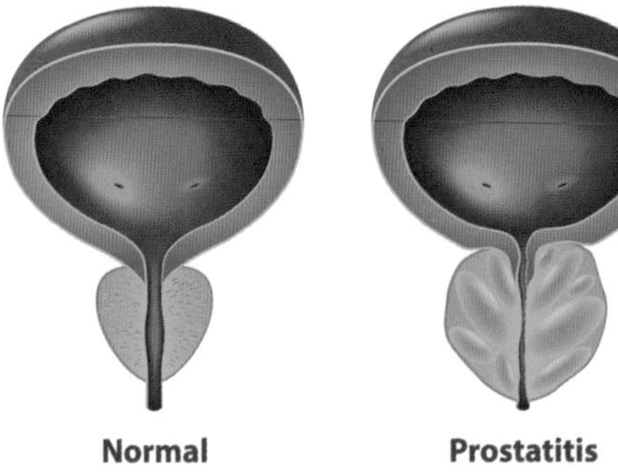

▲ 전립선비대증

전립선비대증benign prostatic hyperplasia의 benign은 **친절하다**는 뜻입니다. Benign이 양성이고, malignant는 악성이죠. 악성종양malignant tumor이 우리가 흔히 말하는 암종입니다. Hyperplasia는 **너무 커졌다**는 뜻입니다. **초월**을 뜻하는 hyper와 **변하다, 형성하다**를 뜻하는 ~plasia이죠. 즉, 전립선이 커지는 병인데 양성인 상황입니다.

Hyperplasia와 Hypertrophy

Hyperplasia와 비슷한 말로 hypertrophy가 있습니다. Hyperplasia는 커지긴 커졌는데, 세포의 수가 늘어난 경우를 말하고, 크기만 늘어나는 경우는 hypertrophy라고 합니다. 어렸을 때 살이 찌면 비만 세포의 수와 크기가 모두 증가하지만, 성인이 되면 세포의 수는 그대로고 세포의 크기만 늘어나죠.

- **Hyper·plasia**: 정상 이상으로 많아짐
- **Hypo·plasia**: 정상 이하로 적어짐
- **Hyper·trophy**: 정상 이상으로 커짐
- **Hypo·trophy**: 정상 이하로 작아짐

신경계와 정신과

여러분이 지금 책을 보고 있는 것도 모두 정신과 신경계의 활동입니다. 자율신경계, 부교감신경, 실어증, 자폐증. 모두 많이 사용하는 말인데, 어떻게 표현할까요? 역시 어원과 함께 살펴보겠습니다.

말초신경

저는 멋진 키보드만 보면 정신을 못 차리는데요. 이런 컴퓨터 주변기기를 영어로 페리페랄peripheral이라고 합니다. Peri~는 주변이란 뜻의 접두사입니다. 앞에서 소개한 폐경전후증후군perimenopausal syndrome을 기억하시나요? pheral은 전달한다는 뜻이에요. 즉, 주변으로 무언가 전달하는 기기란 겁니다.

Peripheral은 의학용어이기도 해요. 신경계라는 뜻의 nervous system과 합쳐 말초신경계peripheral nervous system를 뜻합니다. 말초신경계는 우리 몸의 키보드와 프린터 같은 존재입니다. 키보드로 정보를 전달받고, 프린터나 모니터에 출력을 하죠. 말초신경계가 근육에 신호를 주어 움직이게 합니다. 아래 그림은 모두 컴퓨터와 인간의 페리페랄입니다.

감각신경은 입력장치input device에 해당하고, 운동신경은 출력장치output device에 해당합니다.

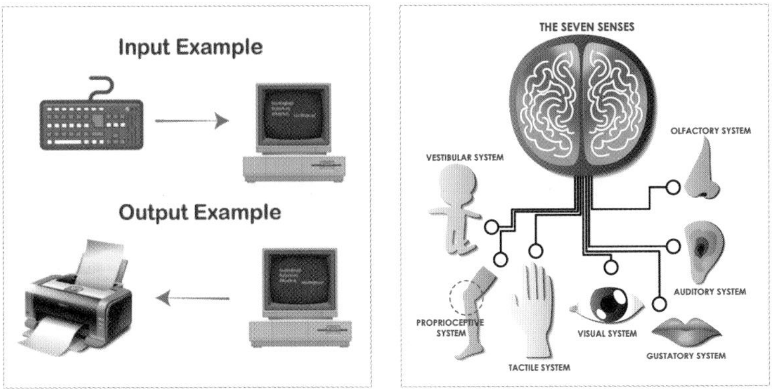

▲ 컴퓨터와 인간의 페리페랄

- **peri, around**: 주변, 테두리
- **phery, carry, bear, transport**: 운반하다, 전달하다

접두사 Peri

Peri는 사물의 **테두리, 가장자리**를 뜻하는 말입니다. Perimeter는 **주변, 둘레**를 의미합니다. 범죄 현장에 노란 테이프로 감싸서 사람이 못 들어오게 하는 것을 setting the perimeter라고 합니다. 의학용어에서 접두사 peri~가 붙은 단어를 몇 개 살펴볼까요?

Peri·cardium심장막, 심장을 둘러싼 막이에요. 심장을 뜻하는 cardi~가 붙어서 심장둘레, 즉 심장을 둘러싼 심장막을 가리킵니다.

Peri·arthritis관절주위염, 어깨 관절 주위에 석회 성분이 침착되어 통증이 유발되는 질환을 calcific periarthritis라고 하는데, calcific이 **석회**를 뜻합니다. Arthra는 관절, ~itis는 염증이니, 석회화관절주위염이 됩니다.

Peri·odontitis치주염, odont는 **치아**란 뜻이고, ~itis는 **염증**이니, 치아 주위의 염증을 뜻합니다. 치아는 라틴어로는 dent~, 그리스어로는 odont~예요. 페리오 치약을 다들 아시죠? 바로 periodont~ 즉 치아 주위를 뜻하는 치주에서 앞부분인 perio를 상표에 사용한 예입니다. 의미로는 치아 주위, 즉 잇몸에 좋은 치약이란 의미가 되죠.

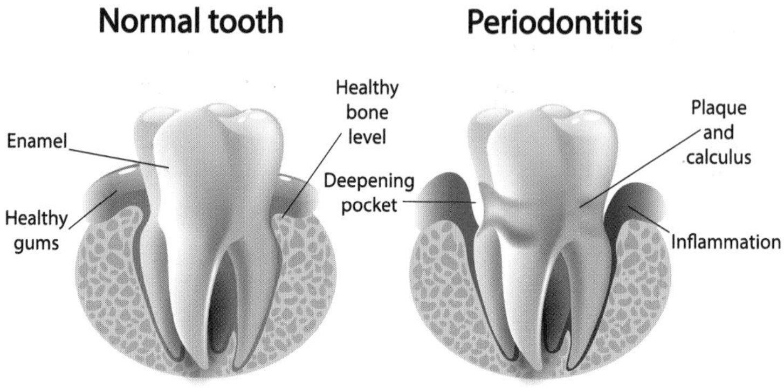

▲ 치주염

Peri·toneum복막, 배에 장기가 많죠. 이것들을 모두 감싼 막이 근육 아래에 있습니다. 아주 팽팽하게 비닐봉지처럼 장기를 담고 있죠. Toneum은 **팽팽하다**stretched는 뜻이고, 모든 것을 둘러싸서 peri가 붙었습니다.

그리고 제가 지금 이렇게 덧붙이는 말을 peri·phrase라고 합니다. Phrase는 **글의 구절**이란 뜻이니 짐작이 가시나요? 이야기에는 주제가 있는데, 그 중심에서 벗어나 주변에 관한 글, 즉 주절주절 쓸데없는 말이란 뜻입니다. 직접 주제를 말하지 않고, 빙~ 둘러서 말하는 것도 periphrase라고 합니다. 지금 이 단락이 주제에서 벗어난 periphrase일까요? 아니기를 바랍니다.

운반을 뜻하는 Phery

Ferry라는 단어가 ferian에서 나왔는데, 특히 물을 통해 운반한다는 뜻입니다. 그래서 운송을 한 댓가인 요금이라는 뜻으로도 사용되고, 강을 건너게 해주는 배라는 의미로도 사용됐습니다. 스펠링 f 대신 ph를 활용하는 phery도 있으며 이 역시도 운반하다라는 뜻입니다. 같은 발음, 같은 의미로 사용되었죠. 이성을 끌어당기는 호르몬인 페로몬pheromone 역시 호르몬을 뜻하는 ~mone과 끌어당기다라는 뜻의 페리phero가 합쳐진 말입니다.

- **ferry, ferian**: to carry, convey, bring, transport
- **phery, pherein**: to carry, to bear children

자 그럼, 접두사 peri와 phery를 이으면! 페리페리periphery는 **주변까지 무언가를 전달한다**는 뜻이 됩니다. 컴퓨터에 내가 **타이프를 하건**입력, **프린터를 하건**출력, 내가 손 **끝에서 따뜻함을 느끼건**sensory, 팔로 **친구를 안아주건**motor 모두 페리페랄periphery을 통해 이루어집니다. 그래서 말초신경계를 peripheral nervous system이라고 합니다. 뇌와 척수를 제외한 모든 신경을 포함하는 말이에요. 중추신경계는 뭐라고 할까요? 간단하게 central nervous system입니다.

- **Peripheral nervous system**: 말초신경
- **Pericardium**: 심장막
- **Peritoneum**: 복막
- **Periathritis**: 관절주위염
- **Periodontitis**: 치주염
- **Perimeter**: 경계, 주변시야계

손이 차면 마음이 따뜻할까?

인우: (조금 놀랐다가 이내 걱정하며) 손이 차요... 추워요?

태희: (깔깔 웃으며) 춥긴요... 여름인데.., 저 원래 손 차요. 워낙 마음이 뜨겁다보니까...

저도 손이 찬 편이에요. 중학교 때인가 친구에게 비슷한 이야기를 들었어요. "손이 차네? 손이 찬 사람들이 마음이 따뜻하데." 그런가? 하고 속으로 생각했었죠. 영어로도 비슷한 표현이 있어요.

"Cold hands, warm heart."

▲ 번지점프를 하다[17]

어쩌면 사실일지도 모르겠습니다. 자율신경계에 의해서 스트레스를 많이 받을수록, 상대방에 대해 신경 쓸수록 손발이 차가워지거든요.

손발을 차게 만드는 교감신경

자율신경계autonomic nerve system는 우리 몸의 기능을 자율적으로 조절하는 신경계로, 호르몬 분비, 혈액순환, 호흡, 소화 및 배설과 같은 여러 활동을 조절합니다. 이런 작용이 반사적이고 무의식적이기 때문에 자율신경계라고 불립니다. 의식하는 내 자율이 아니라 신경계 마음대로라는 말입니다. 좀 헷갈리죠? 아무튼, 우리는 우리 손을 마음대로 차갑게 할 수도, 따뜻하게 할 수도 없어요. 자율신경계는 다시 교감신경sympathetic nerve system과 부교감신경parasympathetic nerve system으로 나뉩니다.

17 김대승 감독, "번지 점프를 하다", 눈 엔터테인먼트, 2001년.

- **교감신경**: Sympathetic nerve system
- **부교감신경**: Parasympathetic nerve system

Sympathetic은 **같이**라는 sym과 **고통, 감정, 자극**을 뜻하는 pathetic으로 이루어진 단어입니다. Pathetic 역시 pathos에서 유래한 말입니다. 교감신경은 **자극에 맞추어 대응하는 시스템**을 뜻합니다. 특별히 전투 상황에서 자극되는데, 긴장해서 빠르게 행동해야 하는 상황이죠. 늑대를 만났다고 생각해보세요. 혹은 중요한 면접을 본다고 상상해보세요. 아래와 같은 반응이 일어납니다. 이 반응들을 **싸우거나 도망가는 반응** fight or flight reaction이라고 합니다.

> 1)동공은 확대되고, 2)혈관을 수축해 출혈을 막고, 3)근육으로 피와 영양분이 몰려들고, 4)심박수가 늘어나며, 5)입이 마르고, 6)소화기관은 운동을 멈춘다.

부교감신경은 교감신경과 반대로 가장 편안하고, 안정감을 느낄 때 활성화됩니다. 혈압, 심박수, 호흡 횟수를 낮추고, 소화기관의 활동을 활발히 하며, 소화액과 침 분비를 촉진합니다. Sympathetic은 stress의 S로 기억하시고, parasympathetic은 peace의 P로 기억하시면 되겠습니다.

착하고 내성적인 INFP가 손발이 찬 이유

손발을 차게 만드는 몇몇 병들이 있습니다. 레이노드병 Raynaud disease이라든가 **당뇨병성 신경병증** diabetic nephropathy 등이 해당합니다. 그런데 특별한 병이 없어도, 지속적인 스트레스로 인한 교감신경의 항진으로 손발이 차가워질 수 있습니다. 특히 여러분이 영화 속의 태희처럼 사람을 만날 때 주로 손발이 차가워진다면, 여러분은 그 사람을 지나치게 배려하고 있거나, 잘 보이려 애쓰고 있을지도 모르겠습니다. 첫 만남에 특별히 잘 보이려고 나도 모르게 긴장한다거나, 언제나 타인을 경계하는 사람이라면 더욱 손발이 차가울 거예요. 그래서 어쩌면 ENTJ보다 INFP의 손발이 더 차가울지도 모르겠습니다. 그만큼 상대방에 대해 배려하고 조심하고 있으므로 마음이 따뜻하다고 할 수도 있겠죠.

처음 만난 이성의 동공과 손발

처음 만난 이성의 손이 차고, 동공이 확대되어 있으며, 입이 말라 자꾸 물을 마신다면, 당신이 너무 마음에 들어 크게 긴장하고 있는 걸지도 모릅니다. 당신과 한바탕 싸우려는 것이 아니라면 말이죠. 처음 연애를 할 때는 이렇게 교감신경이 항진되다가, 점차 사랑이 깊어지며 편한 관계가 될수록 부교감신경이 자극되면서 동공이 축소되고, 손발도 따뜻해집니다. 자세도 점점 편해지지요. 이 모든 신체 변화가 자율신경계인 부교감신경과 교감신경의 균형이 부리는 마술입니다.

불편한 사람과 있으면 소화가 안 되는 이유

밥 먹을 때는 개도 안 건드린다는 말이 있습니다. 건드리면 바로 교감신경이 자극되기 때문이에요. 교감신경이 흥분되면 장 운동은 멈추고, 뭐를 먹는지도 모르겠고, 침은 말라서 물만 자꾸 들이켜게 됩니다. 결국 밥맛도 없고, 소화도 잘 되지 않습니다. 물론 손발도 차가워집니다.

만약 소화 기능이 좋지 않다면, 불편한 사람과의 식사는 피하세요. 차라리 혼자 먹는 편이 나아요. 왜냐하면, 마음이 너무 따뜻하고 예민하기 때문이죠. 현대 사회는 실제로 fight or flight 해야 할 호랑이나 늑대를 만날 수 없는데도, 일상이 지나친 자극으로 가득 차 있습니다. 불편한 회사 동료, 늘 예상보다 더 막히는 도로, 자려고 하면 어김없이 들려오는 층간 소음에 마치 산에서 늑대를 만난 것처럼 교감신경계가 자극되어 버립니다. 특히 내성적이고 마음이 여리다면 이런 현상은 더욱 심해집니다. 그러니 내 건강을 위해서 피하는 것도 좋은 방법입니다. 늘 아싸인 저도 〈김씨 표류기〉라는 영화를 보고 나서는, 한강의 '밤섬'에 가서 홀로 살아가는 상상을 하며 혼자 실실거렸습니다. 진지하게 '뭘 꼭 가져갈까?' 쓸데없는 생각을 하면서 말이죠.

가위눌림

한밤중 깨어나 목이 말라 물이라도 먹으려고 몸을 일으키는데 꼼짝을 하지 않습니다. 잠이 덜 깼나 싶어 눈을 똑바로 뜨는데, 눈앞에는 시커먼 형상이 아른거리고, 손발은 누가 꽉 잡은 듯 움직이지를 않습니다. 두려움에 식은땀이 나며, 엄마를 소리 질러 부르지만, 목소리는 안으로 삼켜질 뿐 밖으로 나오는 소리는 없습니다.

정말 생각만 해도 끔찍한 가위눌림이지만, 사실은 우리에게 꼭 필요한 현상이에요. 이 가위눌림이 없다면 큰일이 날지도 모릅니다. 의학용어로는 **수면 마비**sleep paralysis라고 합니다. 영어 표현에 scissor locked란 표현이 있는데, 레슬링 같은 기술을 이용해 꼼짝 못 하게 하는 것을 말합니다. "I got scissor locked while taking a nap"이라고 하면 낮잠을 자던 중 꼼짝할 수 없는 상태가 되었었다–가위에 눌렸었다–는 이야기입니다. 이런 수면 중 일어나는 이상현상을 parasomnia라고 합니다. **정**

상에서 벗어난para **수면**somnus 현상이란 뜻이에요. 공포영화 〈파라노말 액티비티paranormal activity〉가 이상현상이잖아요? 그 para처럼 정상이 아닌, 이상상태를 표현하는 접두사입니다.

불면증을 보통 insomnia라고 하는데, 잠을 뜻하는 somnus와 **부정**의 접두사 in이 결합한 용어입니다. 잠이 부정되니 못 잔다는 말이 됩니다. Parasomnia와 insomnia를 모두 합쳐서 dyssomnia라고 합니다. Dys는 **제 기능을 못하는**이란 뜻의 접두사입니다. 수면에서 일어나는 모든 문제를 포함합니다. 갑자기 잠이 들어버리는 기면발작narcolepsy도 dyssomnia의 범주에 들어갑니다.

- **In·somnia**: 불면
- **Dys·somnia**: 수면장애
- **Para·somnia**: 이상수면

가위눌림은 꼭 필요한 현상

가위에 눌리는 원인을 확실히 이해하면 가위가 눌려도 안정을 찾을 수 있습니다. 제 아내도 원인을 알고 난 후 두려움이 훨씬 덜해졌다고 매우 고마워했습니다. 왜 수면 마비가 필요한지, 또 가위눌림은 어떤 현상인지 이해하기 위해서 수면의 생리적인 면을 먼저 설명하겠습니다.

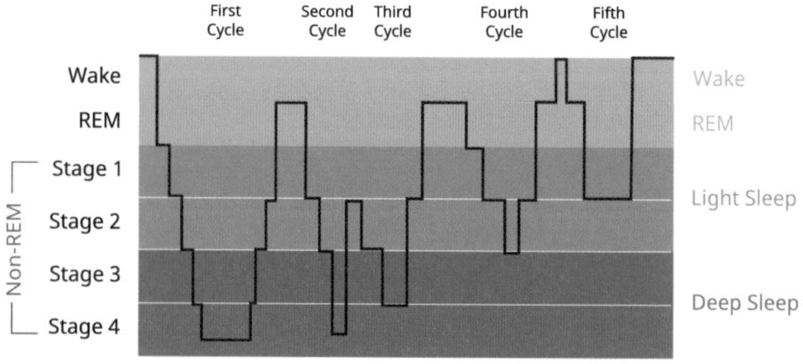

▲ 수면 사이클

위 수면 사이클을 보면 가장 연한 파란색 부분이 **렘 수면**REM:Rapid Eye Movement입니다. 눈동자가 아주 빠르게 움직이는 것이 특징인 수면 단계입니다. 잠자는 사람을 자세히 보면, 눈꺼풀 아래서 눈동자가 매우 빠르게 움직이는 것을 볼 수 있습니다. 바로 이 상태가 렘 수면 상태이며 꿈을 꾸는 단계이기도 합니다. 정신은 거의 깨어 있는데, 몸은 완전히 마비된 상태입니다. 이 모순되는 상황 때문에 역설수면paradoxical sleep이라고도 부릅니다. 이게 왜 필요할까요? 우리는 꿈속에서 남을 때리기도, 무작정 달리기도 합니다. 수면 중 마비는 꿈을 꿀 때 우리의 움직임을 막아주는 역할을 합니다. 꿈에서 움직일 때마다 실제 몸이 같이 움직이면 어떻겠어요? 몸이 성할 날이 없고, 옆에서 자는 연인과 아이들이 위험할지도 모릅니다. 수면 중 마비 덕분에 꿈을 꾸어도 안전하게 누워 있을 수 있습니다. 몽유병sleepwalking은 수면 중에 정상적인 마비가 일어나지 않아서 발생하는 것으로 parasomnia의 일종입니다.

좀 더 특별한 수면 상태가 있습니다. 그래프에서 완전히 깨기 직전 렘 수면을 보면 잠깐 awake로 치솟은 부분이 있습니다. 이때는 살짝 잠이 깬 겁니다. 하지만 몸은 움직일 수 없는 상태입니다. 이 상황을 가위 눌렸다고 표현합니다. 수술 중에 의식만 깨어나는 상황과 같습니다. 그래서 소리를 질러도 삼켜지고, 손발도 옴짝달싹 못 하는데 머리로는 온갖 생각을 이성적으로 하는 것입니다. 엄밀히 말하자면 수면 중 마비가 아니라, 수면 중 각성 마비라고 표현해야겠지요. 가위를 눌렸을 때, 왜 하필이면 그때, 산발을 한 여성이나 영정사진 속의 인물이 내 눈에 보이는지는 아직 과학적으로 설명되지 않습니다.

떨어지는 꿈

우리는 높은 곳에서 떨어지는 꿈을 꿉니다. 어릴 적에는 키가 크는 꿈이라고 좋아했던 기억이 납니다. 이것도 역시 우리의 신비한 수면과 관련이 있습니다. 렘 수면 단계에서는 단지 운동신경만 마비되는 것이 아니라, 우리 지각신경의 하나인 고유수용감각proprioception도 일을 멈춥니다. Proprio는 **나**prio를 **향하는**pro, 즉 자기 자신이란 뜻이고, ception은 받아들여 느끼는 감각을 말합니다. 근육, 힘줄, 관절로부터 내게 오는 움직임에 관한 정보를 느끼는 걸 말합니다. 이게 없으면 우리가 얼마나 힘을 주었는지 알지 못해요. 저는 어렸을 때 갓난아이를 안는 것이 매우 두려웠어요. 잘못 안으면 아이가 부서져 버릴 것 같은 느낌 있잖아요? 고유수용감각이 없으면 여러분들도 귀여운 아기를 너무 세게 안아서 울릴지도 모릅니다. 커피잔을 움켜쥐다 깨뜨릴지도 모르며, 가장 중요한 것은 올바로 걸음을 걸을 수도 없습니다. 땅에서 오는 저항과 내 근육의 반응을 알지 못하니까요. 그래서 근골격계질환을 오래 앓고 난 후에는 재활을 통해 이 고유수용감각을 회복하는 것도 중요합니다.

떨어지는 꿈은 고유수용감각이 마비된 상태에서 내 팔과 다리가 허공에 떠 있는 느낌을 받은 겁니다. 머리는 팔다리를 움직인다고 생각하는데, 고유수용감각의 마비로 아무런 정보가 되돌아오지 않으니 추락하는 상태라고 생각하게 됩니다. 이런다고 키가 크는지는 모르겠습니다. 아무래도 아닐 것 같죠?

감각을 뜻하는 Esthesia

고유수용감각을 운동감각kinesthesia이라고도 하는데, kines는 움직임, esthesiaaisthesis:그리스어는 느낌을 말합니다. 느끼지 못하게 마취하는 것은 부정을 뜻하는 a(n)를 붙여 anesthesia라고 합니다. 무감각증, 마취를 뜻하는 단어입니다. 아름다움을 표현하는 aesthetic 역시도 느끼다라는 aisthesis에서 나온 말입니다. 감상을 아름다움으로 표현한 단어죠.

- **Esthesia**: 감각, 느낌
- **Kinesthesia**: 움직임에 대한 감각
- **Anesthesia**: 감각을 무효화, 마취
- **Aesthetic**: 아름다움을 느끼는

p·sy·che(o)를 철자 그대로 읽어보세요

프·시·케(코)가 되죠? 프시케…, 귀에 익은 이름인데, 그리스 신화에서 에로스큐피드가 사랑에 빠졌던 여성입니다. 신화에서는 그녀를 인간 중 가장 아름다운 여성으로 묘사합니다. 여러분이 어떤 여성에게 사이코psycho 같다고 한다면 어떨까요? 사실 프시케와 같은 단어입니다. 어원이 같은 게 아니라 완전히 같은 단어요. 우리가 정신병자라는 의미로 사용하는 psycho는 그리스어로 psy · chē라고 하며 나비, 영혼을 뜻합니다.

▲ 프시케

Psychopsȳchē:그리스어: breath, spirit, soul, mind

19세기 독일의 정신과 의사인 코흐Koch가 정신을 뜻하는 단어 psycho에 병리를 뜻하는 접미사 ~pathy를 붙여서 사이코패시psychopathy, 독일어로는 psychopastiche라는 말을 처음 사용합니다. 직역하면 **고통받는 영혼**입니다.[18] 병명 psychopathy사이코패시에서 y를 빼고 psychopath사이코패스라고 하면 정신병자가 됩니다. 그리고 더 줄여서 psycho사이코라고 부르게 되죠. 정신병자에서 병자는 빼고 '정신'이 정신병자의 의미로 쓰이게 된 셈입니다. 여러분도 잘 아시는 알프레드 히치콕Alfred Hitchcock 감독의 영화 〈사이코〉를 통해 널리 알려지고 사용됩니다. 원래 사이코는 넓은 의미의 정신병을 의미했었습니다. 현재는 영화 덕분인지 조현병, 공격적인 정신질환자, 반사회적 성격장애를 가진 사람을 묘사할 때 주로 사용되고 있습니다. 인류 최고의 미인 프시케가 정신병자가 되어버리다니 혼란스럽습니다.

- **Psychiatry**: 정신과, ~iatry는 치료를 뜻하는 접미사
- **Psychiatrist**: 정신과의사
- **Psychoanalisys**: 정신분석
- **Psychopathy**: 정신병증
- **Psychosis**: 정신증, 정신인 문제(광범위한 총칭)
- **Psychopath, Psycho**: 주로 반사회적 성격장애 환자
- **Antisocial personality disorder**ASPD: 반사회적 성격장애

18 Kiehl KA, 〈THE CRIMINAL PSYCHOPATH: HISTORY〉, 《NEUROSCIENCE, TREATMENT, AND ECONOMICS》, 2011. 51:355–397

자기애성 성격장애

세상에서 누가 제일 아름답다고 생각하세요? 여배우? 아이돌? 저는 제 아내입니다. 아름다운 여성은 한 번만 봐도 기억에 남는데, 중고등학교 때 beautiful의 스펠링은 자주 헷갈리더군요. 'a가 들어가나?', '앞에 있나 뒤에 있나?' 그래서 단어를 분해해 봤습니다. 정말 멋진 뜻이 담겨있더군요.

Be · auti · ful

너 자신이 되어라!

자신[auti] 충만[ful] 함[be]이 아름답다란 뜻입니다. 자기다운 게 가장 아름답다는 거죠. 이렇게 풀이하고 나니, 특히 헷갈렸던 eau 부분을 틀리지 않게 되었습니다. 마치 아름답고 싶다면 가장 너다워지라는 명령처럼 들리기도 합니다. 하지만 아쉽게도 beautiful은 **아름답다**는 뜻의 라틴어인 bellitas에서 온 말이지, **나**를 뜻하는 auti와는 관련이 없습니다. 이사벨라Isabella라는 여자 이름을 들어보셨죠? 예쁘다는 뜻이에요. 아무튼, 제가 풀이한 Be·auti·ful이 더 그럴듯하지 않나요?

Auti는 자기 자신self을 뜻하는 접두사

Auti는 의학용어뿐 아니라 일상에서도 **자신**self을 뜻하는 접두사로 많이 쓰입니다. Automatic이라고 하면 스스로 움직이는 것이고, autopilot은 자율주행이며 autography는 스스로 기록하는 행동이라는 의미로 **서명**이 됩니다. 부검autopsy도 있습니다. 시각을 의미하는 접두사인 opt에서 비롯한 opsy보다가 사용됐습니다. 이것저것 짐작하지 말고 진짜 우리 눈으로 보는 행위인 겁니다. 앞에서 알아본 자율신경계autonomic nerve system도 있습니다.

- **Aut·ism**: 자폐증, 자신만 중심이 된
- **Aut·opsy**: 부검, 스스로 보다
- **Auto·graph**: 서명, 스스로 적다
- **Autonomic nerve system**: 자율신경계

자폐스펙트럼장애ASD:Autism Spectrum Disorder

영화나 드라마에서 자주 다루어지는 병으로 자폐증autism이 있습니다. 〈이상한 변호사 우영우〉의 우영우는 자폐증을 앓고 있지만, 멋지게 자신의 임무를 해냅니다. 정확한 의학용어로는 자폐스펙트럼장애라고 부릅니다. 다양한 형태와 양상을 스펙트럼spectrum이라고 합니다. auti가 자신

이니, 자신만 있는 병이란 뜻이죠. 자폐증 환자들은 시선이나 신체의 접촉 등 타인과 일체의 상호작용을 하지 못합니다. 상호작용은 나self, auti와 남과의 교감인데, 자폐증autism 환자는 나auti만 있으니 할 수 없는 거죠. 그래서 다른 사람의 감정을 이해할 줄 모르고, 타인을 배려하지 못하게 되면서 사회성 장애를 가져오게 됩니다. Autistic은 형용사 형태로 **자신에게만 향하는**이란 뜻입니다.

자기애성 성격장애narcissistic personality disorder

자기를 표현하는 다른 말로 나르키소스narcissus가 있습니다. 여기서 **자기애성 성격장애**narcissistic personality disorder라는 병의 이름이 나왔습니다. 물에 비친 자신의 모습에 반해 물에 빠져 죽어버린 신화 속의 청년 이름입니다. 정신의학에선 이 청년의 이름을 **자신을 사랑하는 병**에 이름 붙였습니다. 형용사로

▲ 수선화

바꾸어 나르시스틱narcissistic, 나만 사랑한다는 뜻이고, 이런 경향이 심한 상황이 자기애성 성격장애입니다. 이 병을 앓는 사람은 자신에 대한 애정과 집착이 너무 강해서, 다른 사람의 칭찬과 사랑과 같은 긍정적 관심을 끊임없이 필요로 하고, 충족되지 않으면 심한 분노와 우울감 등에 시달리게 됩니다.

신화 속에서는 자신의 모습에 반해 물에 빠져 죽은 청년의 자리에서 아름다운 꽃이 피어났다고 합니다. 그래서 그 꽃을 나르키소스라고 부르게 되었습니다. 우리나라 말로는 수선화라고 합니다. 주로 수선화로 번역되는 데포다일daffodils은 나르키소스의 한 종류입니다.

에고ego

Ego도 정신의학에서 자신을 표현하는 단어로 많이 사용됩니다. Ego-centric이라고 하면 자신ego만 중심centric이 되니 **이기적인** 것을 뜻합니다. 이기주의는 egoism입니다. 반대로 이타주의는 altruism이며 altru가 **다른 사람**을 뜻해요.

- **Altruistic**: 이타적인
- **Egoistic**: 자기중심의
- **Egocentric**: 이기적인(좀 더 부정적인 느낌)
- **Narcissistic**: 자신을 지나치게 평가하는
- **Autistic**: 자기에게만 향하는
- **Autonomic**: 자기가 스스로 하는

수다쟁이 배우의 실어증

언젠가부터 브루스 윌리스Bruce Willis가 B급 영화에만 출연한다며, 대충 귀찮으니 용돈벌이만 하는 것 아니냐? 스태프들과 사이가 안 좋은 것 아니냐?는 둥 여러 추측이 많았습니다. 그중 전 부인인 데미 무어Demi Moore가 브루스 윌리스의 건강을 이야기했다는 내용도 있었습니다. 대사를 외우기 힘들어한다는 내용이었죠.

그로부터 조금의 시간이 지난 지금, 브루스 윌리스의 은퇴 기사를 마주하게 됐습니다. 이유는 실어증이라는 병이었어요. 요즘 사람들은 잘 떠올리기 힘든 배우겠지만, 20년 전만 해도 가장 잘 나가는 배우 중 한 사람이었습니다. 액션 배우로 알려졌지만, 제 머릿속에는 장난기 많은 수다쟁이 배우입니다. 80년대 후반 TV시리즈 〈블루문 특급 탐정 사무소Moonlighting〉를 통해 처음 봤었는데, 쉬지 않고 떠드는 수다가 너무 재

빚어서 팬이 되었죠. 시빌 셰퍼드Cybill Shepherd와 티격태격하는 모습이 로맨틱하기도 했고요. 실제로는 두 사람의 관계가 원수 사이였다죠. 아무튼, 〈다이하드〉 시리즈를 비롯한 수많은 액션 영화로 사랑받던 사람이 이렇게 은퇴한다니 안타깝습니다. 그것도 수다쟁이 배우가 실어증에 걸려서라니요. 상상이 잘 가지 않네요. 4월 6일 야후 엔터테인먼트의 기사[19]는 이렇게 제목을 썼습니다.

▲ 브루스 윌리스

"Bruce Willis smiles in new photo with wife, Emma, after aphasia announcement"
실어증 진단을 받은 사진 속에서 브루스 윌리스는 아내와 함께 웃고 있다

실어증, 언어장애

위 기사 속의 문장인 after aphasia announcement에서 aphasia가 실어증입니다. 혹은 dysphasia라고도 합니다. A나 dys 모두 부정을 뜻

19 "Bruce Willis smiles in new photo with wife, Emma, after aphasia announcement", Yahoo Entertainment, 2022.4.7.

하는 접두사인데, a는 완전한 부정을, dys는 온전하게 기능하지 못한다는 뉘앙스가 있습니다. 실어증은 모두 같은 뜻으로 사용하지만요. Phasia는 그리스어로 말하다phemi에서 온 말입니다.

실어증은 인지 능력의 손상으로 발생하는 경우가 대부분입니다. 아마도 데미 무어는 브루스가 대본을 외우지 못하는 모습을 보고 치매를 걱정했는지도 모릅니다. 뇌의 여러 가지 영역이 노화 혹은 질병에 의해 손상되기 시작하는데, 그 손상 부분이 기억력이나 운동능력이나 감각과 관련된 부분일 수 있습니다. 특별히 말을 구성하고 인지하는 능력에 문제가 생긴 것을 실어증이라고 하며 치매의 한 양상으로 나타날 수도 있습니다.

Aphasia는 종종 aphagia와 혼동을 일으킵니다. Aphagia는 연하곤란, 즉 삼킬 수 없다는 뜻입니다. 그리스어 phageîn에서 온 말이며 **먹는다**란 뜻입니다. 먹지를 못하니 a·phagia, **삼킬 수 없다**라는 병명으로 부른 것입니다. 물리적인 소화기관의 폐쇄로도 올 수 있고, 신경계의 문제로 생길 수도 있습니다. 가장 흔하게 보는 것은 중풍으로 인한 연하곤란증입니다.

쉽게 정리해드리겠습니다. Aphasia는 speak의 s, aphagia는 꿀꺽 삼키다는 뜻의 gulp의 g. 확실하게 외우셨죠?

- **a(dys)·phaSia** = cannot Speak
- **a(dys)·phaGia** = cannot Gulp

이제 브루스 윌리스의 농담은 오랜 영화 속에서나 듣겠네요. 최근 그와 작업한 제시 존슨Jesse Johnson 감독의 이야기가 참 안타깝습니다.

"그는 현장에 있는 것을 행복해한다. 그러나, 촬영을 일찍 마치고 집에 일찍 들어가게 하는 것이 최선이다."

공포증

▲ Rene-Antoine Houasse, 1706

최근 들어 전화공포증을 호소하는 사람이 많다고 합니다. 저도 전화를 매우 무서워하는데요, 사실 생각해보면 전화는 매우 폭력적인 도구입니다. 이웃이 아무 때나 문을 쾅쾅 두드린다고 생각해보세요. 용건도 이야기하지 않고 즉각적인 응답을 요구하면서 말이죠. 늘 즉각 전화를 받아야 한다는 요구 자체가 매우 무례한 일입니다. 그래서 젊은 세대를 중심으로 내가 편할 때 회신할 수 있는 문자나 이메일을 선호한다고 합니다. 저는 전화를 두려워하는 게 공포증이 아니라 자연스러운 일이고, 지금까지의 전화 예절이 잘못이었다고 생각합니다. 저는 자주 전화를 꺼놓을 정도로 전화가 없는 세상에 살고 싶습니다.

전화공포증은 telephone phobia, tele–phobia, phone phobia, call phobia, phone anxiety 등 여러 가지 이름으로 불립니다. 위의 단어들 뒤에 붙은 phobia는 두려움을 뜻하고, 어디든지 **~phobia**만 붙이면 **무슨 무슨 공포증**이 됩니다.

- **여성공포증**: gyno[여성] + phobia
- **남성공포증**: andro[남성] + phobia
- **비행공포증**: aero[공기, 비행] + phobia
- **고소공포증**: acro[꼭대기, 끝] + phobia
- **폐소공포증**: claustro[잠겨진, 막힌] + phobia

Arachnophobia라고 거미공포증도 있는데요, 그리스 신화의 직물 짜는 여인인 아라크네[Arachne]에서 온 말입니다. 아라크네는 여신 아테네와 직물 짜기 경쟁을 벌여 승리합니다. 신화에서 신을 이긴 인간의 최후는 그리 좋지 않아요. 앞의 그림이 아테네에게 공격받는 아라크네입니다. 아라크네는 결국 저주를 받아 자살하고 마는데, 이후 거미가 되어 계속 아름답고 정교한 직물을 짰다고 하여 아라크네가 거미를 의미하게 됐습니다. 이 이야기는 로마의 시인 오비디우스[Publius Naso Ovidius]가 기원후 8년에 쓴 〈변신 이야기〉에 소개되어 유명해졌습니다.

세상에는 알려진 종류의 공포증이 수백 개라고 합니다. 그래서 의사들은 주관적이고 막연한 정신질환들의 친료와 치료를 표준화하기 위해 DSM–5라는 진단 시스템을 사용합니다. 여기서는 다섯 가지 범주로만 공포증을 분류합니다.

1. 동물에 관한 공포: spiders, dogs, insects
2. 자연환경에 관한 공포: heights, thunder, darkness
3. 신체손상에 관한 공포: injections, broken bones, falls
4. 특정 상황에 대한 공포: flying, riding an elevator, driving
5. 기타: fear of choking, loud noises, drowning

라흐마니노프의 피아노 협주곡 2번

제가 중학생이던 무렵에 워크맨이 유행했었어요. 워크맨을 살 형편은 못 되었지만, 집에 카세트 플레이어가 있었습니다. 좌우에서 다른 소리가 나온다는 사실만으로도 감동하던 때였습니다. 주로 라디오를 듣고 방송을 녹음하던 용도였지만, 큰 마음 먹고 테이프를 하나 사기로 했습니다. 처음으로 제 돈을 모아서 산 테이프가 정경화의 차이코프스키 바이올린 협주곡이었어요. 독주 악기와 오케스트라가 경쟁하듯 으르렁하며 싸우다가도, 서로 속삭이며 대화하는 모습은 협주곡에서만 느낄 수 있는 매력이었습니다. 독주 연주자가 맘껏 실력을 뽐내는 부분도 협주곡의 매력입니다. 그렇게 빠진 협주곡의 종착역은, 바로 **라흐마니노프의 피아노 협주곡 2번**이었고, 늘 제가 가장 사랑하는 클래식이 되었습니다. 어렸을 때는 달콤하고 사랑스러운 2악장을 좋아했지만, 지금은 피날레의 부분도 참 좋습니다.

이렇게 사랑스럽고 아름다운 피아노 협주곡은, 사실 누군가를 위해 헌정된 곡입니다. 라흐마니노프는 악보의 첫머리에 헌정된 이의 이름을 똑똑히 밝혀 놓았습니다. 누구일까요?

1) 첫사랑, 2)불륜 상대, 3)아내

그가 이 사랑스러운 곡을 바친 대상은 바로 의사였습니다. 계속되는 실패로 우울증에 빠져있던 라흐마니노프를 지지하여 다시 곡을 쓸 수 있게 만들어준 니콜라이 달Nikolai Dahl이란 정신과 의사였습니다. 악보 맨 위에는 "a Monsieur N. Dahl"이라고 적혀 있습니다.

▲ 니콜라이 달

얼마나 부러운지, 내 환자 중엔 저런 사람이 없을까? 생각하게 됩니다–생각해보니, 제게도 책 머리말에 감사의 말과 함께 제 이름을 적어준 작가분이 계십니다–. 내 환자가 아니더라도 환자와 절대 사랑에 빠지면 안 되는 의사는 어떤 의사일까요? 정신과 의사라고요? 소아청소년과 의사입니다.

Suggestion and Reassurance

니콜라이 달이 사용한 치료법은 최면hypnosis이였습니다. Hypnosis는 그리스 신화 속 수면의 신인 히프노스Hypnos에서 유래한 말입니다. 로마신화에선 솜누스Somnus라고 불렸습니다. 어디서 봤죠? 예, insomnia의 somnia가 Somnus에서 왔습니다. 복약법에서 qhsquaque hora somni, 자기 전에 복용하란 뜻이었죠? 여기서 somni도 수면을 뜻합니다.

당시에 최면은 우울증 치료 방법으로 유행했다고 합니다. 암시 요법suggestion therapy의 일종입니다. 의학에서 suggestion은 최면과 같은 치료를 일컫는 말로 쓰입니다. 미국 심리학협회APA에서는 암시 요법을 다음과 같이 정의합니다.

Suggestion은 **암시**, reassurance는 **확신, 확언, 혹은 안심시키기**를 의미합니다. **자기 확언**self-assurance은 지금도 널리 쓰이는 방법입니다. 예를 들어, 매일 아침 거울을 보고 이야기하는 것, 이런 자신과의 대화가 reassurance입니다.

"나는 멋진 사람이야. 오늘도 힘차게 인생을 살 거야" 이런 암시 요법은 인격personality을 변화시키지는 않지만, 긍정적인 감정이나 행동을 유발할 수 있습니다. 흔하게 다음과 같은 질환, 문제들에 주로 사용됩니다.

- **불안장애**: anxiety disorder
- **불면증**: insomnia, in부정 + somnus잠
- **우울증**: depressive disorder
- **공황장애**: panic disorder, 그리스 신화의 놀라게 하는 괴물 pan에서 유래

편두통migraine

한쪽만 아픈 통증을 **편측성 통증**unilateral pain이라 하고, 양쪽이 모두 아프면 **양측성 통증**bilateral pain이라고 합니다. Uni는 하나고, bi는 둘! 기억하시죠? 그래서 보통 한쪽 머리가 아프면 편두통이라고 생각합니다. 편두통이 언제나 편측성 통증일까요? 아래는 Practical neurology에 2014년에 실린 편두통에 관한 글에서 발췌한 내용을 번역한 겁니다.

편두통이 한쪽만 아픈 경우가 60%, 양쪽 모두 아픈 경우가 40%입니다. 편두통 환자의 약 15%만이 항상 같은 쪽에서 통증이 발생하는 편측성 두통을 호소합니다.

생각 외로 bilateral pain인 경우가 많지요? 편두통으로 머리 전체가 아플 수도 있고, 긴장성 두통과 같은 다른 종류의 두통으로도 머리 한쪽만 아플 수 있습니다. 그래서 한쪽 머리만 아프다고 편두통migraine이라고 진단하면 안 됩니다. 얼마 전 한 신경과 선생님에게서 편두통이 "머리 한쪽이 아픈 걸 이야기하는 것이 아니다"라는 말을 들었습니다. 맞는 이야기죠. 이어서 "migraine 단어 자체가 머리 한쪽만 아픈 것과는 아무 상관이 없다"고도 했어요. 그런데 놀랍게도 migraine이란 말의 어원을 살펴보면, 정확하게 머리 한쪽이 아프다는 뜻입니다. 그리스어 hemī–kraníа라는 말이 라틴어로는 hemi–crania, hemi~는 반을 뜻하고 crania는 머리, 두개골을 뜻하는 말입니다. 이 단어가 유럽에서 입에서 입으로 전해지면서 맨 앞의 he는 거의 안 들리게 되어 mi–crania가 되고 마침내 migraine이 된 것입니다. 정확히도 머리 한쪽이 아프다는 거죠.

그런데 hemicrania라는 두통도 있습니다. 반두통인데, 고대 그리스부터 한쪽이 아픈 것을 부르는 말이었습니다. 현대의 편두통은 전조를 갖는 일련의 독특한 병만 이르는 말로 사용됩니다. 엄밀히 말하자면 편두통도 hemicrania라고 할 수 있지만, 이건 병명이라기보단 복통과 같은 증상명입니다.

- **Hemi~**: 반쪽
- **Hemiplegia**: 반쪽마비, 반신불수
- **Hemicrania**: 반두통
- **Cranium**: 두개
- **Cranial nerve**: 머리에서 나오는 12개의 말초신경
- **Cranial bone**: 두개골

가장 흔한 두통은 크게 세 가지로 나눕니다. 긴장성 두통tension headache, 편두통migraine, 그리고 군발성 두통cluster headache입니다. 긴장성 두통은 보통 뒷목이 뻣뻣하거나, 이마 부위가 조이듯이 아픈 상황인데, 편측성 통증인 경우도 많아서 환자들은 자신이 편두통을 앓고 있다고 생각합니다. 진통제에도 잘 반응하며 쉬면 크게 좋아집니다. 편두통도 한쪽만 아픈 경우가 흔하며 박동성이라고 해서 맥박이 뛰듯이 아픕니다. 그래서 옛날에는 편두통 약을 광고할 때 딱따구리가 머리를 쪼는 그림으로 표현했어요. 은근히 쪼이는 게 아니라 딱, 딱, 딱 하죠. 머리가 터져나간다는 표현도 많이 합니다. 가장 큰 특징은 전조증입니다. 아프기 전에 미리 편두통이 올 것을 예상한다는 거죠. 두통이 오기 수 분에서 수 시간 전부터 눈에 뭐가 보인다든가, 소화가 안 된다든가, 소리에 예민하다든가 하는 다양한 증상이 미리 나타나게 되는 거지요. 군발성 두통은 한쪽 눈이 빠지는 것처럼 아픈 것이 특징입니다. 아래 그림이 눈이 빠져나가는 느낌을 실감 나게 표현했습니다. 극심한 통증이 한쪽 눈과 코, 귀 주변으로 나타나는데, 짧게보통 3시간 이내 완화했다 악화했다를 일정 기간 반복합니다. 그래서 군발cluster, 무리를 지어서 발병한다는 이름이 붙었습니다. 특징적으로 다른 쪽에는 두통이나, 눈물, 안와통 등이 나타나지 않습니다.

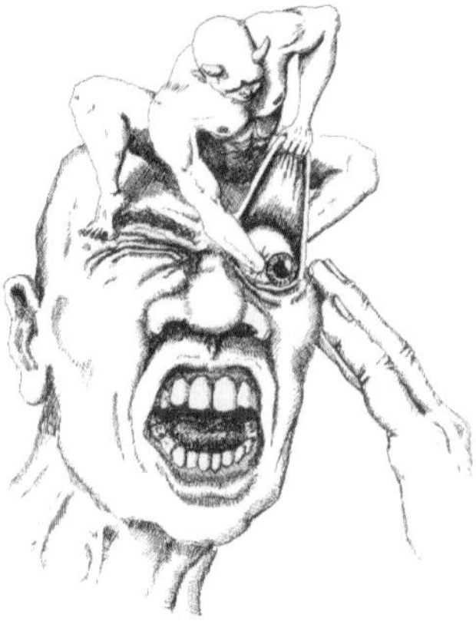

▲ 눈이 빠질듯한 고통[20]

20 위키백과, "THE CLUSTER HEADACHE", by JD Fletcher, CC BY-SA 3.0

근골격계

책을 읽는 동안에도 근손실이 걱정이신가요? 헬스인의 팔꿈치라는 Weight lifters elbow라는 병도 있습니다. 어떤 병일까요? 이번에는 소중한 근육과 우리의 체형을 유지하는 뼈, 그들을 연결하는 인대와 건을 소개합니다. 기본적 개념을 설명하는 용어들을 말이죠.

어깨올림근, 견갑거근

컴퓨터를 많이 쓰는 분이라면, 오른쪽 어깨 안쪽부터 목 뒤쪽까지 자주 통증을 느끼실 거예요. 이는 견갑거근levator scapulae이라는 근육의 문제일지 모릅니다. 이 근육에 문제가 생기면, 다음 이미지와 같은 부위에 통증이 나타납니다.

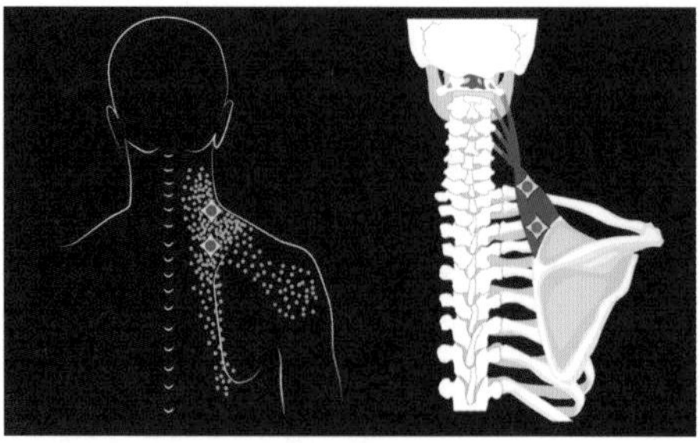

▲ 견갑거근 문제 시 통증 부위

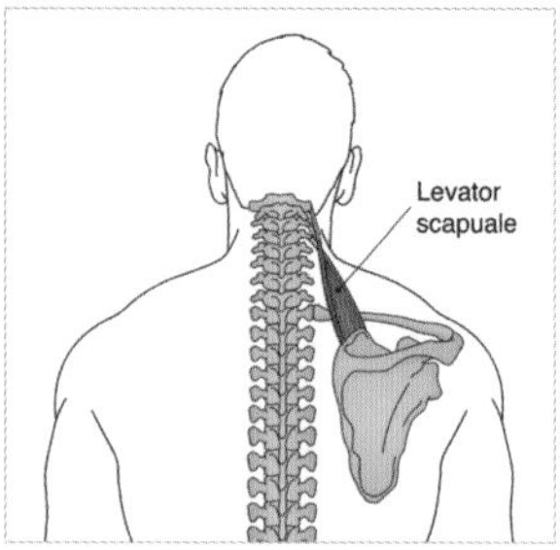

▲ 견갑거근[21]

견갑거근levator scapulae이란 이름은, 라틴어의 **올리다**란 뜻의 levate와 **어깨뼈** scapula로 이루어져 있습니다. 한글 용어로는 어깨올림근이라고 해요. Levator는 엘리베이터elevator의 어원이기도 합니다. 두아 리파Dua Lipa의 노래 〈Levitating〉도 그렇죠. 어깨뼈는 영어로 shoulder blade이지만 의학용어로는 scapula입니다. 견갑거근은 어깨뼈의 안쪽의 위쪽 모서리에서 시작해 목뼈경추 1~4번에 부착됩니다. 그래서 견갑거근이 긴장하면 뒷목이 한쪽으로 당기는 느낌이 들거나 어깨가 한쪽으로 올라가는 느낌이 드는 겁니다.

견갑거근의 통증에서 해방

현대인이 특히 혹사하는 근육인 견갑거근은 매우 작습니다. 스마트폰을 들거나 마우스로 스크롤을 내릴 때도 견갑거근이 사용됩니다. 온종일 일한다고 볼 수 있어요. 원래 하나님이 사람을 설계할 때는 이 근육의 쓸모가 그리 많다고 생각하지 않은 모양이에요. 그래서 작고도 약합니다. 반면 주로 순간적인 큰 힘으로 어깨를 올릴 때 사용하는 비슷한

21 http://www.triggerpointtherapist.com/

위치의 삼각근deltoid은 크고 강하게 만들었어요. 그러나 현대에는 타잔 처럼 덩굴을 탈 일도 없고 창이나 돌을 던질 일도 없으니 일상생활에서 삼각근은 그리 쓸 일이 없습니다. 운동으로 근육을 키우려는 게 아니라면 말이죠.

아무튼, 현대에는 견갑거근이 아주 많이 혹사당합니다. 이 불쌍한 근육의 관리 방법이 있습니다. 안 써야죠. 스마트폰을 내려놓으시고, 컴퓨터 사용을 줄이는 것이 첫째입니다. 둘째는 마우스나 타이핑할 때 의도적으로 어깨의 힘을 빼고 축축 늘어뜨리는 습관을 들여야 합니다.

견갑거근 스트레칭

어쩔 수 없이 컴퓨터 업무를 장시간 해야 한다면, 한 시간마다 견갑거근 스트레칭을 해보세요. 다음 그림처럼 아픈 쪽의 손으로 의자의 반대쪽 뒷부분을 잡고, 반대 방향으로 목을 늘려주시면 됩니다. 양쪽 모두를 해주세요. 이때 목에 지나치게 힘이 들어가면 안 되며, 어깨까지 늘어나는 느낌이어야 합니다.

두 번째 스트레칭 방법은 아픈 쪽의 어깨를 등을 긁듯 뒤로 올린 후, 고개를 반대쪽으로 스트레칭시켜 줍니다. 이렇게 하면 견갑골이 회전하면서 견갑거근의 부착부가 아래로 내려갑니다. 견갑거근을 확실히 늘려주는 방법입니다. 오른쪽 그림의 동작은 왼쪽 견갑거근의 스트레칭입니다. 역시, 목에는 힘이 많이 들어가지 않고, 어깨 쪽으로 근육이 늘어나는 느낌이 들도록 해주세요. 한 번에 10초씩, 번갈아 양쪽 모두 두 가지 스트레칭을 해주시면 됩니다.

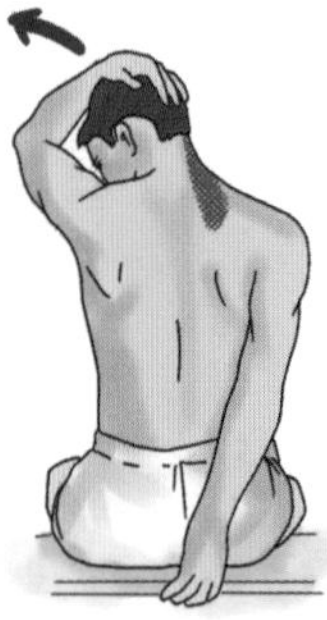

▲ 첫 번째 스트레칭

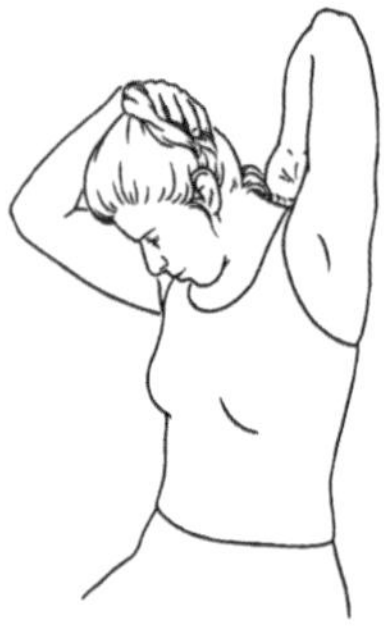

▲ 두 번째 스트레칭

근육의 종류

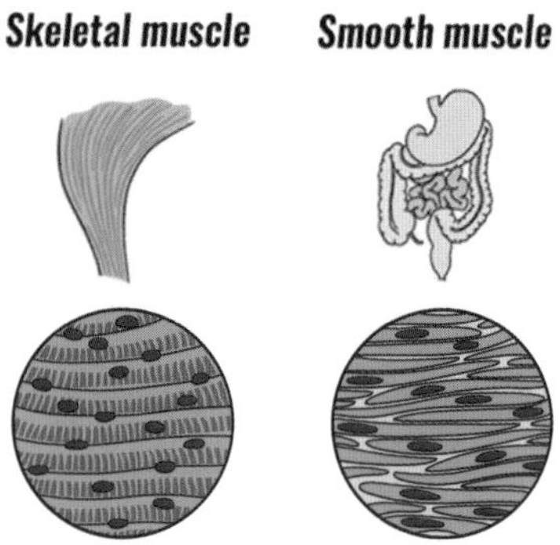

▲ 골격근무늬근

등심, 삼겹살, 목살… 정말 맛있는 고기들이죠. 모두 근육이라는 공통점이 있어요. 곱창도 좋아하시나요? 씹어보면 질감이 보통 고기랑은 다르죠. 곱창도 근육일까요? 맞아요. 그런데 종류가 다르죠. 근육에는 크게 두 가지 근육이 있습니다. 목살 같은 골격근과 곱창과 같은 내장근입니다.

- **골격근**무늬근: 목살, 안심, 등심, 갈빗살 등

  skeletal musclestriated muscle: voluntary muscle, mostly move joints

• **내장근**민무늬근: 곱창, 내장

smooth muscle: Involuntary muscle move intestines, throat, uterus, and blood vessel walls

어떤 차이가 있을까요? 목살은 결이 있어서 한 방향으로 찢어져서, 이빨 사이에 잘 끼죠. 곱창은 결이 없어요. 그래서 쫄깃쫄깃 씹는 맛이 있죠. 결이 있는 목살과 등심은 의학용어로 무늬근striated muscle이라고 불러요. Striated가 **결이 있다**는 뜻이에요. 우리 몸에서 주로 관절을 움직이는 근육인 골격근skeletal muscle이 가로무늬근입니다. 반면에 결이 없는 내장의 근육을 민무늬근, 평활근smooth muscle이라고 해요. 결이 없이 매끈하다는 뜻입니다.

내장근이지만 무늬근, 심장근육

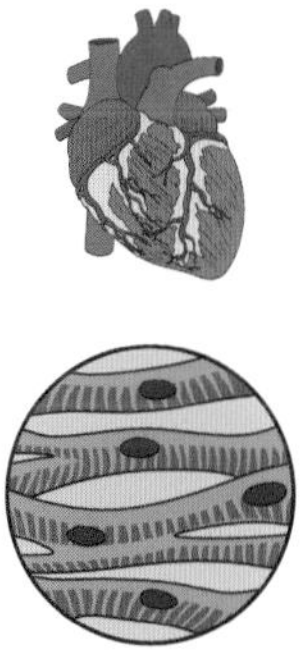

▲ 심장근육

저는 길거리에서 염통 꼬치를 자주 사 먹었습니다. 하나씩 빼먹으면 쫄깃한 것이 정말 맛있습니다. 소금 양념도 맛있고, 데리야키도 맛있고. 보통의 다른 부위 살과는 좀 다른 질감이 있습니다. 염통, 심장 근육은 평활근일까요? 무늬근일까요? 맛과 질감을 보면 좀 애매하죠? 심장은 골격근과 같은 무늬근이에요. 그런데, 내장근육과 같이 내 맘대로 움직일 수 없는 불수의근voluntary muscle이기도 합니다. 골격근처럼 한 방향으로 힘차게 움직이지만, 내 마음대로 움직일 수 없는 내장근의 특징도 있습니다. 근육섬유의 모양도 일반 무늬근과는 좀 달라서, 심장만 따로 cardiac muscle이라고 합니다.

결이 없는 골격근, 혀근육

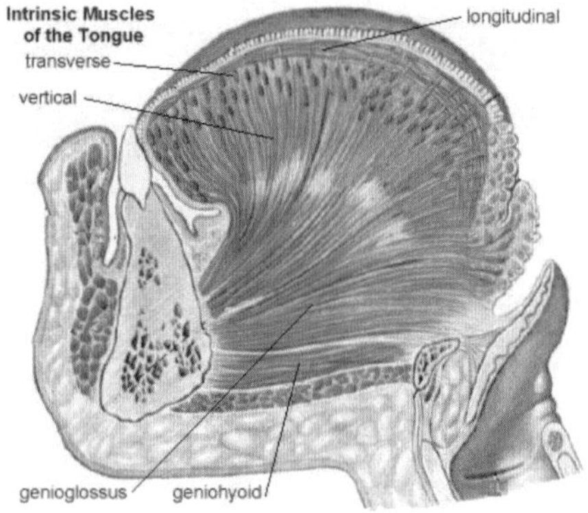

▲ 혀근육

학생 때 무슨 고긴지도 모르고 고급 고깃집에서 소의 혀를 먹었던 기억이 납니다. 싱싱해 보이는 새빨간 고기가 탐스러웠고, 누가 먼저 먹을까 봐서 잘 익지도 않은 것을 날름 집어 먹었습니다. 어? 근데 느낌이 이상한 거예요. 뱉을 수도 없고 얼른 씹는 둥 마는 둥 콜라와 함께 삼켰었습니다. 같이 있던 선배가 제가 이상하게 보였던지, "그거 뭔 고기인 줄 알아?" 하더군요. 그때, 촌놈인 저는, 소 혀를 고깃집에서 구워 먹는다는 사실을 처음 알았습니다. 혀도 보통 고기처럼 근육입니다. 혀는 평활근일까요? 골격근일까요?

혀가 내장, 즉 소화기에서 이어진 부분이라고 생각하면 내장근육평활근 같고, 내 마음대로 움직이는 것을 생각하면 골격근무늬근 같기도 합니다. 그렇다고 식감도 애매합니다. 역시 특별한 근육이기 때문이에요. 혀는 일단 무늬근이에요. 그런데 8개의 근육 섬유들이 가로세로로 엉켜있어요. 그래서 사방팔방 자유롭게 움직이고, 먹을 때의 식감도 결이 잘 안 느껴지는 거예요. 엉켜있으니 결이라고 부르기도 어렵죠. 그래서 혀의 근육은 엉켜있는 골격근, interwoven striated muscle이라고 합니다.

운동을 설명하는 용어

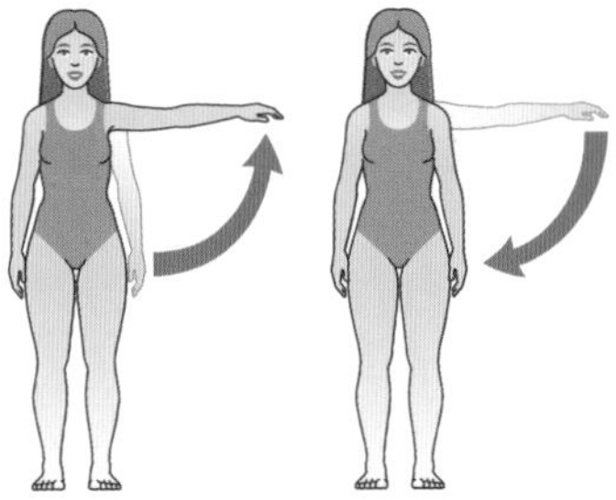

▲ 외전과 내전

외전abduction과 내전adduction

몸통에서 멀어지는 쪽으로 움직이면 외전이라 하고, 반대는 내전이라고 합니다. 팔을 옆으로 벌리면, 어깨의 외전 운동이고, 팔을 몸에 붙이면 어깨의 내전 운동입니다.

외전abduction은 납치하다abduct를 떠올리세요. 납치하면 멀리 도망가는 것처럼, 중앙에서 멀어지는 운동이 외전입니다. 내전adduction은 더하기add를 생각하세요. 중앙으로 모으는 동작이 내전이에요. 팔을 몸통에서 멀어지게 옆으로 들면 외전, 몸통에 붙도록 내리면 내전입니다. 다리를 옆으로 벌리면 고관절의 외전, 안으로 모으면 고관절의 내전입니다. 자 그럼, 다음 페이지의 운동은 고관절의 외전 운동일까요? 내전 운동일까요?

▲ 고관절 외전 운동

굽힘flexion과 폄extension

굽힘은 관절을 굽히는 동작굴곡, 폄은 관절을 펴는 동작신전을 의미합니다. 그러니까 관절이 펴져서 직선에 가까워지는 게 폄이고, 구부러지면 굽힘인데, 약간 혼란스러운 부분이 있습니다. 손목을 안으로 굽히면 굽힘인데, 손등 쪽으로 꺾으면 굽힘일까요? 폄일까요?

Flexion과 extension은 확실하게 펴는 동작이 정의될 때만 의미가 명확합니다. 예를 들어 무릎이나 팔꿈치처럼 한쪽으로 굽힐 수는 있어도 반대쪽으로는 굽힐 수 없는 경우에는 flexion과 extension만으로 운동을 설명할 수 있습니다. 하지만, 손목과 발목처럼 양쪽으로 굽힐 수 있는 경우에는 등 쪽으로 구부리는 것을 등을 뜻하는 dorsi를 써서 등쪽굽힘dorsiflexion이라고 합니다. 손바닥 쪽은 손바닥을 뜻하는 palmar를 써서 손바닥쪽굽힘palmar flexion, 발바닥 쪽은 발바닥쪽굽힘plantar flexion이라고 합니다. 보통 손목이나 발목이나 똑바로 편 자세neutral position를 넘어서 등쪽굽힘이 되어도, 폄extension이라고 표현하는 경우가 많습니다. 다음 오른쪽 손목운동 그림의 extension은 엄밀히 dorsiflexion이라고 해야 합니다.

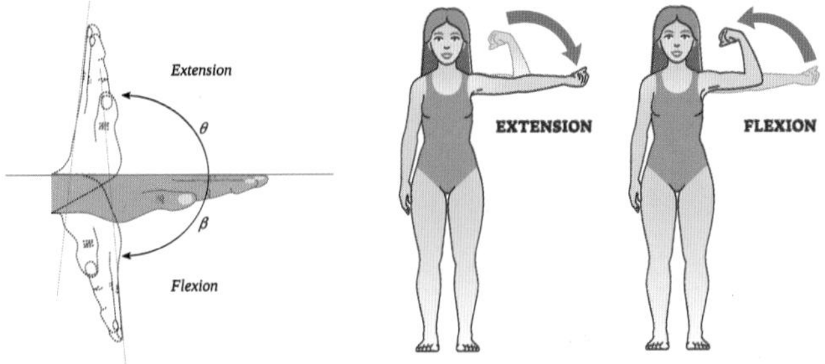

▲ 굽힘과 폄

외회전external rotation과 내회전internal rotation

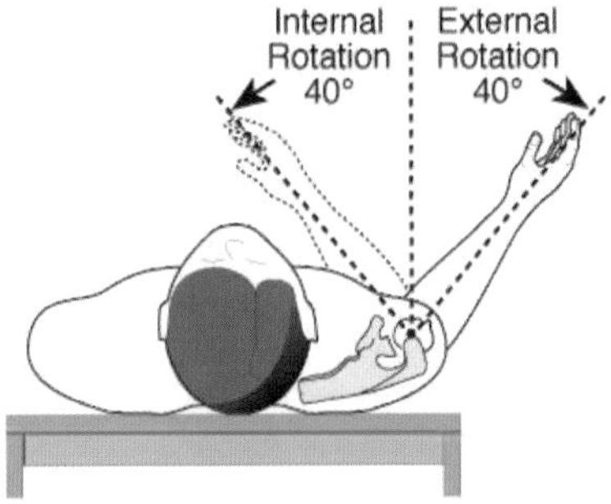

▲ 외회전과 내회전

Rotation은 관절을 돌리는 동작인데, 그 회전 방향이 몸에서 멀어지느냐 가까워지느냐로 외회전과 내회전으로 나뉩니다. 지금 바로 허리 근처의 등을 긁어보세요. 손이 허리에서 등 뒤로 갈 때 어깨는 내회전을 한 것입니다. 지금 앉은 자세에서 다리를 쩍 벌려보세요. 양쪽 다리가 멀어졌으니 외전abduction 되었고, 다리가 전반적으로 외측을 향하게 되었으니 고관절이 외회전external rotation 했습니다. 반대로 무릎을 모으고, 발을 벌려 앉으면 무릎을 모으면서 고관절의 내전adduction, 그리고 발목이 안쪽으로 돌면서 고관절의 내회전internal rotation이 일어납니다.

회외supination와 회내pronation

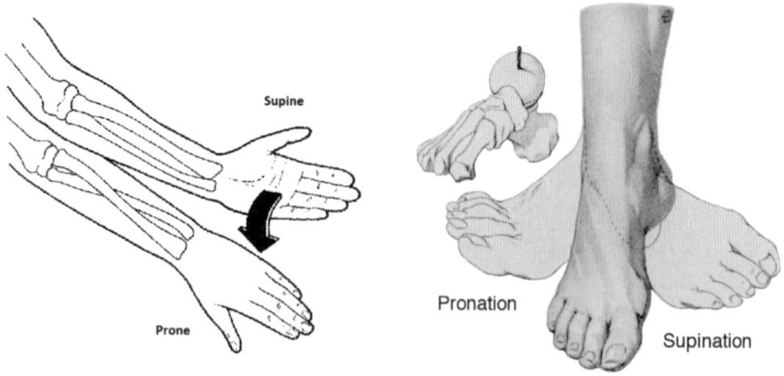

▲ 회외와 회내

손바닥이나 발바닥을 위로 보이게 트는 동작은 회외supination, 그 반대로 손등과 발등이 위로 위치하게 하는 동작은 회내pronation라고 합니다. 이 단어들은 앙아위supine와 복와위prone에서 온 말이에요. Supine은 천장을 보고 배가 위를 향하게 눕는 자세고, prone은 앞으로 배를 깔고 눕는 자세를 의미합니다. 배영과 같은 자세를 supine이라고 합니다. 이 동작을 손이나 발에도 그대로 적용해 보세요. 손등은 등, 손바닥은 배라고 생각하세요. 손바닥쪽이 위를 향하면 supination, 손등이 위를 향하면 pronation이 됩니다.

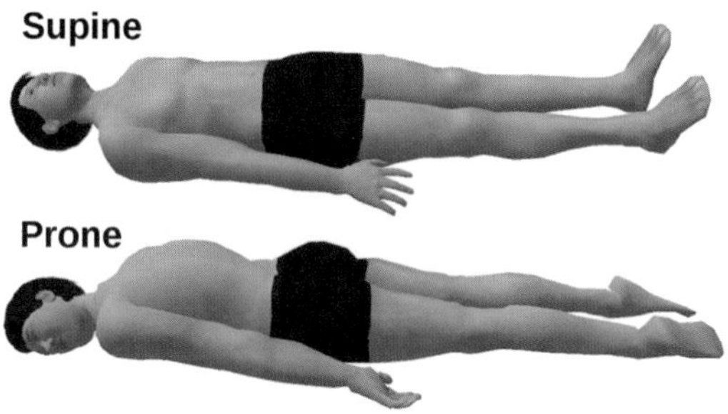

▲ 앙아위와 복와위

고양이 구석Kitty corner

"오늘이 무슨 날인지 알아?"라는 애인의 물음에 "응, 오늘 하체 하는 날이야"라고 대답한다면 당신은 몸을 만들 자격이 있습니다. 양측 하지는 의학용어로 bilateral lower extremeties라고 표현합니다. Extremety는 가장 끝을 의미해서, 의학에서 팔다리를 표현할 때 사용합니다. 이번에 이야기할 용어는 양측을 의미하는 bi·lateral입니다. Bi는 **둘, 양쪽**을 의미하고, lateral은 **측면**이니, 말 그대로 양측이 됩니다. 한쪽 다리만 운동한다면 하나를 표현하는 uni를 써서 uni·lateral이라고 합니다.

- **Bilateral**: 양쪽 모두에 있다
- **Unilateral**: 한쪽에만 있다

그럴 일은 없겠지만, 동측인 오른쪽 팔과 오른쪽 다리만 운동하는 경우엔 ipsilateral이라고 합니다. 접두사 ipsi~는 self or same를 의미합니다. 예를 들어 오른팔과 오른다리에 종기가 있으면, 같은 쪽이라고 해서 ipsilateral이라고 합니다.

그럼, 오른쪽 다리와 왼쪽 상지를 운동한다면 어떻게 표현할까요? 영어 표현에 kitty corner 혹은 catty corner라는 말이 있습니다. kitty나 catty는 모두 고양이를 뜻하지요. 고양이가 사람이 다가가면 반대쪽 구석에 가서 웅크리고 있잖아요? 그래서 상대적으로 가장 먼 대각선 쪽의 코너를 kitty corner 혹은 catty corner라고 합니다.

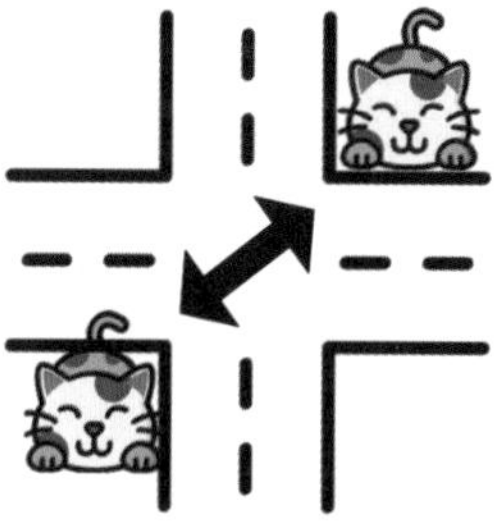

▲ 키티 코너

이 위치를 의학용어로 표현하면 contralateral입니다. 접두사 contra는 **반대**를 뜻하고, lateral은 **측면**을 뜻합니다. 반대쪽 측면, 내가 있는 곳에서 대각선 반대쪽을 의미합니다.

- **Contral-lateral**: 대측면, 반대쪽 측면
- **Ipsi-lateral**: 동측면, 같은 쪽 측면

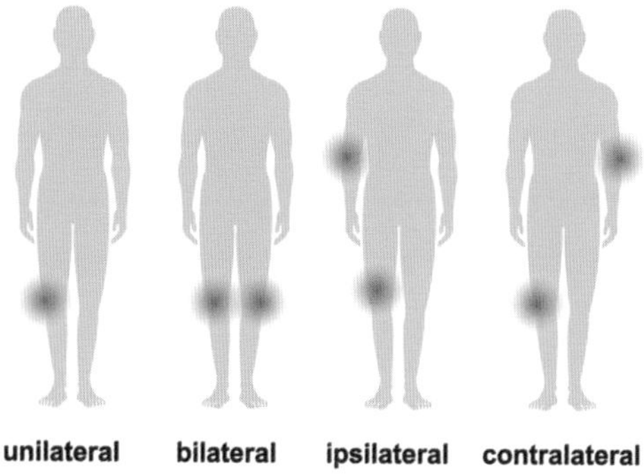

▲ 위치 표현

- **Right hand unilateral dermatitis**: 오른손에만 있는 피부염
- **Bilateral lower extremity paralysis**: 양측 하지 마비
- **Contralateral eczema area**: 대각선 맞은편 피부염 병변
- **IBTR, Ipsilateral breast tumor recurrence**: 동측 유방내 종양 재발

허니문 마비와 풋드롭

허니문 마비, 토요일 밤의 마비

허니문 마비honeymoon palsy라는 로맨틱한? 이름의 병이 있습니다. 사랑하는 아내를 위하여 밤새 팔베개를 해주고, 아침을 맞았습니다. 커피를 따르려고 컵을 들려는데, 손목이 움직이지 않아 깜짝 놀라는 거죠. 의학적으로 요골신경마비radial nerve palsy라고 하는 질환입니다. 손목으로 가는 신경이 압박되어 손목의 힘을 쓸 수 없게 됩니다. 손목에 힘이 빠진다고 하여 손목하수wrist drop라고 합니다.

허니문 마비는 토요일 밤의 마비saturday night palsy라고도 불립니다. 진하게 파티를 하고 의자에 팔을 걸치고 잠들었더니 아침에 팔을 못 쓰는 상황입니다. 마찬가지로 요골 신경이 일시적으로 눌려서 나타나는 증상입니다. 환자들은 매우 깜짝 놀라겠지만, 다행히 대부분 자연적으로 치유가 됩니다.

오래 전의 할아버지 환자가 기억나요. 중풍이 온 것 같다고 몹시 걱정하셨는데, 새끼손가락 쪽으로 저린 증상이었죠. 자세히 물어보니 팔걸이에 팔을 받힌 채로 장시간 차를 타고 오셨더라고요. 이 경우는 척골신경ulnar nerve이 눌려서entrapment 생기는 일시적인 증상입니다. 왜, 팔꿈치 안쪽을 빠르게 톡! 때리면 손끝으로 전기가 오죠? 그게 바로 척골신경의 자극입니다.

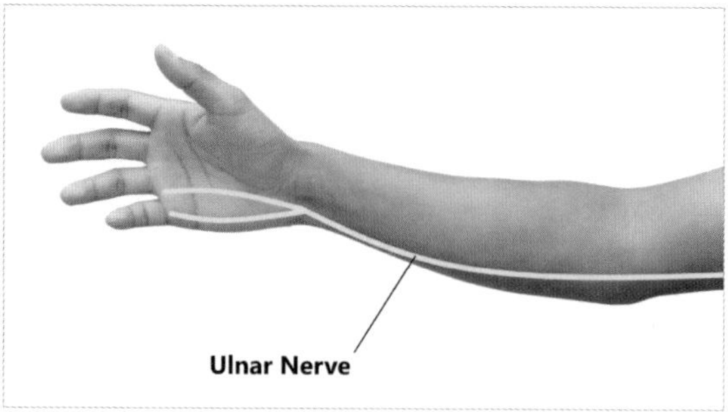

▲ 척골신경

발하수foot drop

발하수는 발목을 올리는 신호를 보내는 총비골신경peroneal nerve의 문제로 생깁니다. 무릎 수술이나 고관절 수술 도중 신경의 손상, 척추 질환으로 인한 신경근의 손상으로 생길 수 있는 질환입니다. 환자는 발목을 사용할 수 없어져서 발을 끄는 걸음을 걷게 됩니다.

운동의 이름이 붙은 병들

테니스 엘보, 골퍼스 엘보

팔꿈치 관절에 생기는 병이 많습니다. 흔하게 접하는 테니스 엘보는 의학용어로 외측상과염lateral epicondylitis이라고 합니다. Epi는 epilog와 epinephrine의 그 epi~입니다. **덧붙었다**란 뜻인데, 어디에 덧붙었는가? 팔꿈치 뼈의 튀어나온 부분condyle에 덧붙어 있습니다. 팔꿈치 외측lateral 튀어나온 곳에 염증이 생기면 테니스 엘보외측상과염:lateral epicondylitis, 내측medial 튀어나온 곳에 염증이 생기면 골퍼스 엘보내측상과염:medial epicondylitis라고 합니다.

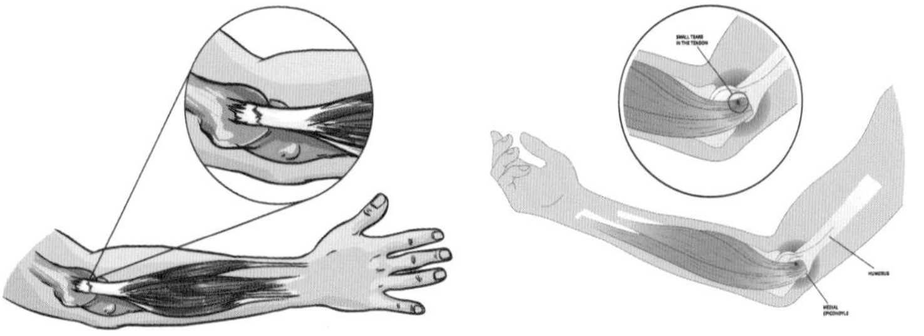

▲ 외측상과염과 내측상과염

피쳐스 엘보, 타미존 수술

골퍼스 엘보는 피쳐스 엘보라고도 하는데, 야구 투수들이나 골퍼들이 내측상과medial epicondyle에 손상이 자주 생기기 때문입니다. 아픈 부위는 비슷한데, 인대가 손상된 경우가 있습니다. 특히 야구 투수에게 자주 생기는 병으로 척골측부인대 손상ulnar ligament tear이라고 합니다. 팔꿈치 내측의 인대가 완전히 닳아 없어지기도 하는데, 이때 하는 수술이 타미존 수술Tommy John surgery입니다.

헬스인의 팔꿈치, 웨이트리프터스 엘보

팔꿈치 뒤쪽이 아픈 병으로 웨이트리프터스 엘보triceps tendonitis가 있습니다. 웨이트 운동을 할 때 팔을 펴는 동작에 무리가 와서 팔꿈치 뒤쪽이 아픈 병입니다. 팔꿈치를 펼 때 주로 힘을 쓰는 근육이 삼두근triceps brachii이어서, 삼두근 건triceps tendon에 과사용 손상overuse injury이 생긴 병입니다. 건이 아닌 점액낭에 염증이 생겨서 통증이 유발하면 팔꿈취 뒤쪽에 물이 차고 심하게 부어오릅니다. 주두점액낭염olecranon bursitis 혹은 주부점액낭염elbow bursitis이라고 합니다.

스위머스 숄더

수영선수들이 자주 생기는 어깨 통증이 있습니다. 팔을 올릴 때 특정 각도에서 어깨 통증이 나타나는 질환입니다. 수영선수에겐 여간 성가신 것이 아닙니다. 팔을 들어 올리는 순간 어깨뼈와 팔뼈 사이에 충돌이 일어난다고 해서, 부딪힌다는 impinge를 사용해 어깨충돌증후군shoulder impingement syndrome이라고 합니다. 그밖에 건tendon의 염증이나 어깨 회전근개파열rotator cuff tear도 흔하게 스위머스 숄더라고 부릅니다.

점퍼스 니

일어날 때와 특히 점프할 때 무릎 앞쪽에 나타나는 통증입니다. 농구선수처럼 점프를 많이 하는 사람에게 나타나고, 점프할 때의 통증이 워낙 심해서 점퍼스 니jumper's knee라고 합니다. 의학적으로는 슬개건patella tendon에 생기는 건염tendonitis입니다. 활동량이 많은 청소년에게도 많이 생기는데, 무릎을 펴는 동작을 할 때 슬개골 바로 아랫부분이 찌르는 듯 아픈 것이 특징입니다.

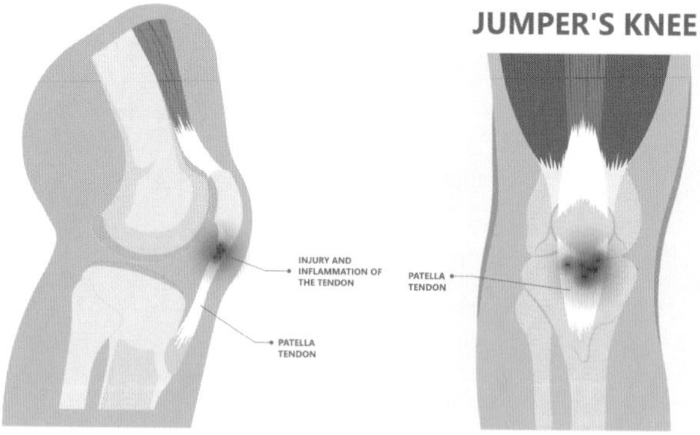

▲ 점퍼스 니

운동선수의 곰팡이 감염

우리 몸의 습하고 깊은 부위에는 다락방이나 지하실처럼 곰팡이가 살기도 합니다. 그러한 피부 곰팡이 감염을 tinea라고 하며 감염 부위를 붙여서 부릅니다. 발을 뜻하는 pedis를 합치면 tinea pedis라고 무좀이 되고, athlete's foot라고 부릅니다. athlete는 운동선수라는 뜻입니다.

또 다른 운동선수를 뜻하는 말로 jock이 있습니다. Jock itch는 사타구니의 곰팡이 감염인데, tinea cruris라고 합니다. 하지만 cruris는 사타구니가 아니라 라틴어로 다리를 뜻합니다.

PART

일상생활 속 의학 궁금증

5

팬데믹과 엔데믹, 정말 흔하게 쓰이는 용어입니다. 이제는 뉴스에서도 의학용어를 그대로 인용해 사용합니다. 대부분 막연하게는 알아도 확실한 의미는 모르겠죠. 이 외에도 다양한 의학용어들이 영화와 게임과 생활용품 곳곳에 숨어있습니다. 그래서 의학용어를 이미 알고 계신 거예요. 우리 주위에 널려있는 의학용어를 찾아내 소개하겠습니다.

팬데믹? 엔데믹? 정확한 의미의 차이

이제 코로나바이러스covid-19의 유행이 점차 줄어들면서, 코로나와 함께 살아야 하는 시대로 변해가고 있습니다. 에피데믹epidemic이 팬데믹pandemic이 되고, 드디어 엔데믹endemic 시대가 왔습니다. 엔데믹은 끝을 뜻하는 end를 떠올리게 하는데요, 사실 종말과는 상관이 없습니다. 그럼, 어디서 온 말일까요?

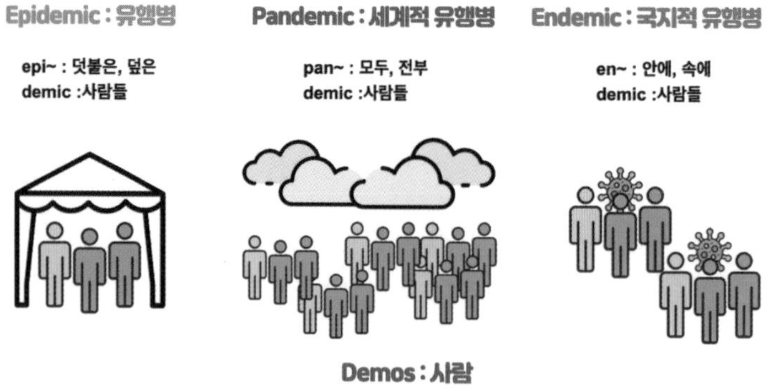

▲ -demic

엔데믹endemic

엔데믹의 en~은 의학용어에서 **~안에, ~속의**를 뜻하는 접두사입니다. 그리고 ~demic은 그리스어 demos사람에서 온 말입니다. 즉 **사람들 속에**라는 뜻이 돼요. 유행성 질병이 특정 집단의 사람들 속에서 일어나는 국지적 전염병이 되었음을 이릅니다. 코로나 바이러스가 완전히 정복되진 않았지만, 세계적인 유행은 하지 않고, 국지적으로 계속 존재한다는 말입니다.

사람demo~,~demic,demos

접미사인 demic이 접두사로 쓰이면 demo~이며 **사람**을 뜻합니다. democracy가 사람에 의한 정치를 의미하죠. 의학 논문을 읽다 보면 demography란 말이 자주 나옵니다. 사람demo에 관한 기록graphy을 의미합니다. 어떤 기록이냐 하면 연구된 사람들의 성별·나이·학력 등의 **인구통계적 특성**demography이죠. 같은 실험 설계라도 demography에 따라 연구결과는 크게 달라질 수 있거든요.

에피데믹epidemic

Epi~는 주로 무언가에 **덧붙은, 덮은**을 뜻하는 접두사입니다. 사람들을 갑자기 덮어 버린 것처럼 빠르게 지역사회에 유행하는 질병을 뜻합니다. 그래서 에피데믹epidemic은 **유행병, 전염병**을 뜻하는 말이에요. 개인적으로 걸리는 병과 달리 모든 사람이 한꺼번에 걸리는 전염병 상황을 표현한 말입니다.

팬데믹pandemic

Pan~은 전부를 뜻하는 접두사입니다. 유행병이 에피데믹보다 더 넓은 지역의 사람들을 덮어버린 상황을 뜻합니다.

알아봤듯이 에피데믹, 팬데믹, 엔데믹에는 병을 뜻하는 어원은 없습니다. 질병이 사람들을 감염시키는 모습을 표현한 단어들이죠. 어서 빨리 코로나바이러스의 엔데믹 상황이 천연두처럼 역사 속으로 사라지기를 기원합니다.

맥주와 바이러스와 심장의 공통점

〈신의 손Something the Lord Made〉이란 영화를 보면, 인종차별을 받던 흑인 청년이 백인 의사 주도의 심장 수술을 성공적으로 돕는 이야기가 나옵니다. 매우 정교하고 놀라운 솜씨가 신 같다는 뜻이기도 하지만, 단지 그것만은 아닙니다. 그 무렵만 해도 의사들은 심장 수술을 꺼렸습니다. 심장에는 영혼이 깃들어 있다고 생각했기 때문입니다. 의학사의 관점에서 근대 의사들은 심장이 다른 장기보다 뭔가 특별하다고 생각했었습니다. 오늘날은 심장도 이식하는 시대이니 심장에 영혼이 있다는 생각은 완전히 무색해졌지요. 하지만, 지금까지도 문화적으로는 심장은 육체적 장부, 그 이상의 의미를 지니고 있습니다.

심장은 사랑을 표현하는 도구죠. 화살에 맞은 심장, 심장이 그려진 편지는 로맨틱합니다. 그런데 연애편지에 심장 대신 다른 내장이 화살에 박힌 그림을 그린다고 상상해보세요. 끔찍하죠?

용기를 내라는 영어 표현 중에 take heart가 있습니다. 용기는 courage인데, take heart와 courage가 같은 기원을 갖고 있습니다. Cour이 라틴어로 심장을 의미하거든요. 그래서 의학용어에서 cor~ 혹은 car~로 시작하면 보통 심장과 관련이 있습니다. 접두사 cardio, 형용사

cardiac 같은 단어들이죠. 주의할 것은 cardia만 따로 쓰면, 심장과 아무런 관련 없이 위장의 식도 쪽 입구인 분문을 의미합니다.

- **Cardio·vascular**: 심혈관의, cardio + vascular blood vessel
- **Cardiac failure**: 심부전
- **Cardiac arrest**: 심정지
- **Cardio·pulmonary**: 심폐의, cardio + pulmonary

전기를 공급하는 배터리, 심장

심장은 우리 몸의 전원입니다. 팔다리가 움직이도록 에너지원-주로 산소와 당-을 끊임없이 보내줍니다. 그러니 심장이 멈추면 우리 몸도 멈출 수밖에 없습니다. 문제는 심장도 심장이 공급하는 혈액을 받아서 일한다는 거예요. 헷갈리실 것 같은데 잘 생각해 보세요. 다른 조직도 혈액공급이 안 되면 죽는 것처럼 심장도 그렇습니다. 다른 곳에 혈액을 보내는 심장이 최우선적으로 혈액을 필요로 하는 곳입니다.

동상으로 손가락에 혈액공급이 되지 않아 조직이 죽으면 손가락을 잘라냅니다. 슬프지만 손가락만 희생되지요. 심장에 경우는 다른 모든 조직도 죽습니다. 그래서 심장은 가장 우선적으로 혈액을 공급받도록 만들어져 있습니다.

코로나리관상 동맥, 코로나 바이러스, 코로나 맥주

심장은 대동맥aorta이라는 커다란 혈관을 이용해 다른 조직으로 혈액을 배송합니다. 손끝 발끝까지요. 대동맥에서 제일 먼저 갈라져 심장에 혈액을 공급하는 동맥을 관상동맥coronary artery이라고 합니다. 다음 그림에서 왼쪽과 오른쪽의 관상동맥을 확인할 수 있습니다.

심장이 바로 내보낸 신선한 산소와 영양이 담긴 혈액을
바로 심장이 공급받습니다.

비행기에서 응급상황 시 산소마스크를 아이들이 아니라 부모부터 착용하라고 알려줍니다. 처음엔 이상하다고 생각했는데, 급작스러운 상황에서 부모가 먼저 살아야 아이들도 살릴 수 있다는 의미였습니다. 우리 몸의 산소 펌프인 심장도, 부모님처럼 먼저 살아야 다른 부위를 살릴 수 있어서 최우선으로 혈액을 공급받습니다.

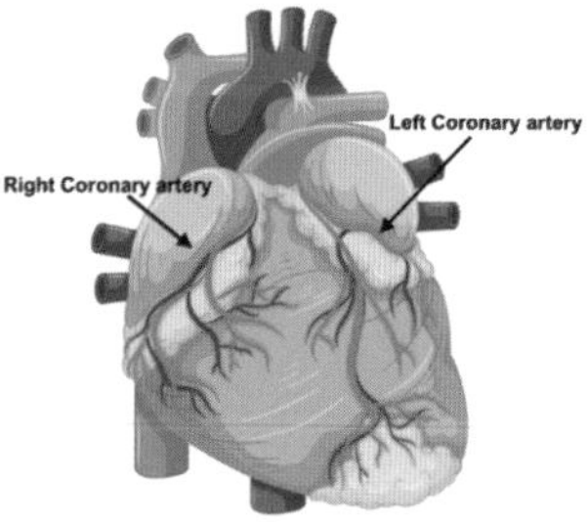

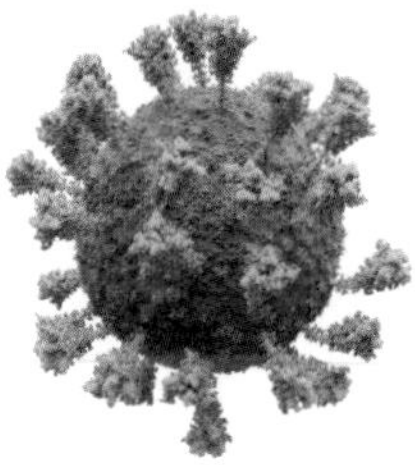

▲ 다양한 코로나

코로나corona 맥주 좋아하시나요? 끔찍한 코로나corona 바이러스와 같은 뜻입니다. 그리고 관상동맥coronary artery의 코로나리도 같은 뜻입니다. 무슨 뜻일까요? 우선 맥주를 보면, 코로나라는 글자 위에 황금색 왕관이 그려져 있습니다. 이 왕관을 코로나라고 합니다. 심장에 혈액을 공급하는 혈관도, 바이러스 모양도 모두 왕관처럼 생겨서 코로나라는 이름이 붙었습니다. 좌우로 갈라진 관상동맥은 심장에 씌워진 왕관처럼 보입니다. 그 중요성을 생각한다면, 왕관은 참으로 어울리는 이름입니다. 대신 그 책임의 무게도 엄청나죠. 왕관을 쓰려는 자, 무게를 감당하라!

Heavy is The Head That Wears The Crown.

왕관을 쓰려는 자, 그 무게를 견뎌라!

윌리엄 셰익스피어William Shakespeare

세균학설 이전, 질병의 원인을 뭐라고 생각했을까?

19세기 출간된 에드거 앨런 포Edgar Allan Poe의 《어셔가의 몰락》은 여러 가지 상징을 담고 있습니다. 19세기 초 서구사회는 매우 흥미로운 시대였습니다. 과학과 마술이 공존하는 시대! 셜록 홈즈 역시도 이런 모습을 잘 보여주고 있죠. 눈부시게 발전하는 런던과 달리 영국의 시골은 빠른 변화에 적응하지 못할 때입니다. 전구로 도시를 밝힌 토마스 에디슨Thomas Alva Edison도 강령술의 지지자였고, 또 다른 천재 과학자인 니콜라 테슬라Nikola Tesla도 신비주의자였습니다. 자동차 기업인 테슬라가 니콜라 테슬라에서 이름을 따온 것입니다. 테슬라의 사상은 기독교와 동양의 신비적 사상을 넘나들었는데, 발명과 사고 실험을 초월적 환상 속에서 실행했다고 스스로 밝혔습니다.

19세기 의학 역시도 과학과 마술이 공존하던 시대였습니다. 지금 떠올리는 의학과는 거리가 한참 멀었죠. 1862년 파스퇴르Louis Pasteur가 세균을 배양하였지만, 항생제가 상용화–1930년대–되기까지 현대 의학은 그렇게 사람들을 사로잡지 못했습니다. 《어셔가의 몰락》은 세균이 과학적으로 발견되기 약간 전인 1839년에 쓰였습니다. 그때는 이들이 질병의 원인을 어떻게 생각했을까요? 다음은 책의 도입부에 쓰인 묘사로, 불길한 느낌의 집 주변에 대한 내용입니다.

These appearances, which bewilder you, are merely electrical phenomena not uncommon or it may be that they have their ghastly origin in the rank miasma of the tarn.

이런 현상늪지의 도깨비불 같은 것들이 네겐 놀라울 수 있지만, 그저 흔한 전기적 현상일 뿐이야. 혹은 저 늪지에서 올라온 질척한 미아즈마겠지.

▲ 불길한 느낌이 드는 주변 환경

역사 속 의학용어, 미아즈마와 말라리아

위 영어 문장에서 재밌는 두 가지 단어가 나와요. 매우 과학적인 느낌의 electrical phenomena전기적 현상와 매우 마술적인 표현인 miasma나쁜 기운입니다. 마술과 과학이 혼재되어 있죠. 미아즈마는 세균 이론 이전까지 질병의 원인으로 지목됐던 **나쁜 기운**입니다. 늪지나 움푹 파이고 습한 지역, 동물의 사체가 있는 지역에서 발생하는 나쁜 기운이 사람에게 들어와서 병을 일으킨다고 생각했어요. 앞의 그림 역시 어셔가 주변의 나쁜 기운, 불길한 느낌을 잘 표현하고 있습니다.

▲ 새 가면

전염병을 치료하는 옛날 의사들은, 이런 나쁜 기운을 막기 위해 새 부리 모양의 가면을 쓰고 다녔습니다. 그 안에다 여러 가지 약초를 넣어 나쁜 기운을 정화하고자 했습니다. 주로 향기가 나는 박하나, 정향 등을 넣었다고 해요. 공포를 유발하게 생겼지만, 사실 공포를 극복하기 위한 수단이었습니다. 이러한 나쁜 기운miasma이 병, 특히 전염병을 일으킨다는 생각은 중국에서도 마찬가지였습니다. 전염병이 유행할 때면, 중국 의사들은 병의 원인을 장기·려기·역기 등으로 불렀습니다. 이 용어들은 모두 깨끗하지 않은 나쁜 기운을 뜻하는 말입니다. 사기라는 말도 많이 들어보셨을 텐데, 정확하게 나쁜 기운이라는 의미죠.

아직도 아프리카 지역에서 많은 사람을 죽음으로 몰아넣는 말라리아malaria라는 병이 있습니다. 나쁘다는 의미의 mal, 공기라는 뜻의 aria가 합쳐진 말입니다. 역시 나쁜 기운이라고 번역할 수 있습니다. 여기서 접두사 mal을 기억하시기 바랍니다. 나쁜 기운은 동서를 막론하고 세균 이론 이전에 질병의 원인을 설명하는 이론이었습니다. 나쁘다는 의미의 접두사 mal~로 시작하는 단어들을 몇 개 살펴보겠습니다.

- **Mal·formation**: 잘못된 형태form; 기형
- **Mal·ignant**: benign의 반대말; 악성의, 예후가 좋지 않은
- **Mal·icious**: 잘못되기 쉬운, 나쁜
- **Mal·nutrition**: 잘못된 영양nutrition
- **Mal·practice**: 잘못된 의료행위practice; 의료과실
- **Mal·function**: 잘못된 기능function

아래는 《어셔가의 몰락》의 하이라이트, 관 속에 파묻힌 여동생이 살아 돌아오는 장면입니다. 늪지에 피어오른 미아즈마가 서서히 마을 사람들을 죽음으로 몰아넣듯, 사신이 되어 돌아오는 여동생은 서서히, 매우 서서히 두 주인공을 공포로 몰아넣습니다. 그리고, 발자국 소리는 바로 문 앞에 다다르지요.

> She is coming – coming to ask why I put her there too soon. I hear her footsteps on the stairs. I hear the heavy beating of her heart." Here he jumped up and cried as if he were giving up his soul: "I tell you, she now stands at the door!!"

"그 여자가 오고 있어… 왜 자신을 산 채로 파묻었냐고 물으면서… 발자국 소리가 들려와, 그녀의 심장박동이 들린다고!" 그는 놀라 뛰며 정신 나간 사람처럼 울먹이며 외쳤다. "지금, 그 여자가 문 바로 앞에 서 있다고!"

▲ 미아즈마를 표현한 그림
(1831, Robert Seymou)

▲ 공포스럽게 다가오는 죽은 여동생
(1986년 출판 표지)

여동생은 미아즈마, 죽음의 기운, 병의 기운을 상징합니다. 그것이 전염병과 매우 닮았습니다. 미아즈마를 형상화한 그림과 표지의 그림이 놀랍도록 비슷하지요.

《어셔가의 몰락》은 세균이 발견되기 직전 유럽인을 공포에 떨게 했던 병, 전근대적 낭만, 전통에 대한 양가적 감정, 귀족주의, 신분의 몰락 등이 잘 그려낸 작품입니다. 어셔가는 '전근대'의 상징, 반면 화자는 유령을 전기적 현상이라고 표현하는 대사에서 볼 수 있듯 '근대 과학'의 상징입니다.

화자가 말을 타고 도망치는 순간, 어셔가의 건물과 두 남매는 역사 속으로 사라집니다. 오래된 의학 이론들처럼…

판이라는 괴물, Pan이라는 접두사

▲ 판

〈판의 미로〉라는 영화를 참 좋아합니다. 기예르모Guillermo del Toro의 작품은 모두 좋아요. 저 이미지 속의 기괴한 괴물이 판pan입니다. 상체는 인간인데 하체는 산양입니다. 짐승의 모습과 인간의 모습을 모두 갖추었다고 해서, 판pan:모든 것이라고 불린다고 합니다. 지금 같으면 하이브리드hybrid라고 불렀을까요? pan은 **전부**를 뜻하는 접두사로 사용됩니다.

판은 숲속에 살며 사람들을 골려주고 곤경에 빠뜨리는 악의적 존재로 묘사되었습니다. 그래서 곤경에 빠져 당혹스러워하는 모습을 panic공황상태이라고 합니다. 반복적으로 공황상태가 되는 병적인 상황은 공황장애panic disorder라고 합니다. 의학의 신인 아스클레피오스Asclepius의 딸 중한 명이 파나케아Panacea입니다. pan은 모두를, acea는 remedy, solution 등을 뜻합니다. 그래서, **모든 것을 해결하는 만병통치약**을 의미하게 되었습니다.

- **Panic**: 공황상태
- **Pandemic**: pan모든 + demic사람:demos, 전국적 유행병
- **Pancytopenia**: pan모든 + cyto세포 + penia부족, 범혈구감소증
- **Leukocyte**: leuko하얗다 + cyte세포, 백혈구
- **Erythrocyte**: erythro붉다 + cype세포, 적혈구

췌장Pancreas

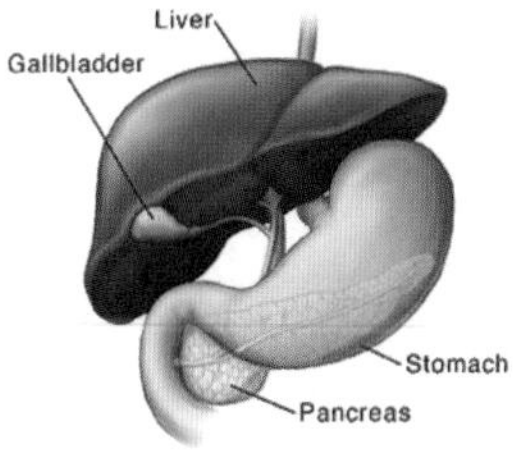

▲ 췌장

어릴 적 매운탕을 먹을 때면 희고 미끈한 내장을 먹었던 기억이 납니다. 우리 집에서는 **이자**라고 했었는데, 췌장입니다. 소화액과 인슐린을 분비하는 기관이에요. 영어로는 판크레아스pancreas라고 합니다. 역시 pan은 모두를 뜻하고 creas는 살flesh을 뜻합니다. 기원후 1~2세기경, 그리스의 해부학자 에페우스Ephesus가 붙인 이름이라고 합니다. 이미지를 보면 간장 밑에 붙어 있는데요, 간장은 피로 가득 차 있고, 그 앞의 위장은 속이 텅 빈 반면에 pancreas는 속이 꽉 차 있고 살로만 이루어져 있습니다. 그러니까 pancreas는 **살로만**이란 뜻인 거죠. 어린 시절에는 아버지가 맛있게 드시는 모습을 보고 홀랑 따라 먹었던 췌장의 식감이 싫었습니다. 그래도, 그때 그 밥상이 그립네요.

판도라Pandora

Dora는 그리스어로 **선물**이란 뜻입니다. 아이들 만화 주인공인 탐험가 도라, 그리스 신화의 판도라 모두 이 뜻입니다. 판도라가 제우스로부터 받은 선물상자를 여는 바람에 세상에 모든 나쁜 것들이 쏟아져 나오게 됩니다. 깜짝 놀란 판도라가 상자를 급히 닫으려는 찰나 맨 마지막으로 희망이 가까스로 나옵니다. 또 다른 버전의 신화에서는 급하게 뚜껑을 닫아서 희망만은 우리가 간직하게 된 거라고 합니다.

저는 첫 번째 이야기가 더 좋습니다. 나쁜 것들이 상자 밖으로 나와서 인간 세상에 존재한다면, 희망도 밖으로 나와야지 세상에 존재하는 게 논리에 맞습니다. 간혹 왜 희망이 다른 나쁜 것들과 같이 들어있었느냐고 의아해하는 분들도 있는데, 이는 동양적인 생각으로 보면 매우 자연스럽습니다. 희망도 나쁜 것이 있을 때만 존재합니다. 우리에게 좋은 일만 일어난다면 희망도, 어쩌면 감사하는 마음도 찾아보기 어렵지 않을까요?

Dona, Dora

라틴어 dona도 **선물**이란 뜻입니다. 동사로는 **주다**라는 뜻이 됩니다. 장기기증자를 organ donor라고 하는데, dona의 파생인 거죠. 제가 좋아하는 성가곡 〈Dona la pace〉는 이탈리아어로 **평화를 주소서**란 뜻입니다. 우리가 익히 알고 있는 donate, condone, pardon 등이 모두 dona[주다:선물]에서 나온 말입니다. 그런데 condone[용서하다]은 선물과 무슨 관계일까요? con·done은 영영사전을 찾으면 for·give라고 나옵니다. **용서하다**는 뜻인 forgive는 for[누구를 위해] give[주다]로 이루어져 있습니다. Condone의 구성도 같습니다. Con은 모두를 뜻하는 접두사이고,

done[dona]이 바로 **주다**라는 뜻입니다. Par·don이란 단어 역시 모두를 뜻하는 par와 준다는 의미의 don이 합쳐져 **용서한다**라는 뜻이 되었습니다. 용서라는 것은 내가 남에게 베풀 수 있는 가장 큰 선물입니다.

- For·give
- Con·done
- Par·don
- Dona·te

어느 원시 부족은 죽은 친족의 신체 일부를 먹는다고 합니다. 매우 끔찍한 식인 습관으로 보이지만, 그것은 사랑하는 사람의 일부를 자신의 몸에 간직함으로 영원히 죽은 자와 함께 한다는 아름다운 의미라고 합니다. 장기 기증자[organ donor]는 기증받은 환자에게 선물[dona]이 되어 그 안에서 또 살아갑니다. 기증받는 자, 용서받는 자와 기증하는 자[donor], 용서하는 자[condoner]에게 축복이 있기를 바랍니다.

아리스토텔레스의 수사학 속 의학용어

넷플릭스도 예전 같지 않습니다. 아무리 페이지를 넘겨도 볼만한 것이 없습니다. 이거다! 하고 틀어도 5분 이상을 보기 힘들어요. 금방 디즈니 채널로 갔다가, 결국 유튜브와 틱톡에서 5분도 안 되는 동영상들을 넘겨 보고 있습니다. 너무나 많은 선택 속에서 우리는 길을 헤매고 있습니다. 그런데, 2000여 년 전 고대 그리스에서도 비슷한 상황이 일어났습니다.

첨단의 도시 아테네의 아고라 광장, 수많은 콘텐츠 제작자들, 아니 철학자들이 저마다 목소리를 높여 강연을 합니다. 한쪽에선 연극을 하기도 하고, 한쪽에선 음악을 공연합니다. 새로운 정보를 찾아 모여든 사람들은 잠시 플라톤Plato의 이야기를 듣다가, 뒤쪽에서 웅성웅성하는 소리를 듣고, 통 속의 철학자 디오게네스Diogenes에게로 몰려갑니다. 잠시라도 흥미를 잃게 했다가는 모든 청중을 잃어버리고, 쓸쓸히 발걸음을 돌려야 합니다. 역사 속 인물들도 광장에 모여 시청률 대결을 벌인 겁니다.

물론 이 인물들의 시대 차이는 너그럽게 보아주세요. 이 대결은 마치 한 운동장에서 마이클 조던Michael Jordan이 농구를 하고, 한쪽에선 호나우두Cristiano Ronaldo가 축구를 하며, 다른 한쪽에선 페더러Roger Federer와 나달Rafael Nadal이 테니스를 치고 있는 모습이에요. 이 엄청난 경쟁 속에서, 아리스토텔레스는 시청률, 아니 청중을 잡아두는 방법을 생각했습니다. 그가 생각한 수사학은 이런 치열한 현장에서 대중들을 사로잡는 중요한 기술이었습니다. 그 기술 속에서 의학용어를 찾아보겠습니다.

Logos, pathos, 그리고 ethos

아리스토텔레스는 수사학을 "어떤 주어진 상황에서든 활용할 수 있는 설득의 수단을 찾는 능력"이라고 했습니다. 그리고 그 수사학에는 세 가지 요소가 있습니다.

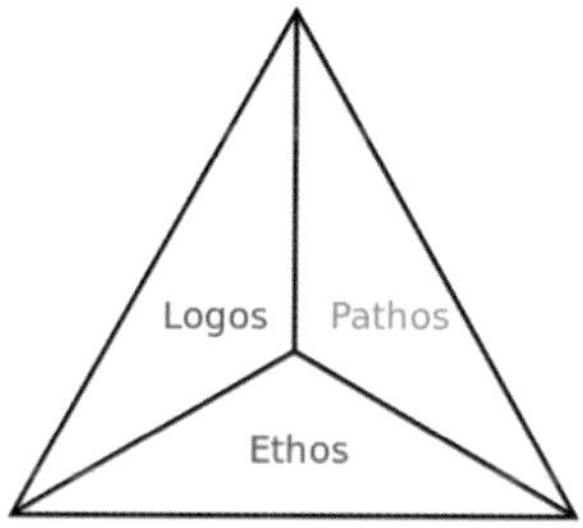

▲ Logos, Pathos, Ethos

- **Logos**: 연설자가 주장하는 내용의 논리성을 말합니다. 전달되는 내용에 관한 요소입니다.
- **Ethos**: 연설자의 평소 생활, 또 그로 인한 신뢰감을 말합니다. 전달자에 관한 요소입니다.
- **Pathos**: 청자의 감정을 움직이는 요소를 말합니다. 청중에 관한 요소입니다.

매우 합리적으로 보이죠. 이 세 가지 중 어느 하나라도 부족하면, 그 연설은 힘을 잃고 청중들은 다른 강연자에게로 발걸음을 옮기겠지요. 이 수사학의 3요소는 연설뿐 아니라, 광고·영업·강의 등 설득이 필요한 모든 매체에서 사용됩니다. 의학용어에서도 아주 많이 사용되죠.

Pathos

Pathos는 듣는 이의 감정과 관련 있었죠? 의학에서는 **고통**이란 뜻으로 흔히 사용됩니다. 왜 감정이 고통이 되는지는 PART 2의 **"고통을 뜻하는 접미사 pathos(54페이지)"**를 참고해 주세요. 우선 pathos에서 나온 접미사 ~pathy가 있습니다. Neuropathy는 신경neuro의 병변pathos을 뜻합니다. Psychopath는 정신psycho 병변pathos을 앓는 사람이란 뜻이 됩니다. Radiculopathy는 다른 부위까지 퍼져나가는radiating 통증을 가리킵니다.

Logos

논리를 뜻하는 logos는 현대 영어에서 log, 혹은 logue로 변형되어 접미사로 많이 사용됩니다. 앞서 이야기한 prolog, dialogue, catalogue 등이 있습니다. 학문을 뜻하는 접미사 ~logy 역시 logos에서 유래한 말입니다. 사회학은 socialogy, 생리학은 physiology, 종양학은 oncology가 되지요. 접두사로도 사용되는데, logospasm은 **경련성 발언**을 뜻합니다. 말을 뜻하는 log와 경련을 뜻하는 spasm이 합쳐진 단어입니다. Logotherapy라는 심리 치료도 있습니다. 실제 나치 수용소에서의 경험을 바탕으로 쓴 《빅터 프랭클의 죽음의 수용소에서》의 저자인 빅터 프랭클Viktor Frankl이 창시한 치료법이며 한국어로는 의미 치료라고 합니다.

Logos + Pathos

Pathology병리학는 logos와 pathos가 합쳐진 말이에요. 병을 연구하는 학문입니다. Pathology를 거꾸로 하면 logopathy가 되는데, 뇌 손상으로 인해 논리적으로 말을 하지 못하는 병을 말합니다. 직역하면 말의 병이 되지요.

- **Pathology**: pathos + logos 고통에 관한 학문, 병리학
- **Logopathy**: logos + pathos 언어 · 논리에 관한 병, 언어장애

Ethos

Ethos는 콘텐츠를 전달하는 주체의 평소 생활을 이야기합니다. 그래서 습관이 되고, 윤리가 돼요. **윤리**를 뜻하는 ethic가 바로 ethos에서 나온 말입니다. Logos와 ethos가 합쳐진 단어도 있습니다. Ethology는 평소 행동을 연구하는 학문이 되니, 동물들의 행동 양식·동기·특성을 연구하는 행동학이 됩니다. 윤리학은 그냥 ethics라고 합니다.

이상한 나라의 앨리스, 모자장수가 미친 이유

▲ 이상한 나라의 앨리스

〈이상한 나라의 앨리스〉에는 기괴하고도 매력적인 모자 장수가 있습니다. 원래의 캐릭터 이름은 미친 모자 장수mad hatter, 미친놈이죠! 그런데, 그는 왜 미쳤을까요?

슬픈 노동자

모자를 만들다 미쳤습니다. 왜냐하면, 19세기에는 펠트 모자felted fur hats를 만들 때 질산 수은mercury nitrate을 사용했기 때문이에요. 당시 모자 공장에서 일하는 많은 직원은 지속적으로 수은에 노출되어 **수은 중독**hydrargyrism, mercury poisoning에 걸렸습니다. 수은 중독은 중추신경계central nervous system를 손상 시켜서 손떨림, 운동 장애, 인격 변화, 정서 장애 등 다양한 신경 증상을 유발합니다. 만성 수은 중독에는 아래 세 가지 증후가 전형적입니다.

- 정신적 변화
- 손 떨림
- 구강 염증

이러한 증상이 모자 제조공들에게 흔했기 때문에, 당시 미국과 유럽에서는 수은 중독을 Hatter's shake모자 장수의 손떨림이라고 불렀습니다. 또한, 미쳤다는 표현도 모자 장수에 빗대어 As mad as a hatter모자 장수처럼 미친라고 표현했습니다.

공장주들은 노동자의 건강에는 별 관심이 없어서, 노동조합과 노동자들의 끊임없는 처우 개선 요청에도, "지나친 담배와 술이 문제다"라며 수은과는 상관없다고 주장했습니다. 법도 고용주 편이었습니다. 처음으로 문제가 제기되었던 1860년으로부터 약 80여 년간 모자 제조공들은 수은 중독에 시달렸고, 1937년에 이르러서야 hatter's shake가 술과 담배와는 무관하고 수은 중독이 주요 원인임이 공식적으로 밝혀졌습니다. 그리고 1941년에 이르러 수은 대신 과산화수소hydrogen peroxide를 사용하게 되어, 수은 중독에서 벗어날 수 있었습니다.

수은

Mercury수은는 그리스 로마 신화에서 전령의 신인 머큐리우스Mercurius에서 유래하였습니다. 그리스 이름은 헤르메스Hermes입니다. 한자 문화권에서는 마치 은처럼 반짝이는 것이 상온에서 액체 상태이기에 "물 같은 은"이라고 하여 수은이라고 불렀습니다. 또, 가열하면 40도 정도의 낮은 온도에서 기체로 변하는 독특한 형태 변화는 많은 연금술사를 매료시켰고, 동서양을 막론하고 특별한 힘이 있을 것이라 여겼습니다.

영화 〈아가씨〉에서는 살해 도구로 나오는데요, 후지와라하정우가 밀폐된 공간에서 수은이 들어간 담배를 피워서 악당인 코우즈키조진웅와 함께 죽음을 맞이합니다.

비교적 최근까지 의료 목적으로 매우 광범위하게 사용되기도 했습니다. 어린 시절 소독약의 대명사인 빨간약은 흔히 머큐롬이라고 알려져 있습니다. 군대에서는 머리가 아프면 머리에, 배가 아프면 배에 바르는 만병통치약이었죠. 정식 명칭은 머큐로크롬Mercurochrome인데, mercuro~가 보이시죠? 수은과 알코올로 만들어진 겁니다. 여기서 크롬은 원소 Cr이 아니라, 색color을 뜻하는 그리스어입니다. 피부에 바르면 붉게 착색되기 때문에, 머큐로크롬이라고 불렀고, 우리나라에선 빨간약이라고 불렀습니다. 일본을 비롯하여 미국 등에서는 수은 중독의 위험성 때문에 퇴출당하였습니다.

치과에서 이를 때울 때 사용하는 아말감도 수은 합금을 관용적으로 일컫는 재료입니다. 많은 안정성 논쟁이 있으나 현재까지도 많이 사용되고 있습니다.

수은이 미백을 위한 화장품으로 사용되어 문제를 일으킨 것은 조선 후기, 구한말까지도 이어졌습니다. 명성황후도 수은을 미용의 목적으로 사용했다고 합니다. 최근 2014년 중국에서 화장품 사용 후 신장 질환

등이 보고되었는데, 문제가 된 미백 화장품에는 수은이 기준치보다 6만 배나 많이 함유되어 있었다고 합니다. 15세기 독일의 화학자이자 연금술사 필리푸스 파라켈수스Philippus Paracelsus가 수은을 피부병과 매독 치료제로 사용했고, 이후 매독에 특효약으로 사용되었습니다. 20세기까지도 동서양을 막론하고 수은은 다양한 질환에 치료 목적으로 사용됩니다. 아래는 1825년에 버지니아의 주요 신문에 실린 기고문 "감홍[22]으로부터 우리를 보호하소서"[23]입니다. 당시 의사들이 얼마나 무분별하게 수은을 사용했는지 보여줍니다.

감홍(수은)으로부터 우리를 보호하소서

가장 높은 신분의 의사님들
그 청구서 지불에 우리는 은행이 필요해
뛰어난 재능도 기술도 솜씨도 없네
신이여 감홍으로부터 우리를 보호하소서

그들의 환자가 뭐라고 하건
머리 심장 신경 정맥이 아파도
열 갈증 우울을 호소해도
약은 여전히 감홍

22 염화 수은(염화 제일 수은) Hg2C l2의 약품명. 단맛이 있고 홍(汞)은 수은(水銀)을 뜻하므로 감홍이라는 명칭이 붙었다.

23 Richard Harrison Shryock. "The Development of Modern Medicine an Interpretation of the Social and Scientific Factors Involved Madison". Wisconsin University of Wisconsin Press. 1974. p235 이재담 번역(서양 근대 이후의 의사의 정체성, 김옥주에서 인용)

그들이 감홍을 자랑한 이래
그들이 잃은 환자가 얼마며 그들이 만든 병(病)이 몇천 개인가?
그들의 독(毒) 감홍 때문에

의사들이여 우정 어린 목소리를 듣게,
내 조언을 받아들이고 충고를 듣게 화내지 말게
내가 만약 감홍의 비참한 효과를 말할지라도

수은 중독은 20세기 중반에 들어, 전 세계적으로 크게 문제가 됩니다. 1950년대 일본의 작은 어촌 '미나마타'에서 특이한 질환으로 사람들이 죽어가게 되었는데, 정확한 원인을 알 수 없었습니다. 동물들마저 알 수 없는 이상한 행동을 하였고, 주민들은 이를 두고 **미친 고양이 춤 병**猫踊り病이라고도 불렀습니다. 1959년 구마모토대학 연구팀은 이 기괴한 병이 수은 중독에 의한 중추신경계 질환임을 공표합니다. 하지만, 일본 정부는 미나마타에 있던 질소 비료공장에서 배출된 수은이 그 원인임을 알면서도 적절한 조치를 하지 않았는데, 비료 공장이 미나마타의 주 수익원이었기 때문입니다. 결국, 이 병에 걸린 사람이 1만 명이 넘었고, 수은 중독이 '미나마타병'으로 세계적으로 널리 알려졌습니다.

미친 모자장수도 그렇고, 미친 고양이 춤 병도 그렇고, 결국 돈이 문제네요.

TIP

수은 중독hydrargyrism, mercury poisoning

과량의 수은에 급성으로 노출되면 폐 손상이 발생하며 심하면 경련, 사망에 이를 수 도 있습니다. 수은 노출에 만성화되는 경우 난청, 시야장애, 운동장애 등을 포함한 신경장애와 신부전이 발생할 수 있습니다.

혀가 치아에 씹히지 않는 이유

내 마음대로 움직이는, 그런데 자동으로 움직이는 혀

여러분이 가장 정교하게 움직일 수 있는 근육이 아마 혀일 겁니다. 저는 제 오른발에 왼발이 걸려 넘어지기도 하고, 가끔 멍하게 접시를 깨뜨리기도 합니다. 이렇게, 아무리 가로무늬근striated muscle이라도 내 뜻대로 잘 움직이지 않을 때가 있습니다. 그러나, 혀는 어떤가요? 식사할 때 혀를 이렇게 움직여야지, 아이고, 힘들지만 오른쪽으로 움직여보자, 이렇게 생각하면서 고기를 씹는 분은 없을 거예요. 치아라는 엄청나게 위험한 도구가 끊임없이 고기를 잘라내고 씹는 사이, 또 다른 고기인 우리 혀는 요리조리 피하면서 음식도 먹고 맛도 느낍니다. 혀는 내 마음대로 움직이는 것을 넘어, 자동으로 움직이는 가장 정교한 근육입니다. 그래서 "입 속의 혀 같다"라는 표현도 있습니다. 사방팔방으로 움직일 수 있는 혀의 운동 능력은 뼈 없는 근육이라는 특성 덕분입니다.

혀는 약 10cm 정도이며 목 뒤쪽 부분까지라면 30cm 정도입니다. 할머니는 늘 혀에 생긴 상처는 금방 아문다고 하셨습니다. 뜨거운 국에 혀를 데이거나, 실수로 혀를 깨물거나, 혓바늘이 생기면 늘 그리 말씀하셨죠. 실제 혀의 세포 재생 주기는 매우 짧아서 10일 정도밖에 되지 않습니다. 일주일 남짓 지나면, 여러분의 혀는 이전의 혀가 아니란 이야기입니다. 그러니, 상처도 쉽게 아문다는 것이 맞는 이야기예요.

딸기혀strawberry tongue

혀는 외부에서 볼 수 있는 내장이랄까요? 그래서 질병의 상태를 관찰할 수 있는 부위입니다. 열이 있거나 염증이 있으면 혀가 평소보다 더 붉어지기도 하고, 빨간 딸기 같아 보이기도 하죠. 입이 건조해지면 혀가 갈라지기도 합니다. 입을 벌리고 자는 습관도 혀가 갈라지게 만들 수 있습니다. 다음 이미지는 심하게 혀가 붉어지고, 유두가 도드라져 딸기처럼 보이는 혀입니다. 딸기혀strawberry tongue라 하고, 성홍열scarlet fever과 같은 심한 열병에서 흔하게 볼 수 있는 혀입니다. 특히 어린이들에게 주로 걸리는 가와사키병이 있는데, 심장질환으로 이행할 수 있으니 조심해야 하는 질환입니다.

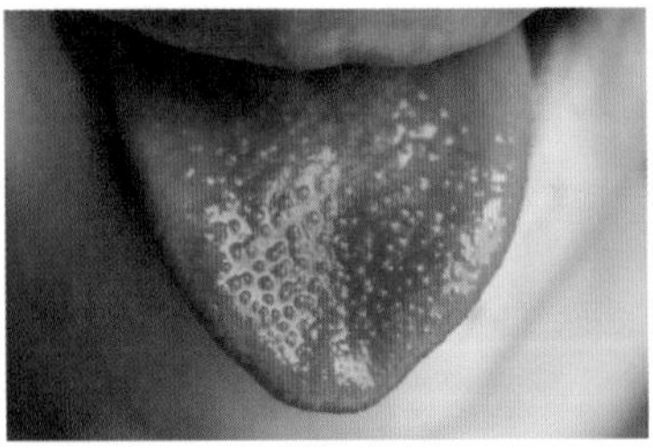

▲ 딸기 혀

얼룩덜룩 지도 모양의 지도설geographic tongue

혀 표면에 하얗고 누렇게 끼는 때 같은 것을 설태coating라고 합니다. 가끔 이 설태가 마치 지도처럼 여기저기 떨어져 있는 것을 보게 되는데, 이를 지도설이라고 해요. 특별하게 건강과 연관이 있다고 규명되지는 않았지만, 알레르기나 면역 질환이 있는 경우 자주 관찰됩니다. 혀는 세포의 순환주기가 매우 빨라서 혀의 색이 변하거나, 일시적으로 허옇게 혹은 누렇게 태coating가 생겼다가도, 2~3일 잘 쉬고 나면 혀가 괜찮아집니다. 그래서 일시적으로 지도설이 생겼다고 너무 걱정할 필요는 없습니다.

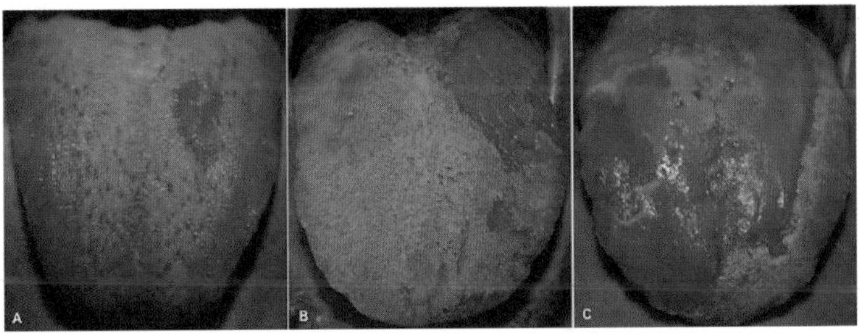

▲ 지도설

유두papillae와 혓바늘transient lingual papillitis

혀 표면에 딸기의 씨처럼 보이는 부분을 유두papillae라고 해요. Papill~은 유두nipple를 뜻하는 의학용어인데, 이렇게 작은 돌기를 표현할 때 주로 사용합니다. 유두에 염증이 생기는 것은 혓바늘이라고 해요. 영어로는 lie bumps라고 하고, 의학용어로는 일과성 설측유두염transient lingual papillitis이라고 해요. 일시적으로 혀의 유두에 생긴 염증이란 뜻입니다. 혓바늘을 아프타구내염canker sore이라고 번역하는 경우가 있는데, 서로 다른 병입니다.

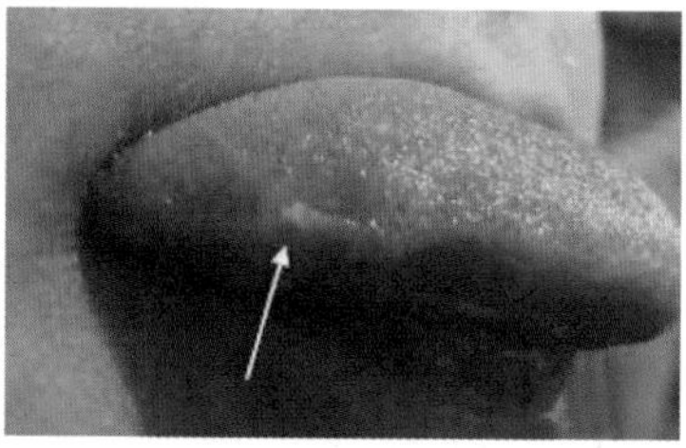

▲ Lie bump[24]

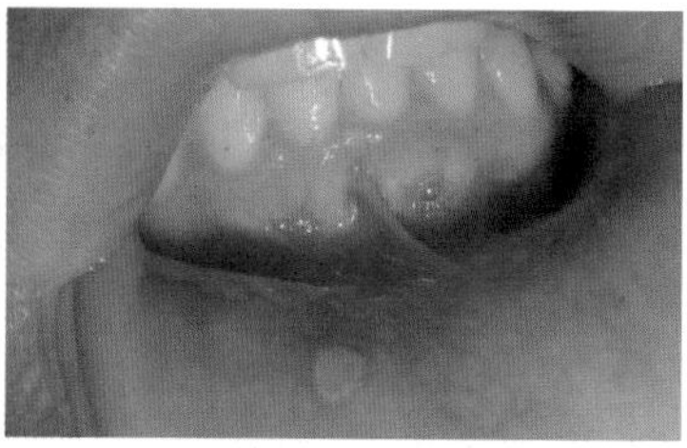

▲ Canker sore[25]

혓바늘transient lingual papillitis에서 lingual이 혀를 뜻하는 의학용어입니다. 언어를 뜻하는 language도 여기서 나온 말입니다. Bilingual은 혀가 두 개라는 뜻이에요. 그래서, 두 가지 언어를 말하는 것을 표현합니다.

- Bilingual이중 언어: bi두 개 + lingual혀

유두에는 신경 기관인 미뢰taste buds가 있어서 미각을 느낍니다. 기본적으로 단맛, 쓴맛, 짠맛, 신맛, 감칠맛을 느낄 수 있어요. 제가 학생 때

24 Brobt, 위키백과, "transient lingual papillitis annotated", CC BY-SA 4.0
25 Maksim, 위키백과, "Mouth Ulcer", CC BY-SA 4.0

혀끝은 단맛, 혀뿌리 부분은 쓴맛을 주로 느낀다고 외웠던 기억이 나요. 어린 마음에 혀끝을 대기라도 하면, 무척 억울했습니다. "단맛을 못 느끼게 되다니…" 하면서 말이죠. 그런데 다 느껴지더라고요? 그게 좀 이상했는데, 최근 연구들에 의하면 모든 맛을 혀의 전체 부위에서 복합적으로 느낀다고 합니다. 맛을 느끼는 미뢰가 혀뿐 아니라 입천장과 목 입구에도 있다고 합니다. 속았다는 느낌과 '역시 내 경험이 맞았어'라는 생각이 동시에 들더군요.

조개 같은 물결 모양의 치흔scalloped tongue

혀를 자세히 거울로 보면, 혀 테두리에 치아 자국이 있는 때가 있습니다. 한자로는 치흔齒痕이라고 하고, 영어로는 scalloped tongue이라고 해요. Scalloped는 물결 모양의 가리비 껍데기에서 나온 말입니다. 혀가 커져서 생길 수도 있고, 수면 시 이를 악무는 습관에서 생길 수도 있습니다. 구강구조에 따라 흔하게 나타나기도 해요. 폐쇄성 수면무호흡occlusive sleep apnea 환자에게서 흔하게 나타나는 징후sign이기도 합니다.

• Apnea무호흡: pneuma공기,숨 + a부정

Pnea는 공기를 뜻하는 그리스어 pneu, pneumo에서 나온 말이에요. 자신의 혀에 이런 치흔이 있다면 배우자에게 자신이 코를 고는지, 또 자다가 호흡을 멈추는 적이 없는지 물어보세요. 수면무호흡증sleep apnea이 있으면 자도 자도 피곤하고, 신경도 날카로워집니다. 수면 전문 클리닉을 하는 제 친구한테 들은 이야기인데, 살이 찌면 혀도 커진다고 해요. 혀의 테두리에 가리비 모양의 치흔이 생길 수 있겠죠.

놀라면 기절하는 기절 염소의 쓸모

세상에 놀라면 기절하는 염소가 있답니다. 기절은 영어로 faint 혹은 passing out, 의학용어로는 syncope라고 해요. 이 염소는 엄밀히 말하면 기절하는 게 아니라 근육이 경직되어 자빠지고 눈은 공포에 질려 동그랗게 뜬 채로 부들부들 떱니다. 다리가 나무처럼 뻣뻣해진다고 wooden-leg goat라고도 부릅니다. 차라리 진짜 기절이라면 좀 낫겠지만, 의식은 있고 못 움직인다니 얼마나 무서울지, 정말 안타깝습니다. 원래 자연에서 존재하던 종은 아니고, 1800년대 후반 미국 테네시에서 처음으로 개량된 종입니다. 이렇게 살아남기 힘든 특별한 성질의 염소가 어떻게 존재할 수 있을까요?

미국인들은 소를 키울 때 이 염소를 같이 키웠다고 합니다. 그래서 늑대나 퓨마가 소를 공격할 때 이미 발작을 일으킨 염소를 먹도록 했답니다. 정말 답이 없이 불쌍한 동물입니다. 저렇게 부들부들 떨고 있는 염소를 말 그대로 희생양scapegoat으로 이용하다니 말입니다. 음... 희생양이라고 번역한 건 틀린 번역이네요. 희생 염소goat라고 해야 맞겠습니다. 이 기절 염소는 일종의 뇌전증발작epilepsy을 일으키는 겁니다. 일종의 유전 질환으로 myotonia congenita라고도 하며 그래서 이 염소를 myotonic goat라고도 합니다. 한번 myotonia congenita의 뜻을 풀이해 보시겠어요? 의학용어는 짐작입니다. 여러분은 이미 알고 있습니다.

Myotonia congenita

Myo~는 **근육**을 뜻하는 접두사. 그래서 myalgia근육통, myogram근육 운동 진단기기, myocardiac심장근육의라는 뜻이 됩니다. ~tonia는 tone긴장의 병적 상태를 뜻합니다. 앞에 myo가 붙으면 근육의 힘tone에 관련된 상태를 뜻해요. 특별히 근육을 이완시킬 수 없어 경직이 일어난 상태를 myotonia근육긴장증이라고 합니다.

Congenita는 **선천적**이란 뜻입니다. Congenital로 어미를 바꾸어서 앞에 붙여도 됩니다. Congenial myotonia라고 해도 되고, myotonia congenita라고 해도 됩니다. 아무튼 myotonia congenita은 선천적congenital으로 근육이myo~ 긴장되는 병~tonia입니다.

이 병은 사람에게도 나타나는 병입니다. 소아에게서 발견되는 희귀 질환이에요. 활발하게 움직이다가 근육이 긴장되면, 근육을 이완하지 못해서 뻣뻣하게 굳게 됩니다. 이런 아이들은 마치 보디빌더와 같은 모습을 보이기도 합니다.[26]

26 Michael J. Lyons, Novel CLCN1 Mutation in Carbamazepine–Responsive Myotonia Congenita, Pediatric Neurology, Volume 42, Issue 5, 2010

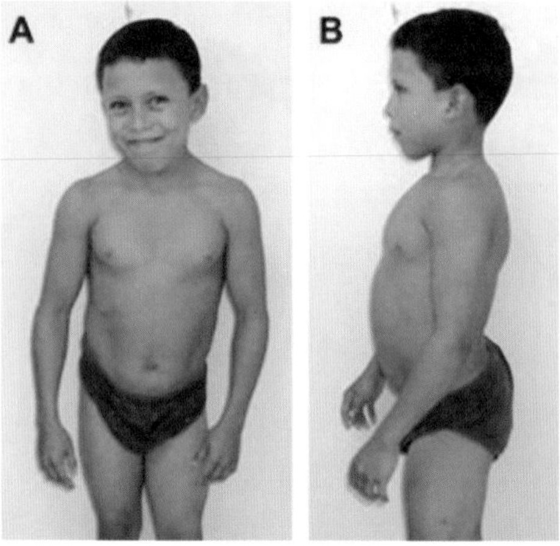

▲ 선천적 근육긴장증을 앓는 아이

술을 먹으면 왜 필름이 끊길까?

▲ 강물의 말

말인가? 소인가?

아무리 봐도 소처럼 생겼는데, 말이라니요? 이렇게 둔하게 생긴 말도 있단 말입니까? 그런데 하마는 한자로 **강물의 말**이란 뜻입니다. 실제로 그 짧은 다리로 시속 30km로 빠르게 달릴 수 있다고 합니다. 우사인 볼트의 100m 기록을 시속으로 환산하면 37.5km 정도라고 하니, 어지간히 빠른 셈입니다. 게다가 사납기가 그지없고, 기본적으로 초식을 하지만 가끔 육식도 한다니 참 신비한 동물입니다.

하마는 영어로 hippopotamus인데, 여기서 potamus[potamos:그리스어]는 강이라는 뜻이고, hippo는 말이란 뜻이에요. 문자 그대로 강의 말, 하마라고 번역했어요. 간단히 줄여서 hippo라고들 하는데, 고대 그리스인이 들으면, hippo는 그냥 말[horse]입니다.

바다에도 말이 있습니다. 해마[hippocampus]입니다. Campus[kampos:그리스어]가 바다 괴물이란 뜻의 그리스어에요. 귀여워 보이지만 사실 바다 괴물이었던 겁니다. 생긴 모습이 정말 장난감 같아서 어린 시절 꼭 보고 싶었던 동물입니다.

이렇게 바다에도, 강에도 있는 말이 여러분에게도 있습니다. 우리 뇌 속의 해마체, 그냥 해마라고들 부릅니다. 의학용어로도 그대로 hippocampus입니다. 커다란 머리와 긴 꼬리가 딱 해마처럼 생겨서, 1587년 이탈리아의 해부학자 쥴리우스 시저 아란지[Julius Caesar Aranzi]가 이름 붙였습니다. 아래 이미지에서 왼쪽이 사람의 해마체, 오른쪽이 바다 동물 해마입니다. 이름은 16세기에 붙었지만, 해마의 기능이 밝혀진 것은 그로부터 한참 후인 20세기 들어서입니다. 이 귀여워(?) 보이는 해마는 어떤 일을 할까요?

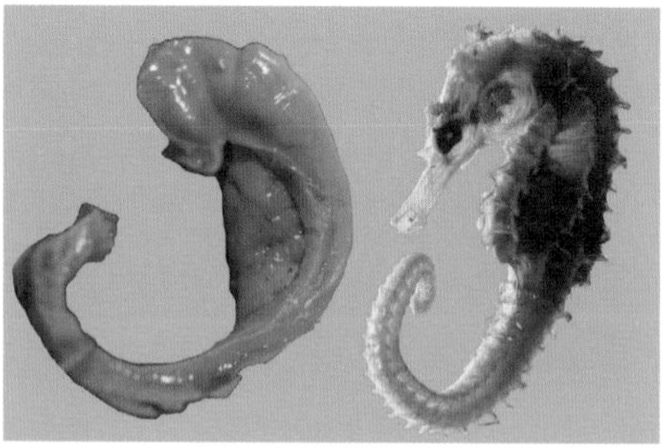

▲ 해마와 해마[27]

27 Laszlo Seress, 위키백과, "Hippocampus and seahorse cropped", CC BY-SA 3.0

술을 마시면 필름이 끊기는 이유

우리의 해마는 기억에 관련된 역할을 합니다. 영화 〈인터스텔라〉와 〈메멘토〉를 아시나요? 저는 크리스토퍼 놀란Christopher Nolan 감독의 영화 중 메멘토가 최고라고 생각합니다. 이 영화의 주인공은 모든 기억이 몇 분 이내로 사라지기 때문에 몸에다 메모하며 살아갑니다. 의학적으로는 이런 상황은 해마에 손상이 있을 때 벌어지죠. 새로운 정보를 기억할 수 없는 겁니다.

▲ 메멘토

알츠하이머병이 생기면 해마도 점차 작아져서, 점차 최근에 일어난 일들을 기억할 수 없게 됩니다. 웹툰 〈나빌레라〉에서도 할아버지가 옛날 일은 잘 기억하면서, 최근의 일정을 기억하지 못하는 상황이 잘 표현되어 있습니다.

술을 너무 많이 먹어서 필름이 끊긴 적이 있나요? 술이 해마의 역할을 방해하여 술이 들어간 시점부터 술이 깨기까지의 단기 기억이 사라진 겁니다. 이는 단기적인 문제만이 아니고, 치매와도 관련이 있습니다. 알콜성 치매는 전체 치매의 10%를 차지할 정도로 흔합니다. 술이 뇌신경 세포에 미친 영향이 반복되면, 영구적인 손상을 일으켜 알콜성 치매를 유발하게 됩니다.

지금까지 설명한 hippo는 그리스어로 **말**이고, 라틴어로는 equina가 말입니다. Equina는 일상에서도 많이 볼 수 있습니다. 쉐보레 브랜드의 SUV 이름이 이퀴낙스Equinox입니다. 미국인들은 쉐보레를 애칭으로 쉐비chevy라고 해서, Chevy Equinox라고 합니다. 포드 브랜드의 머스탱도 말을 뜻하지요. 굳이 설명하는 이유는 우리 몸에도 equina가 있기 때문입니다.

척추 내부에 존재하는 말꼬리cauda equina:마미라는 조직입니다. Cauda가 꼬리란 뜻이어서 한자로 마미라고 합니다. 가늘고 긴 붓처럼 생긴 신경의 다발로, 이 가늘고 긴 가닥가닥이 모두 신경입니다. 다발로 뭉쳐 있는 신경이 손상을 받으면 큰 문제가 발생합니다. 이를 마미증후군cauda equina syndrome이라고 합니다. 갑자기 다리가 저리면서, 감각이 이상해지고, 다리에 힘도 빠집니다. 또한, 배뇨장애나 괄약근 이상으로 인한 소변이나 대변의 조절장애가 나타나기도 합니다.

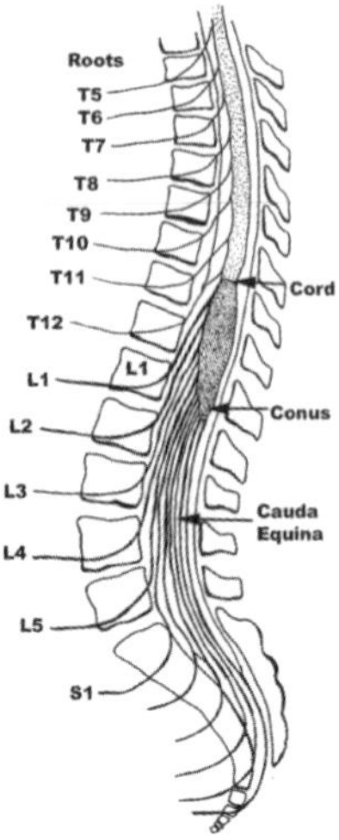

▲ 말꼬리

특징적으로, 사타구니 회음부의 감각이 소실되면 마미증후군을 의심해야 합니다. 이러한 마비 증상을 말안장 마비saddle anesthesia라고 합니다. 말을 탈 때 안장saddle이 닿는 부분에 감각이 없어지기 때문에 붙은 단어입니다. 허리 디스크의 파열, 혹은 허리 수술의 부작용 등으로 생기는 질환입니다. 영구적인 신경 손상을 유발할 수 있으므로, 가능한 한 빨리 병원에서 정확한 진단과 치료를 받아야 합니다. 말안장과 말꼬리를 연결해서 기억해두세요.

- **Hippocampus**: 해마체
- **Cauda equina**: 마미
- **Cauda equina syndrome**: 마미증후군
- **Saddle anesthesia**: 말안장 마비

민망한 이야기 고상하게 해보자

2022 카타르 월드컵 H조 3차전인 포르투갈과의 경기에서 기적의 골을 넣은 황희찬 선수가 옷을 벗는 세리머니를 했습니다. 뭐라고 해야 하나…, 엄청난 기쁨의 순간에 스치는 민망함을 느끼셨나요?

왜 그냥 이야기를 못 해? 젖꼭지라고!

유두라고 하면 좀 나으려나요? 의학에서도 유두는 그냥 nipple입니다. 작은 돌기를 부르는 라틴어 표현인 papilla가 있어서, papilla mammaria 혹은 mammary papilla라고도 합니다. Mammaria는 포유, 즉 **유즙 분비**를 뜻하는 단어입니다. Papilla는 해부학에서 많이 사용되는데요, 혀의 표면에 있는 작은 돌기들을 lingual papillae라고 합니다. Papillae는 papilla의 복수형입니다. 피부에 생기는 작은 돌기도 papule이라고 해요.

아무튼 조금 민망할 수 있는 단어들을 이야기해볼게요. 이런 용어들은 관용적 표현idiomatic expression이 있는 경우가 많습니다. 의학에선 소변은 주로 urination라고 하고, 대변은 defecation이에요. Feces는 **찌꺼**

기, 즉 똥을 뜻해요. De~는 **무엇을 없애다**란 뜻의 접두사예요. 방귀는 뭐라 할까요? 그냥 passing gas라고 이야기하며 마땅한 의학용어는 없어요. 방귀가 나오는 상황은 flatulence라고 합니다. Flatus가 장내에서 생긴 가스를 의미합니다.

남녀의 외부 생식기는 더욱더 이야기하기 민망하죠? 이때 의학용어를 쓴다면 좀 고상해 보일까요? 흔하게 쓰는 표현은 external genitalia 혹은 external reproductive organ이 있어요. 각각 외부 성기, 혹은 외부 생식기라고 번역합니다. Reproductive는 **재생산하다**는 뜻이니, **자손을 번식하는 행위**생식를 뜻해요. 그래서 자궁, 고환 등 모든 생식에 관련된 기관을 reproductive system이라고 합니다.

Asshole은 의학용어로 뭐라 할까요? 직속 선배라고요? 아니 그건 욕이고… butthole이라고 합니다. 항문은 문자 그대로 anal orifice or verge, 이렇게 표현은 할 수 있겠는데, 그냥 anus라고 합니다. 이제부터 다음 단어들로 민망한 이야기를 고상하게 시작해 보세요.

- **Mammary papilla**: 유두
- **Urination**: 소변
- **Defecation**: 대변
- **Fart, Flatulence**: 방구
- **Male/female external genitalia**: 남녀 외부 성기
- **External male/female reproductive organ**: 외부 남녀 생식기
- **Butthole, anus, anal orifice**: 항문

엉엉 울 때 코에서 흐르는 건, 눈물? 콧물?

어린 시절 극장에서 〈아마데우스〉를 보고 정신이 멍해서 극장을 나섰던 기억이 납니다. 중학교 때였을까? 클래식을 좋아하던 저는 방학을 맞아 극장에 갔습니다. 당시 명보극장에서 돌비 스테레오 사운드로 연주되는 모차르트의 음악들, 특히 레퀴엠은 정말 웅장하고 비장했습니다. 스피커가 쿵쿵거리는 만큼, 가슴도 쿵쿵거렸지요. 가난에 찌든 불행한 모차르트, 불길한 징조들, 결국 낯선 손님에게 의뢰받은 '레퀴엠'을 완성하지 못하고 사망합니다. 그를 담은 관이 마차로 운반되어 땅에 묻히던 장면에서 라크리모사Lacrimosa라는 곡이 흘렀습니다. 저는 이 대목에서 눈물 콧물 범벅이 되며 울어버렸습니다. 모차르트의 음반을 사서 듣고 또 들었어요.

레퀴엠Requiem은 죽은 사람의 영혼을 위로하기 위한 미사 음악을 말하며, 라크리모사Lacrimosa는 눈물겨운 혹은 눈물의 날로 번역합니다. 라크리모사의 라크리lacri는 눈물을 뜻하는 의학용어입니다.

- Lacrima: 누액, 눈물
- Lacrimal: 눈물의
- Lacrimal bone: 눈물 뼈
- Lacrimal duct: 눈물관
- Lacrimal abscess: 눈물주머니고름집, 누낭농양

Naso·lacrimal duct 코눈물관

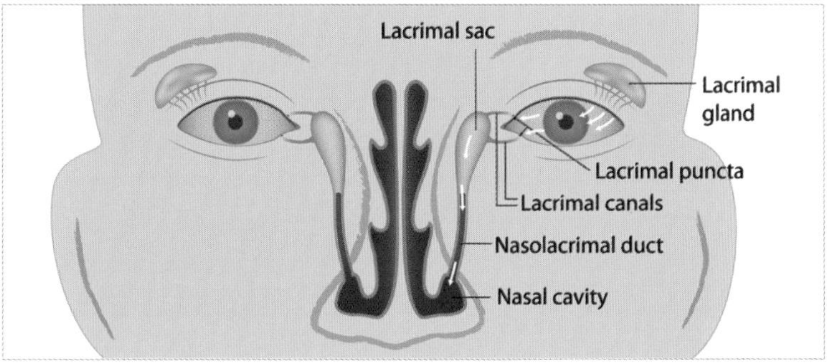

▲ 코눈물관

Naso는 **코**란 뜻이에요. Nasal allergy는 코 알레르기. Nasolacrimal은 naso코와 lacri눈물이 합쳐진 단어입니다. 그래서 nasolacrimal duct는 코와 눈물 사이의 관duct이란 뜻으로, **코눈물관** 혹은 **비루관**鼻淚管이라고 합니다. 이 비강과 눈물낭은 서로 이어져 있어서 콧물이 눈물이 되고, 눈물이 콧물이 되어 범벅이 되어버린답니다. 그래서 엉엉 서러워 울 때 코에서 나오는 건 콧물이 아니라 눈물이에요. 물론 콧물도 좀 섞여 있겠지만요.

아래는 점안액들인데, 이름을 봐 볼까요? LACRILUBE, LACRIPROTECT. 용도가 짐작이 가시죠? 의학용어의 핵심은 어원으로 짐작하기였죠. 모른다고 포기하지 말고 여러 가지로 생각해 보세요.

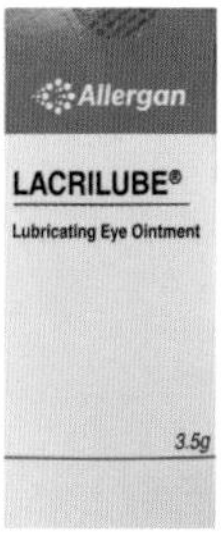

눈물을 뜻하는 Lacri

윤활을 뜻하는 Lubricate

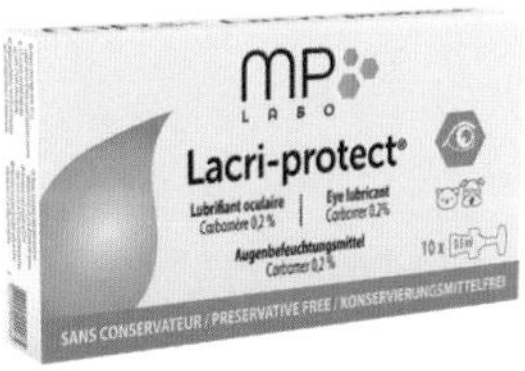

눈물을 뜻하는 Lacri

보호를 뜻하는 Protect

간식 들어가는 배는 정말 따로 있나?

There's always room for Jell-O

고기를 아무리 많이 먹어도 냉면 들어갈 배는 따로 있죠? 위 영어 문장도 비슷한 말입니다. 실제 젤리인 JELL-O의 TV 광고였습니다. 배부름이란 것은 단순하지 않습니다. 맛·향기·심리적 영향·호르몬·혈중의 당·지방의 농도 등 여러 가지에 의해 결정됩니다. 그래서 사람들은 실제 배가 부른데도 더 먹기도 하고, 몸에서 영양소가 필요한데도 식사를 안 하기도 합니다. 배부름을 의학용어로 포만satiety이라고 합니다. 포만에 중요한 영향을 끼치는 것 중의 하나가 맛입니다.

It pleases my palate, 맛을 느끼는 입천장

맛은 혀의 미뢰gustatory bud,taste bud에서 수용하여 전기적 신호로 바꾸어 뇌로 전달됩니다. 혀의 유두tongue papillae에 대부분 존재하며 인두와 후두에도 존재합니다. 특히 연구개soft palate에도 미뢰가 존재해서 맛을 느낍니다. 혀에서만 맛을 느끼는 게 아니란 것이죠. 우리가 흔히 입천장이라고 하는 부분이 구개palate이며, 연구개soft palate와 경구개hard palate로 나뉩니다. 혀를 대서 단단한 부분이 경구개이고, 뒤쪽에 말랑한 부분이 연구개예요. 재밌는 건 구개를 영어로 **맛을 느낀다** 혹은 **입맛**이라는 뜻으로 사용한다는 겁니다. "It pleases my palate내 구개를 만족시킨다"라고 하면, 음식이 맛있단 뜻이에요. "It pleases my tongue"라고는 안 하거든요. 신기하죠? 옛날 사람들이 연구개에 미뢰가 있다는 사실을 알았을까요?

배부름은 위장이 아닌 뇌에서 결정

우리는 언제 배부르다고 느끼는 걸까요? 위장이 꽉 찰 때일까요? 또, 불고기를 양껏 먹었는데 냉면은 또 어디로 들어가는 걸까요? 핏속의 포도당 농도가 중요할까요? 아니면 지방의 혈중 농도? 뇌에서 포만을 결정하는 과정은 매우 복잡합니다. 심리적·정서적 원인도 큰 영향을 끼칩니다.

우리 뇌에는 시상하부hypothalamus가 담당하는 포만중추satiety centre가 있습니다. 동물실험에서 포만중추를 제거하면 배부른지 모르고 죽을 때까지 먹습니다. 포만중추에서 처리한 해석에 따라 더 먹고, 안 먹고를 결정하는 겁니다. 앞서 말한 모든 요인이 중요하지만, 가장 중요한 건 바로 맛입니다. 갈비와 냉면, 쫄면과 팥빙수, 소위 단/짠이라고 하는 맛의 조합을 보면 알 수 있죠. 짠 식사를 하고 난 후 단것을 먹으면 입도 개운해지는 것 같고, 만족감도 크죠. 반대로 달콤한 간식을 많이 먹고 나면 짜고 매운맛이 당기기도 해요. 왜 이 둘은 서로를 자석처럼 당기는 걸까요? 단짠을 반복하다간 모두가 돼지가 돼버릴 것 같은데 말이에요.

우리는 생존을 위해 유전적으로 다양한 영양소를 찾게 되어있습니다. 영양소는 서로 다른 맛을 지니고 있죠. 그래서 고대인들이 다양한 영양소를 섭취할 수 있었던 거예요. 한 가지 맛만 먹지 않는 이런 경향을 **입**

맛의 피로taste fatigue라고 합니다. 맛에 물리는 거죠. 이는 단짠이라는 맛에만 국한된 것은 아니고, 부드러운 음식에서 바삭한 음식으로, 매운 음식에서 시원한 음식으로, 새콤한 음식에서 고소한 음식으로 옮겨 다니게 됩니다. 단맛 짠맛은 그중에서도 생존에 꼭 필요한 탄수화물과 미네랄이기 때문에 우리 몸이 더 찾게 되어있어요. 문제는 현대 사회에서는 이런 생존전략이 득보다는 독이라는 점입니다.

염분이 부족하지 않지만, 맛 때문에 짠맛을 과식하게 되고, 상대적으로 소금과 평형을 이루어야 할 칼륨은 적어지게 돼요. 그런데 우리 몸은 칼륨을 중독적으로 찾는 경향이 없어요. 적어지기 십상인 겁니다. 특히, 혈압이 높다면 소금은 독이 되어 혈압을 높입니다. 이때 칼륨을 섭취하여 균형을 맞추면 도움이 됩니다. 짠맛을 많이 먹어서 단맛이 당긴다면 가장 좋은 음식은 바나나, 참외, 고구마예요. 모두 단맛이 나며 칼륨이 많은 음식이죠. 단맛이건 짠맛이건 농도가 높아지면 배출되어야 해요. 단짠단짠한 음식이 당긴다면, 물을 많이 드세요. 소변을 통해 소금과 당분이 배출되면, 단짠의 욕구도 줄어들 거예요. 20분만 있다가 먹어야지 하는 생각으로 300cc 정도의 물을 2~3번에 나누어 드셔보세요. 우리 뇌가 포만에 대한 해석을 다시 하게 됩니다. 혈중에 당 농도나 지질 농도가 올라가는 데는 당장 맛을 느끼는 것보다 시간이 걸리거든요. 단짠의 함정에서 벗어나려면 다음과 같이 해보세요. 또한, 한 끼 식사를 다양한 영양소와 맛으로 구성하면 단과 짠을 교대로 먹고 싶은 갈망을 줄일 수 있습니다.

1)단맛, 짠맛 사이엔 양치하거나 자일리톨 껌을 씹는다
2)짠맛 후에 단맛이 꼭 먹고 싶으면 고구마나 바나나를!
3)단맛, 짠맛 사이에 20분 쉬고 물을 충분히 섭취한다

메타버스 속 모피우스

영화 〈트랜스포머〉에서 거대 로봇이 자동차로 변신하는 모습은 모든 아이들을 열광시켰습니다. Trans는 **변화**를 뜻하고, form은 **모양**을 뜻합니다. 그래서 transform은 형태가 변하는 것, 즉 **변신**을 뜻합니다. 비슷한 단어로 transfigure도 있습니다. 보통 변모라고 번역하는데, 역시 trans와 **형태**를 뜻하는 figure로 구성된 단어입니다.

변화trans를 뜻하는 Meta

Transformation이나 transfiguration을 의학용어로는 metamorphosis라고 합니다. 카프카의 소설 《변신》을 영어로는 metamorphosis라고 번역합니다. Meta가 trans처럼 **변화**라는 뜻이고, morph는 form처럼 **형태**라는 뜻이에요. Morph는 꿈·망상·환상 등으로도 쓰입니다.

영화 〈매트릭스〉의 모피우스Morpheus 기억하시나요? 그리스 신화에서는 꿈의 신인 이름입니다. 이름 자체가 '꿈에서 형상morph을 만드는 자'를 의미합니다. –모피우스는 수면의 신인 히프노스Hypnos의 아들이며 마약의 일종인 morphine도 꿈을 뜻하는 morph에서 유래했습니다–

Metacarpal bone

손바닥엔 기다란 뼈가 많습니다. 이 기다란 뼈들을 metacarpal bone이라고 합니다. 손목뼈는 carpal bone, 손가락과 발가락은 모두 phalanges라고 합니다. 손바닥은 손목carpal bone과 손가락phalanges의 사이입니다. 아래 이미지에서 기다란 뼈들이 보이시죠? 손목과 손가락을 연결trans하는 부분이니까, meta를 써서 metacarpal bone이라고 합니다. 마찬가지로, 발목은 tarsal이라고 하고, tarsal bone은 발목뼈, metatarsal bone은 발목과 발가락 사이의 뼈를 뜻합니다.

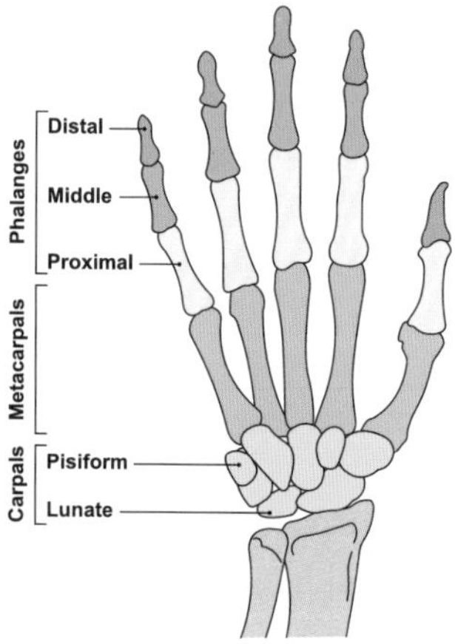

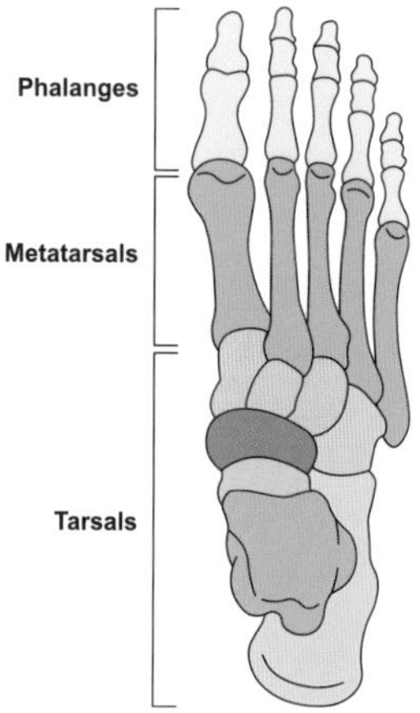

- Carpal손목 – Metacarpal손목과 손가락 사이 – Phalanges손가락
- Tarsal발목 – Metatarsal발목과 발가락 사이 – Phalanges발가락

Metaphysics

Metaphysics에서 physic은 **물리적인 형태**를 뜻합니다. Metamorphosis와 비슷하지만, 뜻은 완전히 다릅니다. metaphysics는 물리적 형태를 초월하므로, 형태 그 이상을 연구하는 **형이상학**이란 뜻이 됩니다. 또

한, metaphysis는 뼈의 성장판physis 아래 뼈의 끝부분으로 **골간단**이라고 합니다. 성장판physis에서 뼈의 중심으로 변하는trans 부위란 뜻입니다.

Metastasis, Metabolism

암이 전이가 되었다면 metastasis라고 합니다. Meta는 **변화**이고, stasis는 **상태**이니, 상태가 달라진 것이죠. 또, 대사meta·bolism는 **우리가 먹은 것이 에너지가 되거나**이화:catabolism, **우리 몸이 되거나**동화:anabolism하는, 즉 에너지의 변화를 의미하는 말입니다.

Meta-analysis

의학연구에서는 meta-analysis라는 말을 자주 쓰는데요, meta와 분석을 뜻하는 analysis가 합쳐진 만든 단어입니다. 여러 가지 임상연구를 모아 그 연구들을 초월하여 하나의 결론을 유도해내는 수학적 방법입니다. Meta-analysis을 사용한 메타분석 연구는 근거중심의학evidence based medicine에서 가장 높은 수준의 근거로 취급받습니다.

- **Metacarpal bone**: 중수골
- **Metatarsal bone**: 중족골
- **Metamorphosis**: 변모
- **Metaphysics**: 형이상학
- **Metaphysis**: 골간단
- **Meta-analysis**: 메타분석
- **Meta-bolism**대사 – **Anabolism**동화 – **Catabolism**이화
- **Metastasis**: 전이

대머리는 정력이 좋다

탈모의 의학용어는 알로페시아alopecia라고 합니다. 실제로 남성형 탈모androgenic alopecia는 남성호르몬과 관련이 있습니다. 남성호르몬이 많아지면 다모증·여드름·탈모 3대 증상이 나타나요. 남자를 남자가 되도록 변하게 만드는 물질이 남성호르몬인데, 대표적인 것이 androgen입니다. **남자**를 뜻하는 andro와 **만들다**는 gen이 합쳐진 말입니다.

머리카락은 없고, 수염은 많고, 피지분비가 왕성하다면 안드로젠에 의한 남성형 탈모를 의심할 수 있습니다. 과도한 스트레스도 남성호르몬의 분비를 과다하게 만들어 탈모를 부추길 수 있습니다. 스트레스 호르몬은 전투를 준비하는 호르몬이어서, 전투를 잘 치르려니 남성호르몬이 필요한 거예요.

테스토스테론과 DHT

세간에 '대머리는 정력이 좋다'라는 말이 있는데요, 낭설에 가깝지만 아주 근거 없는 이야기는 아닙니다. 남성형 탈모에 직접 원인이 되는 남성호르몬 DHT는 성기능과 별 관련이 없지만, DHT가 테스토스테론

testosterone에서 만들어집니다. Testis 고환, steroid 스테로이드에서 온 단어입니다. 이름부터 직접적으로 정력과 관련이 있습니다. 일단 테스토스테론이 많으면 DHT가 더 많이 만들어질 수 있지 않을까요? 또한, DHT는 사춘기 시기의 성기발달에도 직접적 영향을 줍니다. DHT가 많으면 성기발달이 잘 되어있다는 가설이 성립합니다.

대머리는 정력과 상관없다

- DHT가 성장발달과 상관이 있더라도, 남성호르몬 용량이 정력을 결정한다고 볼 수 없다.
- 탈모인과 비탈모인 사이, 혈중 남성호르몬에 차이가 없다.[28]
- DHT 억제 치료와 정력 관련 부작용은 매우 적다.
- DHT는 정력과 별 관계가 없는 호르몬이다.

대머리는 정력과 상관있다

- 특정 탈모의 혈중 남성호르몬이 다른 그룹에 비해 높다.[29]
- DHT 억제 치료 이후로 발기부전과 성욕 감소를 호소하는 사람이 분명 존재한다. 심지어 투약 중단 후에도 일부 성기능 관련 부작용이 지속되는 사례들이 보고된다.[30]
- DHT는 정력과의 관련은 적지만, 정력과 관련이 있는 테스토스테론에서 만들어진다.
- DHT는 사춘기 성적 특성의 발달에 중요한 역할을 한다.

---

28 rysiak-Czubatka I, Kmieć ML, Broniarczyk-Dyła G. Assessment of the usefulness of dihydrotestosterone in the diagnostics of patients with androgenetic alopecia. Postepy Dermatol Alergol.

29 Lis-Święty A, Arasiewicz H, Ranosz-Janicka I, Brzezińska-Wcisło L. Serum androgens and prostate-specific antigen levels in androgenetic alopecia: is there a difference between frontal and vertex baldness?. J Eur Acad Dermatol Venereol. 2018;32(10):1815-1818

30 2012년 4월 11일 미 FDA는 Propecia (finasteride 1 mg) 및 Proscar (finasteride 5 mg)의 (의료)전문가용 라벨 변경을 발표하였음. 이는 약품 사용중단 후에도 일부 성기능 관련 부작용이 지속되는 것으로 보고되어 FDA 보고 성기능 부작용 목록을 확대하기 위함임(이들 약품 사용중단 후 발기부전은 2011년 '알려진 부작용'으로 추가되었음). 새로운 라벨변경을 지시함

현재까지 대부분 연구를 바탕으로 결론 내리자면, 탈모와 정력의 관계는 근거가 매우 미약합니다. 그렇다고 관련성을 완전히 무시할 수도 없습니다.

탈모인과 비탈모인 사이, 혈중 남성호르몬에 차이가 없다

얼핏 들으면, 정력과 탈모는 아무 상관 없다는 확실한 근거로 보이죠? 그런데 아래의 연구도 한번 살펴보세요.

영재교육 전문가 조석희 박사의 연구에 따르면
서울대 입학생의 평균 지능지수는 110~120이라고 한다

서울대 진학자도 지능지수에 별 차이가 없었습니다. 탈모인과 비탈모인의 혈중 농도가 큰 차이가 없듯 말이죠. 그렇다면, 지능지수가 성적과 무관하다고 할 수 있을까요? 여기 평균의 함정이 있습니다. 지능이 아주 높다면 어떨까요? 아주 많이요. 과연 성적과 상관이 없을까요? 남성호르몬이 아주 많다면 어떨까요? 다시 처음으로 돌아가서, 명제의 순서를 바꿔보겠습니다.

대머리는 정력이 좋다 → 남성호르몬이 매우 많으면 남성형 탈모를
유발할 가능성이 높다 → 정력이 매우 좋으면 대머리가 되기 쉽다

일부 사람들은 심지어 '대머리로 서러움을 느낀 사람들이 정력이 세다는 것으로 위안받고 싶어서 만든 속설'이라고까지 합니다. 선을 넘었지요. 앞으로 속설을 정설로 만들 새로운 연구들을 기대합니다. 저도 이제 서서히 머리가 빠져가고 있습니다.

남성호르몬, Androgen

영화 속에 나오던 안드로이드는 **남자를 닮았다**는 뜻입니다. Andro남자 + oid닮은. 즉, 성별이 있는 gender specific한 용어입니다. 여성을 닮은 로봇은 자이노이드gyn·oid라고 해요. 그리스어로 여성을 뜻하는 gyn(o)를 붙였습니다. 진료과목 중 부인과를 gyne·cology라고 합니다. 자이노이드라는 단어는 1979년 유명 SF작가인 아이작 아시모프Isaac Asimov가 처음 사용했습니다. 휴머노이드humanoid는 성별 상관 없는 로봇이죠.

여기서는 ~oid가 무언가 닮은 것을 뜻하는 접미사임을 기억해두시기 바랍니다. 델토이드deltoid는 삼각형delta을 닮은 근육이고, 롬보이드rhom-boid는 마름모rhombus를 닮은 근육입니다.

Gen은 창세기 Genesis의 젠입니다. **창조하다, 만들다**는 의미입니다. Oxygen은 산소를 만드는 물질이라고 해서 **산소**이고, pathogen은 **병 혹은 고통**patho을 만드는 물질, 즉 **병원체**란 뜻입니다. 세대를 뜻하는 generation도 라틴어 만들다란 뜻의 gen·rare에서 나온 말이고, 이 역시 gen에서 파생된 말이죠.

여성호르몬, Estrogen

여성호르몬의 대표는 estrogen이 있습니다. Estro를 만든다는 뜻인데, 에스트로는 동물 암컷의 가임기를 뜻하는 말이었습니다. 임신을 만드는 물질이란 뜻이죠. **미친 욕망**을 뜻하는 라틴어인 oestrus에서 동물의 발정기를 뜻하는 esthrus로 사용되던 것이 estro의 어원입니다.[31]

31 https://www.etymonline.com/word/estrogen

폐경전후증후군perimenopausal syndrome이 바로, 에스트로젠이 부족하여 나타나는 증상들입니다. 흔히 갱년기증후군이라고 합니다. **주변**을 뜻하는 peri, **생리**를 뜻하는 meno, **멈춤**을 뜻하는 pause가 합쳐진 말입니다. 말 그대로 생리가 멈추는 때쯤의 증후란 뜻입니다.

- **Alopecia**: 탈모
- **Andro**: 남성 / **Gyno**: 여성
- **Androgen** / **Estrogen**: 대표적인 남성 호르몬 / 여성 호르몬
- **Peri**: 주변, 둘레
- **Meno**: 월경
- **Pausal**: 중지

천사의 실수로 인간에게 남겨진 신의 흔적

신이 인간을 만들 때 인간을 신과 완전히 똑같이 만들진 않았다고 합니다. 힘도, 지능도, 미모도 신보다 약간 못하게 만들었습니다. 신들만 사용하는 특별한 물질이 있었다고 하는데, 한 천사의 실수로 인간계로 떨어져 버렸습니다. 그 물질이 인간에게 닿자, 신의 아름다운 흔적이 나타났습니다. 뭘까요? 인간에게 남겨진 신의 아름다운 흔적이란?

볼 보조개

정답은 보조개입니다. 의학적으로 보조개는 근육의 결손입니다. 근육이 수축할 때 결손된갈라진 자리가 옴폭 들어가서 보조개를 만듭니다. 일반적으로 20~30%의 인간에게 보조개가 있습니다. 꼭, 좋은 건 나만 없어요. 특히 많은 사람이 사랑하는 볼 보조개입니다. 우리가 웃을 때 여러 가지 근육을 사용하는데, 그중에 가장 크고 중요한 근육이 광대근zygomaticus muscle입니다.

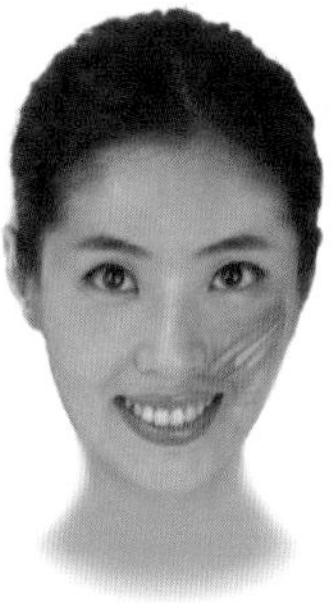

▲ 보조개를 만드는 광대근

앞의 이미지를 보면, 두 개의 근육이 입꼬리에서 광대뼈로 연결되어 있습니다. 광대뼈zygomatic bone에 붙어 있다고 해서 광대 근육zygomaticus이라고 부릅니다. 두 근육 중 아래에 있는 것을 큰 광대근zygomaticus major이라고 하는데, 이 큰 광대근이 갈라져서 보조개가 생깁니다. 근육이 수축할 때 갈라진 홈이 벌어지면서 생기는 것이죠. 생각해보면, 천사의 실수든 신의 실수든, 결함이 의도치 않은 매력이 되었다는 점을 잘 표현한 이야기입니다.

보조개는 웃는 근육이 수축할 때만 생깁니다. 결국 웃어야 한다는 거죠. 보조개가 예쁜 게 아니라, 웃는 얼굴이 예쁜 것 아닌가 생각합니다. 보조개가 없다면 그냥 웃으세요. 보조개가 있으면, 만들려고 웃으세요.

인디언 보조개?

눈 밑에 인디언의 얼굴 장식처럼 나타나는 보조개를 인디언 보조개라고 부르는 경우가 있습니다. 심지어 한 한국 의사분께서 학회에 "Indian dimple"이란 용어로 연구를 발표하셨습니다. 이는 매우 부적절한 이름입니다. 의학적 상황에 특별한 인종의 이름을 넣어서는 안 됩니다. 인디언 보조개는 우리나라에서만 쓰이는 명칭입니다. 차라리 우리나라에서만 쓰이면 다행인데, K-beauty가 유행하면서 영어로 Indian dimple이라고 쓰인 글들도 웹상에서 발견할 수 있습니다. 의학용어는 아니지만, 사용하는데 조심해야 할 용어입니다. 한국에서 이런 명칭을 세계로 퍼뜨리고 있다니 안타까운 일입니다. 아직 이 보조개 혹은 주름에 대하여 공식적인 이름은 붙여져 있지 않습니다. 일상적으로 부를 때도 upper cheek dimple 혹은 under eye dimple이라고 불러야 하겠습니다.

턱 보조개

옛날 배우 중에 커크 더글라스Kirk Douglas라는 남자 배우가 있었습니다. 그 배우의 트레이드 마크가 턱 가운데 홈이 파인, cleft chin이라고 하는 턱 보조개chin dimple였습니다. 찾아보시면 짱구 엉덩이 같아보이기도 할 겁니다. 그래서 이 보조개는 butt chin엉덩이 턱이라고도 합니다. 이 보조개는 100%는 아니지만, 유전 형질 중의 하나입니다.

볼 보조개가 근육이 갈라져서 생기는 근육의 결함이라면, 턱 보조개는 턱뼈가 완전하게 융합이 되지 않아서 생기는 뼈의 결함입니다. 우리 몸은 좌우 양쪽 두 뼈가 붙어 좌우 대칭을 만듭니다. 그렇게 좌우의 뼈가 만나는 부분 중 하나가 아래턱입니다. Cleft chin턱 보조개에서 cleft는 **열구, 갈라진 형태**를 의미합니다. 의학용어로는 mandibular symphysis cleft 혹은 unfused jaw bone이라고 합니다. Mandible은 아래턱뼈를 의미합니다. 턱뼈mandible의 결합symphysis 부위에 갈라짐cleft이 있다는 말입니다.

- **Cleft**: 열구
- **Symphysis**: 결합
- **Mandible, Mandibular, Menti**: 턱뼈, 턱뼈의

신화 속 의학가족

I swear by Apollo Physician, by Asclepius, by Hygieia, by Panacea, and by all the gods and goddesses, making them my witnesses, that I will carry out, according to my ability and judgment, this oath and this indenture.

나는 의사 아폴로와, 아스클레피오스, 히기에이아, 파나케이아 등등 모든 신과 여신을 걸고, 나의 능력과 판단으로 다음을 맹세하노라.

위 문장은 히포크라테스 선서의 시작 부분입니다. 이 선서는 당시 의학을 배우는 사람들이 스승에게 충성을 맹세하는 일종의 계약서 같은 개념입니다. 그래서 신에 대한 맹세로, 이 계약을 깨지 않을 것을 다짐하는 것으로 시작합니다.

태양의 신 아폴로는 예지의 신이기도 해서, 의학의 신을 겸합니다. 당시 의학에서는 환자의 미래를 아는 것이 매우 중요한 일이었기 때문입니다. 아스클레피오스는 의학의 신으로 불리는데, 아폴로의 아들이지만 완전한 신이 아니라 반인반신입니다. 의사의 상징으로 쓰이는 뱀이 감긴 지팡이가 바로 아스클레피오스의 지팡이입니다.

어느 날 아스클레피오스가 잠을 자다 이상한 기척에 놀라 깨어보니, 한 마리의 뱀이 침대에 있었습니다. 그는 재빨리 지팡이로 그 뱀을 때려서 죽였습니다. 잠시 후 다른 뱀이 약초를 입에 물고 나타나, 죽은 뱀에게 먹이더니 살아나서 둘이 함께 달아났습니다. 아스클레피오스가 그 약초를 사람들에게 먹여 많은 사람을 구할 수 있었고, 그 후로 지팡이와 뱀이 그와 의학의 상징이 됐다고 합니다. 우리나라 의사협회의 상징은 뱀이 두 마리 그려져 있었는데, 최근 한 마리로 바뀌었습니다. 오래전 누군가의 착각으로 잘못 사용되었던 것입니다. 두 마리의 뱀과 지팡이는 전령의 신인 헤르메스의 상징이며 미국 군대에서 쓰이고 있습니다.

▲ 좌: 헤르메스의 지팡이 우: 아스클레피오스의 지팡이

히기에이아Hygieia와 파나케이아는 아스클레피오스의 딸들입니다. 하이기아는 **건강에 좋은**이란 뜻의 그리스어에서 온 말입니다. 위생의 신이며 훗날 위생을 의미하는 hygiene이 됩니다. 히기에이아도 늘 뱀을 몸에 두르고 있는 모습으로 그려집니다. 다음 그림은 클림트가 묘사한 〈Hygeina〉입니다.

Gustav Klimt, Hygeina, Public domain

파나케이아Panacea는 **전체, 모든**을 뜻하는 접두사인 pan에 약을 뜻하는 acea akos:그리스어가 붙은 말입니다. 현대로 보자면 제약회사, 약업의 상징이라고 할 수 있지요. 직역하면 만병통치약 정도가 됩니다. 인삼의 학명은 Panax ginseng인데요, Panax 역시 panace에서 나온 말로 모든 병을 고친다는 뜻이에요. 그 밖에도 세 명의 딸이 더 있었는데, 각각 의학의 분야들을 상징합니다.

- **Iaso**: recuperation 양생을 의미
- **Aceso**: healing process 자연치유의 과정을 의미
- **Aglaea**: beauty and splendor 미용의학을 의미

여기서 우리는 의학이란 것이 단순히 치료, 병을 고친다는 개념보다 훨씬 큰 개념임을 알 수 있습니다. 사회적인 위생·제약·재활·자연치유·미용까지 모두 아스클레피오스의 가족을 통해 의학의 범위임을 알 수 있습니다. 이 가족 중에서 제가 가장 좋아하는 사람은 아스클레피오스의 부인인 에피오네Epione예요. 그리스어로 soothing, caring, free from pain이란 뜻의 이름이죠. 히포크라테스는 약을 이용해서 병을 치료하는 의사의 모습이라면, 에피오네는 환자를 잘 보살펴주고, 사랑해 주고, 고통을 줄여주는 의사의 모습입니다. 병을 치료하는 것만이 아니라, 고통을 덜어주고, 지지하고, 보듬어 주는 것도 의사의 모습입니다. 현대에는 이러한 돌봄의 의사 모습이 사라져 가는 것 같아 안타깝습니다. 치료와 돌봄은 의학의 음과 양, 부부와 같은 것으로 모든 의료인이 늘 균형을 이루어야 할 덕목입니다. 마치 사이좋은 아스클레피오스와 에피오네처럼 말이죠.

참, 아스클레피오스는 하데스의 모함으로 누명을 입어 제우스에게 죽임을 당한 후 별자리가 되었습니다. 뱀주인자리가 바로 아스클레피오스의 별자리입니다.

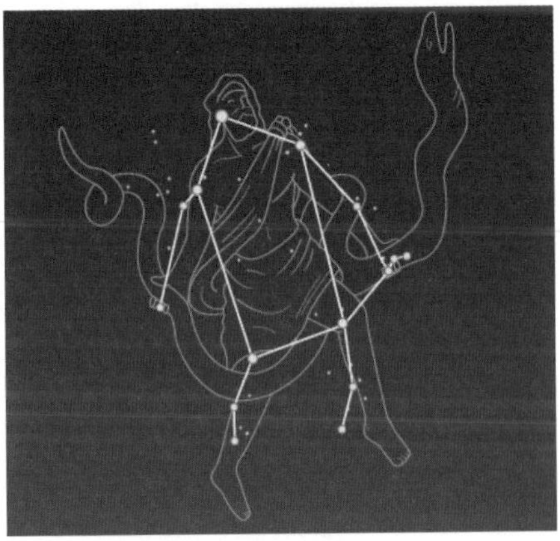

▲ 뱀주인자리

PART
별것 아닌 의학용어

CHAPTER 1
같은 단어, 다른 느낌의 의학용어

CHAPTER 2
연구 관련 용어

CHAPTER 3
의학용어와 의료 부권주의

6

의학용어의 사회학이라고 거창하게 부르고 싶었던 주제입니다. 의학용어도 어느 직업에게나 있는 소통의 수단일 뿐입니다. 평소 사용하는 의미와 다르니 혼란스러울 뿐이죠. 일상에서와 다른 의미로 쓰이는 의학용어들과 연구 관련 용어들, 그리고 잘난 척하는 의학용어의 본질에 대해 이야기합니다. 어렵게 생각하면 절대 가까이할 수 없는 의학용어, 사실은 별것 아닙니다.

같은 단어, 다른 느낌의 의학용어

혼란을 주는 단어

의학용어들은 일상에서 사용하는 단어와 다른 의미로 쓰이는 경우가 있습니다. 아예 새로운 단어보다 이렇게 알고 있는 단어들이 더 내용 파악을 혼란스럽게 합니다. 아주 쉬운 단어들이지만 의학에서는 다르게 쓰이는 용어들을 살펴보겠습니다.

Complaints

우리가 아는 뜻으로는 **불평, 불만** 등인데, 의학에서는 소증환자가 호소하는 증상을 이야기합니다.

Intervention

> 환자에 대한 질병관리 및 개입이 적시에 가능하도록 하는 것을 목표로 디지털 및 AI 애플리케이션에 집중 접근할 수 있는 플랫폼을 개발하고 있다.[32]

위 문장은 메이포뉴스에 게재된 기사인데요, 개입이란 단어의 느낌은 알겠는데 정확히 어떤 의미인지는 혼란스럽죠? intervention의 번역입니다. 한글로 번역할 때는 치료적 개입therapeutic intervention이나 의료적 개입medical intervention이라고도 하지만 그냥 개입intervention이라고만 많이 사용합니다.

> High blood pressure can be managed, especially with early intervention and some lifestyle adjustments.[33]
>
> 고혈압은 가능한 빠른 생활습관개선과 치료를 통해 제때 관리될 수 있다.

이번엔 메디컬뉴스 투데이라는 미국 신문 기사입니다. 여기서 early intervention은 **최대한 빠른 치료**를 의미합니다. 물론 치료는 약물, 처치, 정신적 지지 등 포괄적인 개념입니다. 일반적으로 의학 관련 문서에서는 intervention을 **포괄적인 치료**라고 생각하면 가장 부드럽게 의미가 통합니다.

Admission / Discharge

Admission은 입학이나 허가 등으로 사용되지만, 병원에서는 **입원**이란 뜻입니다. 퇴원은 discharge입니다.

---

32 노영희, "암부터 심혈관 질환까지...2022년이 기대되는 바이엘", 메디포뉴스, 2022.02.22

33 Markus Macgill, "What is a normal blood pressure reading?", MedicalNewsToday, 2023.1.3

Suggestion

일반적으로 제안이란 뜻이지만, 의학, 특히 정신의학에서는 **암시 요법**을 뜻합니다.

Indications / Contraindication

지시, 지도라는 뜻이지만, 의학, 특히 약에 관한 글에서는 **적응증**, 즉 그 약이 사용될 증상이란 뜻입니다. 반대로 **사용하면 안 되는 증상**은 접두사 contra를 붙여서 contra·indication이라고 합니다.

Agent

007 같은 첩보원을 agent라고 하죠. 의학 관련 글에서 agent를 발견하신다면 보통 약을 뜻합니다. Topical agent는 국소용약, 즉 바르는 약을 뜻하고, anti-anxiety agents는 항우울제, anti-ulcer agent는 궤양을 치료하는 약을 의미합니다. Drug은 특정 약을 가리킬 때, agent는 공통된 약의 그룹을 가리킬 때 사용합니다.

Rule out

일반적으로는 배제하다, 아니다란 뜻입니다. 그러나 의학에서는 이런저런 예측되는 상황들을 배제하고, **가장 의심이 되는 항목**을 표현하는 말입니다. 아주 소극적으로 예측한 진단명이에요. 그러니 배제한다라고 해석하면 정반대의 뜻입니다.

Finding

찾다, 검색이란 뜻이지만, 의학에서는 **검사결과**를 뜻합니다. 의사가 찾아낸 모든 소견을 말합니다. 보통 소견이라고 하면 약간 '본인 의견'이란 느낌이 있는데, 의학에서는 말 그대로 이를 소所, 볼 견見, 본 것을 이야기해요. 영상진단검사를 하면 검사 소견finding이 나옵니다. Laboratory findings라고 하면 보통 혈액검사의 결과를 의미합니다. 이럴 때의 소견은 의사의 견해라기보다는, 관찰 결과라고 해석해야 합니다.

Study

공부라는 뜻의 study는 의학 관련 글에서는 종종 **연구**를 뜻합니다. 아래 메디컬뉴스 투데이의 기사에서는 새로운 연구new study로 인공감미료가 불안 장애를 비롯한 여러 문제를 야기할 수 있다고 얘기하고 있습니다. study로 부르는 연구는 보통 출간된 연구published research를 의미합니다.

> A new study finds that the consumption of aspartame, a widely used artificial sweetener, produces anxiety-like behavior in mice, along with epigenetic changes in the amygdala.
>
> 새로운 연구는 아스파탐과 같은 인공감미료가 쥐들에게 불안장애 같은 행동을 유발하였으며, 뇌의 병변도 초래함을 발견하였다.

Culture

일반적으로 문화라고 해석하는 컬처는, 특히 기초의학의 경우 **배양**을 의미합니다. 배양은 인공적 환경을 제공하여 미생물을 자라게 하는 과정입니다. 이는 라틴어 cultura에서 유래한 말로 **경작된 토양에서 자라게 하다**growing,cultivated land는 의미입니다.

Trauma

주로 외상외부 상처이라고 알고 있는 단어입니다. 외부 상처처럼 들리기도 하는데, 꼭 그런 것만은 아닙니다. 우리가 잘 아는 외상후 스트레스장애도 post-traumatic disorder입니다. 오히려 정신의학에서는 이렇게 **격렬한 감정적 충격**을 의미합니다.

Golden time

골든타임 1시간이 중요한 이유는 골든타임이 지나면
생존 확률이 급격히 떨어지기 때문이다.[34]

공식적인 의학용어는 아니지만, 의학 관련 뉴스 등에서 자주 볼 수 있는 말입니다. 사고 혹은 질병 발생 후 환자의 예후를 결정지을 수 있는 최대 시간을 의미합니다. 이 시간을 놓치면, 비가역적irreversible인 손상을 일으키거나, 생명이 위험한 상황을 이야기할 때 골든타임이란 용어를 사용합니다.

34 오수호, "[이국종의 분노④] 골든타임 1시간 때문에 17곳?…그 돈으로 헬기를", KBS뉴스, 2018.07.31.

연구 관련 용어

최근 의학 관련 신문 보도의 새로운 트렌드는 '연구'입니다. 많은 의학 기사가 "어느 대학 모 연구팀은…"이라고 시작합니다. 그리고 "대규모 임상연구를 시행하여" 혹은 "실험실에서 그 효과를 규명했다"라는 식으로 이어집니다. 그리고는 피인용지수IF 몇에 해당하는 SCI급 세계적 학회지에 발표했다고 합니다.

다음은 "심장 스텐트 시술 가이드, 오랜 논란에 마침표 찍다"라는 제목의 2022년 9월 기사입니다.

> 아주대병원 순환기내과 탁승제 교수(공동교신저자)…(중략)…한 한중 다기관 연구팀은 NEJM 2022년 9월호에 관상동맥 조영술로는 판단이 어려운 중등도 협착의 환자에서 관상동맥 압력을 측정하는 혈류측정법과 혈관내 영상검사인 혈관내초음파 두 방법이 모두 스텐트 시술을 가이드하는데 매우 유용함을 증명했다고 1일 밝혔다. NEJMNew England Journal of Medicine,IF 176.079은 세계적으로 가장 우수한 의학 학술지로 이곳에 게재된 연구결과는 전 세계 임상 의사, 연구자에게 표준화된 가이드라인으로 교과서적인 내용으로 인정받는다.

연구팀은 2016년부터 2019년까지 한국과 중국의 18개 병원에서 총 4355명을 스크리닝해서 그중 1682명을 대상으로 관상동맥 스텐트 시술 시 두 방법을 전향적 무작위 추출하여 사용하는 방법으로 시술 도중, 직후 및 2년간 임상경과를 추적 관찰하여 비교했다.[35]

밑줄 친 부분은 모두 연구 관련 용어들입니다. 정말 많죠? 연구는 이제 의학 기사의 필수적인 요소가 되었습니다. 제대로 된 연구결과가 뒷받침되지 않은 기사에는 빠지지 않고, '근거가 뭐냐', '겨우 동물 실험으로 이렇게 이야기할 수 있느냐?' 등의 댓글이 달리곤 합니다. 이제 일반인들도 임상연구와 동물 실험의 차이는 구별하고 있습니다. 이렇게 의학 기사, 혹은 의학 논문을 이해하는데 필요한 가장 기본적인 연구 관련 용어들을 살펴보겠습니다.

Placebo / Nocebo, Control group

의학 관련 기사를 보면 플라세보라는 단어를 자주 보게 됩니다. 아래는 뉴욕타임스의 2020년 12월 18일 "많은 임상실험 지원자들이 플라세보 백신을 맞다"[36]라는 제목의 기사 내용입니다.

she was asked to sign a modified consent form indicating that people who got the placebo might have to wait up to two years to get the vaccine.

35 문선희, "심장 스텐트시술 가이드, 오랜 논란에 마침표 찍다", e-의료정보, 2022.9.1

36 Carl Zimmer and Noah Weiland, "Many Trial Volunteers Got Placebo Vaccines. Do They Now Deserve the Real Ones?", The New York Times, 2020.12.2.

그녀는 개선된 동의서에 서명하도록 요청받았다. 그 동의서에 따르면 플라세보 백신을 맞은 경우 진짜 백신을 다시 맞기까지 2년까지 기다려야 할 수 있다고 한다.

플라세보 백신은 효과가 없는 가짜 백신이에요. 사람들은 치료받았다고 생각하면 긍정적인 기대를 하게 되고, 이것이 실제 치료 효과, 특히 주관적인 통증·수면·기분 등에 매우 큰 영향을 끼칩니다. 연구는 백신이 진짜인지 가짜인지 모르게 하고 진행합니다. 그래서 비교 그룹control group을 만드는 것이 필수입니다. 비교 그룹이 있는 연구를 대조군 연구controlled study라고 합니다. 플라세보는 라틴어인데, **기분을 맞추려고 하는 아첨**이란 뜻입니다. 원래 아첨은 속이 빈 이야기, 진심이 아니고 듣는 사람을 만족시키는 것이니, 효과는 없는데 기분만 좋게 하다는 뜻으로 플라세보가 쓰이게 됩니다. 아래는 18세기에 논픽션에서 플라세보가 사용된 예입니다.

He took that most deceitful placebo, neutralized lemon juice.

John Coakley Lettsom, Medical Memoirs, 17748[37]

반대로 나쁜 치료나 독약을 먹었다고 생각하면 부정적인 효과가 실제로 나타나게 되는데, 이건 노세보 효과nocebo effect라고 합니다. 다음으로 영국의 켄트 대학교의 뉴스를 읽어보시죠.

37 https://www.merriam-webster.com/words-at-play/placebo-word-origin

> Notably, vaccine side effects may also be caused by the "nocebo effect", a polarized alternative of the famous "placebo effect". Whilst the placebo effect is associated with clinical improvements seemingly caused by psychological effort from the patient, they can also induce negative responses, the "nocebo effect".
>
> 백신의 부작용들은 어쩌면 노세보 효과일지도 모른다. 노세보 효과는 플라세보 효과의 반대 역할이다. 플라세보가 긍정적인 효과를 가져온다면, 노세보는 부정적인 효과를 유발한다.

백신을 맞고 죽다 살았다느니, 평생 처음 겪는 부작용을 겪었느니 말이 많은데, 그중의 상당한 부분이 바로 "nocebo effect"일 가능성이 있다고 본 것입니다.

Sham / Verum

가짜 약placebo과 비슷한 용어로 가짜 치료sham treatment가 있습니다. 가짜 약은 완전히 의미 없게 밀가루 같은 것으로 만들 수 있지만, 수술 같은 치료는 가짜로라도 뭔가는 해야죠. 흉내만 내는 겁니다. 실제 환자를 마취하고, 의사는 약간의 절개를 하고, 봉합까지 해서 환자가 실제로 수술을 받았다고 믿게 만듭니다. 이렇게 해서 수술의 효과를 검증하는 연구의 목적으로 사용합니다. Sham treatment도 placebo의 일부입니다. Sham은 라틴어로 **가짜**라는 뜻입니다. 연구 논문을 보면 가짜 치료를 sham treatment라고 하고, 진짜 치료를 verum treatment이라고 하는 경우가 있습니다. 이 경우 verum은 라틴어로 **실제, 사실**을 뜻합니다.

Cohort, Prospective / Retrospective

코로나 바이러스 유행 때문에 언론에서 자주 듣게 되는 말로 코호트co-hort가 있습니다. 다음 기사를 보면 코호트 격리라는 말이 나옵니다.

> 가천대길병원 등 인천지역 의료기관 2곳에서 코로나-19 집단감염이 발생해 코호트(동일집단) 격리됐다.[38]

코호트는 같은 종류의 집단을 이르는 말입니다. 원래는 한 집단의 군대를 세는 단위였습니다. 기독교 성경에도 여러 번 나오는데, 요한복음에서 로마군대가 예수님을 체포하는 장면에서도 등장합니다.

> So the Roman cohort and the commander and the officers of the Jews, arrested Jesus and bound Him...(John 18:12)
>
> 이에 군대와 천부장과 유대인의 하속들이 예수를 잡아 결박하여...(요18:12)

아마 의료계통에 지식이 있으신 분은 '코호트 스터디'라는 말을 많이 들어보셨을 거예요. 연구방법의 하나로 대조군control group이 있어서 신뢰도가 높고, 또 관찰연구이기 때문에 실행이 쉬워서 많이 행해지는 연구방법입니다. 예를 들어 고혈압과 커피의 관계를 규명하고 싶을 때, 커피를 마시는 사람들과 마시지 않는 사람들을 각기 다른 코호트로 묶어서 일정 기간 고혈압 발생을 비교하는 연구가 전형적인 코호트 연구입니다. 다른 뉴스를 보시죠. 집단 사이 고혈압 발생에 차이가 없었다고 합니다.

38 지홍구, "코로나 환자 폭증 인천 병원 2곳 코호트 격리", 매일경제, 2021.9.13

13건의 코호트 연구를 종합한 결과, 커피 섭취가 고혈압 발생과 통계적으로 의미 있는 관련성이 없다는 점을 확인했다.[39]

전향적 코호트라는 말도 자주 볼 수 있습니다. 전향적prospective이라는 말은 원래 코호트 연구의 속성입니다. 연구를 계획한 시점부터 미래까지 연구를 진행하는 형태입니다. 그러나 최근 들어서는 건강보험공단 등의 자료를 이용하여 과거의 사건을 코호트로 연구하는 경우가 많아졌습니다. 일단 있는 자료를 이용해 과거의 사건을 비교하는 연구입니다. 이런 연구를 retrospective cohort study라고 합니다. 연구의 설계와 진행이 이미 과거에 존재한 자료를 대상으로 하여 후향적retro, 즉 과거 코호트 연구라고 부릅니다. 연구의 신뢰성에서는 일반적 코호트에 비해 많이 떨어진다는 것을 염두에 두셔야 합니다. 이름만 비슷할 뿐입니다. 비용과 시간을 적게 들이고, 이름에도 근사한 코호트라는 말이 들어가서인지 최근 들어 많이 보이는 연구형태입니다. 전향적과 후향적을 뜻하는 prospective와 retrospective도 기억하시기 바랍니다.

피인용지수 IF

IFimpact factor는 **얼마나 많이 다른 저자의 연구에 인용되었는가?**를 의미하는 지표입니다. 자주 인용된다는 건, 신뢰성 있는 중요 연구라고 생각될 수 있겠죠. 그런데 중요한 점은, IF는 개개의 연구에 관한 지표가 아니라, 의학 저널의 인용 횟수에 관한 지표라는 겁니다. IF가 높은 저널이라고 해서, 개별 연구가 그만큼 중요하다는 의미는 아닙니다. IF로 개별

39 김상기, "코호트 연구 메타분석했더니…커피 섭취, 고혈압 발생과 무관", 라포르시안, 2022.12.1

연구의 중요도를 판단해서는 안 됩니다. 저널에 관한 지표이니만큼, 저널 자체의 성격에 따라 피인용지수가 크게 달라집니다. 의학 관련 저널은 순수과학 저널에 비해 매우 높은 피인용지수를 갖습니다. 피인용지수는 어디까지나 다른 논문에서 인용된 횟수이기에, 의학과 같이 연구자가 많은 분야일수록 크게 높아집니다. 노벨 생리의학상 수상자인 랜디 셰크먼Randy Schekman 박사는 한국의 인용지수를 중요하게 여기는 풍토를 이렇게 비판했습니다.

> 한국 연구자들은 IF가 10 이상인 학술지에 논문을 발표하겠다고 연구 계획을 세운다. IF는 30년 전 도서관 사서들이 잡지 구독량을 결정하기 위해 인용 수를 따지며 생긴 개념인데 현재 무분별하게 쓰고 있다.[40]

연구결과들이 일치하지 않을 때

보통 과학의 연구결과는 한 가지로 귀결되어 다른 결과는 없다고 생각합니다. 그러나 같은 약의 연구라도·연구대상·연구자 등에 따라 결과가 일치하지 않는 경우가 많습니다. 예를 들어, 코로나바이러스 치료제에 관해서도 연구마다 다른 결과를 내놓고 있습니다. 의학연구에서 이렇게 확실하지 않은 상황을 이야기할 때 '논란 중controversial'이라는 표현을 사용합니다. 서로 반대되는 연구결과를 표현할 때는 '상반된다contradictory'라고 합니다. 연구결과로 치료 효과가 있을 때는 '우호적favored'이라고 표현하며 비슷한 의미로 '기대되는promising'이라는 표현도 사용합니다.

40 김상기, "코호트 연구 메타분석했더니...커피 섭취, 고혈압 발생과 무관", 라포르시안, 2022.12.1

- **Placebo**: 위약효과
- **Nocebo**: 위독약효과
- **Sham**: 가짜
- **Verum**: 진짜
- **Control group**: 대조군
- **Cohort**: 집단
- **Prospective**: 전향적
- **Retrospective**: 후향적
- **IF, impact factor**: 피인용지수

의학용어와 의료 부권주의

의학의 부권주의

자동차에 관한 용어는 몰라도, 의학 관련 용어는 꼭 알아야 합니다. 의사들은 "전문가인 제가 다 알아서 할 테니, 환자분은 믿고 따르기만 하세요"라고 합니다. 합리적으로 들리나요? 비전문가인 환자들이 '섣부르게 아는 척했다가는 오히려 해만 될 거야'라는 생각은 매우 구시대적입니다. 이런 생각을 의학의 부권주의paternalism라고 합니다.

의사들의 부권주의는 '의사가 의료에 대한 전문가이며, 결코 환자를 나쁘게 하지 않는다. 따라서 환자는 의사의 결정에 따라야 한다'는 생각입니다. 마치 아버지가 가족을 위해 모든 결정을 내리고 통제하는 것과 같아서 부권주의라고 합니다.

"어디 여자가 바깥일을 궁금해 하고 그래! 어서 밥이나 주오."

"어디 애들이 어른이 이야기하는데…"

부권주의는 부모의 가족에 대한 절대적인 사랑과 희생, 그리고 도덕성을 전제로 합니다. 그런 전제가 없다면 부권주의는 권력의 남용일 뿐입니다. 현재 우리 의사 선생님들에겐 환자들에 대한 절대적인 사랑과 희생, 그리고 도덕성이 전제되어 있을까요? 선한 부권이 전제되지 않은 상황에서 '선생님이 알아서 해주시겠지…'라는 생각은 어떤 결과를 낳을까요? 피해자만 남습니다. 부는 부대로, 모는 모대로 힘이 들죠.

의사: 내가 죽도록 고생하는지도 모르고, 장사치 취급하니 일할 마음도 안 나고, 환자들도 꼴 보기 싫다.

환자: 의사들이 어쩜 그렇게 사명감이 없어? 제대로 치료도 잘 안 하면서 돈만 밝히고.

현대의 의사와 환자는 계약관계에 가깝습니다. 절대적인 도덕성과 사랑을 전제로 한 부권주의는 이제 현대 의료에는 적합하지 않은 시스템입니다. 부권주의는 의사들에게는 지나친 책임과 도덕성을 강요하고, 환자들은 모든 결정에서 소외되는 결과를 낳습니다. 그래서 의료계에서도 부권주의는 점차 비판받고 지양되고 있습니다.

환자들 쪽의 문제

가정의 부권주의는 무너진 지 오래입니다. 현재는 오히려 많은 남성이 여성과 함께 일하기를 원하고, 맞벌이를 하는 가정이 더 경제적으로 풍요로운 삶을 살고 있습니다. 정부는 어떨까요? 정부에서 "국가설비나 방위산업은 모두 우리 전문가가 알아서 할 테니, 국민은 믿고 따르기만 하시오"라고 한다면 받아들이실 건가요? 우리는 군사정책도 모르고, 국가의 도덕성을 믿으니 마음대로 하라고 하지는 않을 겁니다. 국방비 예산을 살펴보고, 정책에 참여하고, 투표를 하고, 이런 과정에서 국가와 국민은 더욱 건강한 관계를 만들 수 있습니다. 그런데, 유독 의학에서만큼은 전문가주의, 부권주의가 아직도 팽배합니다.

섣불리 알면 사람 죽일 수도 있어. 예, 맞는 말입니다. 그래서, 환자들이 일반인들이 더 의학을 알아야 합니다.

환자는 의사의 전문성과 도덕성을 과대평가하고 있습니다. 의사를 불신한다고 해도, 의학지식을 습득해 똑똑해질 생각은 하지 않습니다. 그만한 전문적인 지식에 참여할 수 없다고 생각합니다. 전문성이라는 것에 대한 과대평가는 세뇌에 가깝습니다. 마치 남자를 떠나면 경제 능력이 없던 옛날의 여성들과 같습니다. 관련 지식은 없고, 의학의 전문성에 대해서는 과대평가하고 있으니, 의사의 부도덕함과 상업주의를 비판하면서도, 결국 의사의 소양과 도덕성에 기댈 수밖에 없습니다. 지식과 권한이 절대적으로 편중되면 결국 그들의 호의에만 의존해야 합니다. 어디서 많이 본 것 같지 않나요?

어떻게 해결할 것인가?

어떻게 여성이 평등을 만들어냈는지 생각해 보세요. 여성이 교육을 받고, 사회에 참여하고, 돈을 벌며 남성과 같은 업적을 이루었을 때 부권주의는 자연히 무너졌어요. 우리가 의학지식은 소홀히 하면서 의사에게 높은 도덕성만 요구하는 것은, 의무는 다하지 않고 권리만 누리려는 것과 같습니다. 일반인이 더 많은 의학지식을 갖고 의사와 이야기할 수 있다면 전체적인 의료서비스가 향상될 것이고 나아가 더 많은 생명을 구할 수 있습니다.

사이비 같은 의학지식에 혹하지 않기 위해서도 의학지식은 중요합니다. 의학 논문을 읽으라거나 최신 정보를 알아야 한다는 게 아니라, 동물실험이나 이중맹검실험의 차이 정도는 알아야 합니다. 저는 모든 환자가 자동차나 낚시나 오디오를 아는 만큼의 의학지식만 갖추었으면 좋겠습니다. 최소한의 지식 말이죠. 용어는 그 최소한의 지식을 위한 첫걸음입니다.

에필로그

Epilogue

시작하는 재주는 위대하지만, 마무리 짓는 재주는 더욱 위대하다.

롱펠로H.W. Longfellow

Epilog(ue)와 Epigraph

Epi~는 부가적인을 뜻하는 접두사입니다. 접미사 ~log(ue)는 **기록**이란 뜻입니다. 그래서 epilogue는 지금까지 기록한 글에 덧붙인다는 말입니다. 비슷한 단어로 postscript가 있습니다. post는 **뒤, 후**에라는 뜻이고, script는 글, 원고를 뜻합니다. 그러니 후기쯤이 되죠. 약자로 p.s.라고 더 많이 사용하시겠죠? 미국에 오니, 다른 교수들이 제게 ms를 달라고 하더라고요. 저는 뭔 워드를 나보고 달라 하지? 싶었는데 원고manuscript를 ms라고 하던 거였습니다. 그냥 스크립트script라고도 합니다.

또, 비슷한 단어로 epigraph가 있습니다. 접미사 ~graph 역시 ~logue와 마찬가지로 기록한다는 뜻입니다. 서명을 뜻하는 autograph는 스스로auto 기록graph했다는 뜻입니다. 그래서 epigraph와 epilogue는 비슷한 뿌리를 갖지만, 사용되는 의미는 다릅니다. 위의 롱펠로의 인용 부분을 에피그래프라고 합니다. 보통 챕터의 시작 부분에 인용구 등을 넣은 것을 말하죠. 제가 지금 쓰고 있는 책의 마지막에 덧붙이는 말이 에필로그입니다. 이 글을 쓰고 있는 지금은 코로나바이러스로 인한 에피데믹epidemic 상황입니다. Epi와 사람을 뜻하는 demicdemos이 합쳐진 말입니다. **갑자기 사람들 위에 드리워진 전염병**을 뜻합니다.

- Epilogue
- Postscript
- Epigraph
- Epidemic

이렇게 어원을 통해 단어를 이해하는 것을 어원학etymology이라고 합니다. Etymology의 어원은 진리를 뜻하는 etumo와 **학문, 기록**을 뜻하는 ~logy로 이루어져 있습니다. ~logue와 ~logy는 모두 **말씀, 법칙**을 뜻하는 그리스어 logos에서 왔습니다. 다시 첫 장의 프롤로그로 와버렸네요.

어원을 통해 진리를 알다

어원을 아는 것은 그 단어의 본질을 아는 것입니다. 이 책을 통해서 의학용어가 별거 아니란 생각이 드셨기를 바랍니다. 저와 함께한 시간이 앞으로 의료인으로서 혹은 일반인으로서 의학을 공부하시는데 단단한 바탕이 되기를 기원합니다.

진짜 에필로그

Real Epilogue

화창한 여름 아침, 아내와 산책을 하고 있었습니다. 아직 해가 중천에 뜨지 않은 때 유난히 파란 하늘은 눈부시게 아름다워 보였습니다. 한국에서도 가을 하늘이 눈부시게 파랗지만, 캘리포니아 사막에서 보는 하늘은 다른 느낌으로 훨씬 파랗게 보입니다. 마치 모니터에서 채도를 최대로 높여 놓은, 그런 비현실적인 색 같습니다. 그런 하늘을 올려보다가, 무심코 이렇게 말을 뱉었습니다.

하늘이 너~무 파랗다!

옆에서 걷고 있던 아내가 깔깔거리며 이렇게 말했습니다. "너무 파랗다고, 그게 저 하늘을 본 표현이야? 어쩔 수 없는 이과생이야" 그러고서는 문과생의 표현을 덧붙였습니다. 눈이 시리도록 파랗다, 물감을 풀어 놓은 듯하다, 깊은 파란 바닷물 같다 등등.

맞습니다. 부정할 수 없습니다. 저는 기껏 진심으로 우러나오는 표현이 "너무 파랗다"입니다. 오히려 '눈이 시리도록 파랗다'라는 표현에는 "눈이 안 시린데?"라고 대꾸하고 싶어집니다.

그렇게 뼛속까지 이과생으로 50여 년을 살아온 제가 의학용어를 가르치고 있습니다. 의학용어는 의학이라는 학문이 아닙니다. 오히려 언어에 관한 학문입니다. 이과보다는 문과에 가까운 학문이죠. 수많은 의학용어는 오래전 그리스와 로마의 신화, 프랑스와 게르만의 옛말에 어원을 두고 있습니다. 이 언어들의 어원과 생성 배경, 쓰임새를 알면 의학용어는 재밌는 문과 수업으로 탈바꿈합니다. 어렵고 복잡한 전문 용어가 아니라, 언어에 담긴 이야기를 공부한다니 매우 문과스럽지 않나요? 이렇게 재밌는 의학용어를 낯설고 발음도 잘 안 되는 단어들로, 사전 외우듯 한글 해석만 보며 공부한다니 얼마나 재미없겠습니까?

가장 이과적인 의학, 그 전문적이고 재미없는 의학 관련 전문 용어들을 문과적으로 풀어보면 어떨까요? 저는 그렇게 학생들에게 의학용어를 가르치고 있습니다. 제 수업 덕분에 의학에 더 쉽게 접근할 수 있었다고 감사의 메일을 받곤 합니다.

> 제가 평생 받아본 수업 중 최고의 수업이었습니다. 단어를 배우는 시간이 이렇게 재미있고 풍성할 수 있다니, 새로운 세계였습니다. 학생들이 어떻게 의학용어를 쉽고 친근감 있게 접근해야 하는지를 너무나 잘 알고 계신 것 같습니다. 재밌는 수업 감사드립니다.

> 감사하다는 말씀을 드리고 싶은 게 있는데요. 제가 원래 Anatomy and Physiology 수업들을 안 좋아했었어요. 제겐 너무 어렵더라고요. 그런데 교수님 의학용어 수업을 듣고나서는, 재밌게 다가오고 있어요. 감이 잡히고 실마리가 잡혀가는 느낌입니다. 정말 감사드려요.

단순히 단어를 외우는 수업이라고 생각했는데, 의학 공부를 어떻게 해나가야 할지 알 수 있었어요. 한 학기 내내 교수님 강의 기다리고 즐기고 또 많이 배웠습니다.

어려운 과목임에도 너무나 재밌고 쉽게 배울 수 있어 머릿속에 많이 남았습니다. 수업 시간이 기다려지긴 처음이에요.

지난 30년 동안 환자를 보고 학생을 가르쳤습니다. 환자를 보면서는 환자가 나았다고 할 때 제일 기쁘고, 가르칠 때는 학생들이 이렇게 잘 배웠다고 할 때 제일 기쁩니다.

제가 가장 좋아하는 말이 '아하!'입니다. 가끔 학생들이 이제 알겠다는 표정으로 고개를 끄덕일 때면, '이 맛에 사는 거구나' 생각합니다.

지금 이 책을 쓰면서도, 제 학생들보다 더 많은, 수천수만의 독자분들이 '아하~'하면서 고개를 끄덕이는 상상을 하며 혼자 미소 짓습니다.

의학은 생각보다 사람 냄새가 나는 학문입니다. 저의 의학용어 수업을 통해 여러분이 인문학으로서의 의학에 더 가까워지기를 기원합니다.

의학은 인간적 과학이고, 과학적 인문학이다.

E.D 펠리그리노, 의사, 의철학자

최형석

인문학과 어원으로 알아보는 의학지식

별것 아닌 의학용어

1판 1쇄 발행 2023년 9월 19일

저 자 | 최형석

발 행 인 | 김길수

발 행 처 | (주)영진닷컴

주 소 | (우)08507 서울특별시 금천구 가산디지털 1로 128
STX-V타워 4층 401호

등 록 | 2007. 4. 27. 제 16-4189호

ISBN | 978-89-314-6754-3

YoungJin.com Y.
영진닷컴